華東師範大學古籍研究所四十周年所慶專輯

中國古典文獻研究

第二輯

丁小明　主編

GUANGXI NORMAL UNIVERSITY PRESS
广西师范大学出版社
·桂林·

中國古典文獻研究
ZHONGGUO GUDIAN WENXIAN YANJIU

圖書在版編目（CIP）數據

中國古典文獻研究．第二輯 / 丁小明主編．-- 桂林：廣西師範大學出版社，2023.12
ISBN 978-7-5598-6633-2

Ⅰ．①中… Ⅱ．①丁… Ⅲ．①古文獻學－中國－文集 Ⅳ．①G256.1-53

中國國家版本館 CIP 數據核字（2023）第 228087 號

廣西師範大學出版社出版發行
（廣西桂林市五里店路 9 號　郵政編碼：541004
網址：http://www.bbtpress.com）
出版人：黄軒莊
全國新華書店經銷
三河市三佳印刷裝訂有限公司印刷
（河北省三河市楊莊鎮楊莊村　郵政編碼：065200）
開本：787 mm ×1 092 mm　1/16
印張：16.5　字數：304 千
2023 年 12 月第 1 版　2023 年 12 月第 1 次印刷
定價：98.00 元

目　録

蓬遠樓詩話

劉永翔

内容摘要： 本篇采傳統詩話形式，於歷代詩人、詩作、詩律、詩法、詩藝、詩説諸端，或作考辨，或予評騭。佳處則褒之，疵病則指之，剽襲則揭之，窠臼則貶之，謬説則駁之，軼事則録之。聊供己見，以佐談藝。

關鍵詞： 蓬遠樓；詩話；考辨；評騭

一、傳杜牧之《清明》詩真僞

《千家詩》載《清明》詩云："清明時節雨紛紛，路上行人欲斷魂。借問酒家何處有，牧童遥指杏花村。"題爲杜牧之所作，沿自《後村千家詩》也。此詩膾炙人口，每令人於清明烟雨之時，念及提及也，而其詩牧之集中無有，人頗以爲疑。余嘗偶閲光緒八年（一八八二）金陵書局刻本樂子正《太平寰宇記》，其書卷九十《昇州》載江寧縣有杏花村，云："在縣理西，相傳爲杜牧之沽酒處。"果爾，則宋初已有牧之作此詩之説矣。遂筆之於觚，以爲文獻足徵也。

顧余固善疑者，更檢《太平寰宇記》他本，則均無此條。考江寧縣實有杏花村，自《景定建康志》以來，兹地方志多記之者，而均未言關涉牧之。遂疑南京人桑梓情深，渴欲名人歌咏，金陵書局刻時乃妄增之也。後更檢《嘉慶新修江寧府志》，其書卷八有云："杏花村在城南新橋西，信府河鳳凰臺一帶，……《寰宇記》謂即杜牧之沽酒處，陋甚。"此志乃姚姬傳所纂，其所見《寰宇記》非金陵書局刻本甚明，如此則非書局刊時有意竄入，實有版本據依也。檢中華書局王文楚先生理董本《寰宇記》，其底本即金陵書局本，而校勘記云："萬本、庫本無此文，傅校删，蓋非樂史原文。"

竊謂稱"縣治"爲"縣理"，避唐諱也，宋初猶沿之，其例甚多，足證其文所出之早。至明代《廣輿記》，其書卷二《江寧府》亦有此文，則改“縣理”爲“縣治”矣。傅沅叔删之得無武斷耶？殆爲俗傳杏花村在池州之説所誤耳，猶余前疑此條爲後人所增也。苟金陵書局本《寰宇記》所載爲樂氏原文，則《清明》詩爲牧之所作未嘗無據；而欲非之，則尚須斷其文爲後世所造也。宋本此卷已殘，書闕有間，定案恐非易事耳。

二、牧之《金谷園》詩

杜牧之《金谷園》詩末句云“落花猶似墮樓人”（王漁洋《唐人萬首絶句選》改“墮”作“墜”，《唐詩三百首》從之），全詩賴以點題。初誦之，覺意境甚美，繼思之，苟譯爲白話，作“落花還像那跳樓的人哪”，則覺擬於不倫，且令人作惡，墜粉飄紅，何得與一躍而下、肝腦塗地相比耶？誦牧之句則渾未思及，其故何耶？豈辭藻之美、音節之諧，加之“墮（墜）樓”與“跳樓”二詞雅俗之異致然乎？古人似不以此譬爲嫌，張子澄《惜花》詩云：“蝶散鶯啼尚數枝，日斜風定更離披。看多記得傷心事，金谷樓前委地時。”宋公序《落花》詩云：“漢皋佩冷臨江失，金谷樓危到地香。”皆拾牧之牙慧者也。小杜句，石椿年、孟廣學二君譯作“今天又是一片繁花紛紛落地 / 恰似當年的緑珠跳下了畫樓欄杆”（《唐詩三百首今譯》，天津古籍出版社，一九八八年，第三五三頁），劉君首順譯作“紛紛落花就像那緑珠墜落在樓前”（《唐詩三百首全譯》，陝西人民出版社，一九八六年，第五三五頁）皆增字譯之，且指名緑珠，然亦覺岨峿難安。許公淵冲等譯作“the flowers will fall just/Like‘Green Pearl ’tumbling down…”（《唐詩三百首新譯》，商務印書館香港分館，一九八七年，第三一九頁），改目擊爲懸擬，不忠原文，不知英美人讀之，其感何如也？

三、詩須具象

情本無形，而詩須具象。老杜詩常言涕泪，人至有以其爲一善哭老兒者。實則銜悲誠不虚，濺泪則未必，而詩則不假涕泪無以表之也。由此推之，辛稼軒“欄干拍遍”之詞亦非實録，蓋非若是不足以抒心中之憤也。若果施之於行，人必謂見一失心漢矣。

四、事關兒女易銷魂

袁子才《題會仙石四首》詩有云："事關兒女易銷魂。"余深有味乎其言也。《蘇小小歌》之"何處結同心，西泠松柏下"，崔護《題都城南莊》詩之"人面不知何處去，桃花依舊笑春風"，咸語屬尋常，而膾炙人口，至今傳誦不衰，豈非以其皆有涉於艷情耶？崔詩本事之生死戀尤足動人，詩安得不因事而傳哉！湯玉茗之《還魂記》殆有取於其事矣。

余於是悟外國驚險小説何以於萬死一生之際，英雄之氣必雜以兒女之情也。險取以驚人，情取以動人耳。

五、錢槐聚愛陳義寧詩

楊絳女史嘗告湯君晏如曰，槐聚先生曾受蔣天樞之托，費日力爲義寧殘稿闕損補字，於其舊詩饒感興趣。先生與夏志清書中亦提及此事，云正審讀蔣氏《陳寅恪先生編年紀事》稿（按書成出版，"紀事"改作"事輯"）。見湯著《一代才子錢鍾書》（上海人民出版社，二〇〇五年，第三二二頁）。夫人又嘗謂汪君榮祖曰，槐聚晚年甚愛賞陳詩，且云早知陳能詩若此，在清華時當選修其課也云云。見汪著《槐聚心史》（中華書局，二〇二〇年，第十九頁）。

是語也，以槐聚先生素非義寧治學之方，且薄其尊人散原之詩，夫人又慣爲先生辯，飾爲司馬德操一流人物，人多有不之信者。余謂夫人此處之言是矣。蔣編《事輯》"題識"末云："拙稿承錢默存、張公逸兩先生暨家屬及先生的助手黄萱惠予指正闕失，藉免愆尤，謹致謝意。"是錢公確曾爲其書作校正也。於義寧之治學爲詩，汪氏書中亦記先生面告之言，其非義寧者在"混文於史，實有違文學意趣處，其讀《會真記》以自傳考論之，尤違文學基本理論所謂fictionality"。至其詩，則頗愛之，謂其"學錢牧齋，亦受李義山之影響"。可與夫人之言互爲印證也。

忖度其心，先生自爲詩甚爲謹飭，真古之慎言人也，實"避席畏聞文字獄"所致耳。强抑而然，與先生天性大爲鑿枘。而見義寧詩放言無忌，如己腹之所欲言，安得不愛此異量之美哉！

汪君余識之於流求，其《槐聚心史》引余説處有二，中有余用筆名撰者，汪君不知也。

六、割愁

蘇東坡《白鶴峰新居欲成夜過西鄰翟秀才二首》之一頸聯云："繫悶豈無羅帶水，割愁還有劍鋩山。"自注來歷曰："韓退之云：'水作青羅帶，山爲碧玉簪。'柳子厚云：'海上尖峰若劍鋩，秋來處處割愁腸。'皆嶺南詩也。"按子厚詩題爲《與浩初上人》，原句爲"海畔尖山似劍鋩，秋來處處割愁腸"，東坡略有誤記，然不妨詩意。陸放翁《老學庵筆記》卷二云："或謂可言'割愁腸'，不可但言'割愁'。亡兄仲高云："晋張望詩曰：'愁來不可割。'"此'割愁'二字出處也。"

余謂"割愁"一語之病不在有無出處，而在與"割愁腸"意反耳。割愁腸則愈割愈愁，割愁則無愁矣。放翁自作《贈邢芻甫》詩有云："割愁何處有并刀。"即取祛愁之意。范石湖《春日覽鏡有感》亦云："但淬割愁劍，何須揮日戈。"是二人俱知"割愁"與"割愁腸"之别也。東坡蓋欲爲巧對，思之未審耳。

七、定庵詩

（一）

家君好龔定庵詩，熟甚，嘗有詩嘆賞之云："誰知吟到乾嘉後，尚有詩能泣鬼神！"愛其下字造句之奇也。每集其句爲詩，或贈人，或自遣焉。

粤海劉逸生先生注定庵《己亥雜詩》成，又與人合注其全詩，於《雜詩》之第二五八首"雲英化水景光新"句，前後均以裴硎《傳奇》裴航遇仙女雲英事釋之。家君則以爲係用王江寧《齋心》詩"雲英化爲水，光彩與我同"，實非人名也。及見其注，以爲未妥，時劉翁已逝，即轉告其合作者周君錫韚。周君服善，再版時遂從家君之説焉。

翔少受熏陶，亦好龔詩，自謂能心知其意，初讀《驛鼓三首》，即瞭其乃寄内爲冶游自解之作。於其他作，亦嘗"他人有心，予忖度之"矣，嘗賦詩云："欲從異代話相知，奈是群花忍怒時。他日風雷嘶萬馬，爲君狂説定庵詩。"時在浩劫之末，定庵謚爲法家，其文其詩每遭曲解也。陳旭麓先生於《學習與批判》載文論定庵思想，引《雜詩》第一八三首"千古知言漢武帝，人難再得始爲佳"之聯，解爲漢武帝其人不可再得，不知首二句爲"拊心消息過江淮，紅泪淋浪避客揩"，明是悼情人之死之作，所用事爲李延年歌之"佳人難再得"。陳非不通文理者，而違心厚誣古人如此！君子知幾，知非求真求實之時也。更化後，本擬出所積以説龔詩，而自從業古籍理董，官家有程，日不暇給，不能兼爲之矣。劉翁之注既出，正少陵之詩所云“四鄰耒耜出，何必吾家操”者也，况操之者爲吾同宗耶！他日爲之拾遺補闕可也。

（二）

定庵之詩，喜用“怒”字，如“西池酒罷龍嬌語，東海潮來月怒明”“叱起海紅簾底月，四厢花影怒於潮”等，爲槐聚先生拈出，《談藝録》中論之詳矣。余謂除“怒”字，定庵尚好用“狂”字。如“常州莊四能憐我，勸我狂删乙丙書”（《雜詩》）、“狂呼紅燭來，照見花雙開”（《秋夜花游》）、“狂臚文獻耗中年，亦是今生後起緣”（《猛憶》）、“鐘虡蒼凉行色晚，狂言重起廿年喑”（《己亥雜詩》十四）、“終古漢家狂執戟，誰疑臣朔是星辰”（同上十七）、“僥幸故人仍滿眼，猖狂乞食過江淮”（同上九四）、“别有狂言謝時望，東山妓即是蒼生”（同上一二六）、“昔年詩卷駐精魂，强續狂游拭涕痕”（同上一九〇）、“江左吟壇百輩狂，誰知闕里是詞場”（同上二八四）、“北望觚棱南望雁，七行狂草達京華”（同上二九九），或作動詞，或作副詞，或作形容詞，要之甚愛用此字也。前所引拙作“欲從異代話相知”一首，用“怒”“狂”二字，即效顰學步，戲以龔體談龔者也，猶義山咏韓碑即效韓體之例。平生作詩，學龔者止數首，餘則“焉不學，而亦何常師之有”焉。

（三）詩句縮略

李頎《寄司勛盧員外》詩云：“流澌臘月下河陽，草色新年發建章。秦地立春傳太史，漢宫題柱憶仙郎。歸鴻欲度千門雪，侍女新添五夜香。早晚薦雄文似者，故人今已賦長楊。”末聯用《漢書·揚雄傳》典：“孝成帝時，客有薦雄文似相如者，……召雄待詔承明之庭。”以揚雄自擬，望友人薦己也。“似者”，自是“似相如”之略，顧未免不成語矣。周櫟園《因是屋書影》卷十引林若撫云：“李頎‘早晚薦雄文似者’，‘者’殊未可通，必‘馬’字之誤，蓋薦雄文似相如也。”

余謂以“馬”代司馬相如，唯見於“枚馬”“揚馬”並稱之時，單以“馬”稱相如，實未之見。“者”字李詩諸本皆然，必非誤字，不煩思適，誤在李頎才人膽大，罔顧文法耳。

定庵《己亥雜詩》有云：“他年卧聽除書罷，冉冉修名獨愴神。”末句蓋縮《離騷》“老冉冉其將至兮，恐修名之不立”爲七字也，“冉冉”，本以狀老至之漸，今竟似移以飾“修名”矣。然始作俑者非定庵，至遲起於明清之際也。侯朝宗《寄賈寶三丈開宗》“故人華髮今如許，冉冉修名六十年”、徐恭士《梁園》“麗藻高懸山岳低，冉冉修名慎所托”、彭仲謀《竹尊者詩次洪覺範禪師十首》之五“依依摇落江南賦，冉冉修名屈左徒”，僉其例也。定庵殆以名輩既用，已有來處，句雖割裂，人亦能心知其意，故襲之不以爲病耳。

八、杜詩瑕句

槐聚先生《談藝録》有云：“詩文各體之修辭律令（register），彼此寬嚴不齊，……在常語爲‘文理’欠‘通’或‘不妥不適’者，在詩文則爲‘奇妙’而‘通’或‘妥適’之至。”

其言是也，顧詩中亦自有其不通者，余前所云縮略過甚，即其一也，此雖老杜亦不能免。如其名篇《秋興》之三頸聯“匡衡抗疏功名薄，劉向傳經心事違”，劉須溪讀之不解，云：“既前後不相涉，衹用二人名，亦莫知其意之所在。”然其意實不難知也，驗之《漢書》及老杜生平可曉。匡衡功名不薄，劉向心事未違，然則“薄”者、“違”者非匡、劉，顯皆少陵自謂也，而其意須增字解之方瞭耳。黄扶孟釋之曰：“抗疏雖似匡衡，功名何薄；傳經僅比劉向，心事甚違。”得其意矣。然意雖解而句實不通。老杜意在用古人之得意反襯己之失意，主語暗中轉换矣，而讀者倉猝間未必能易轍而隨也。杜詩中此一句式似不經見，唯見《風疾舟中伏枕書懷呈湖南親友三十六韵》“葛洪尸定解，許靖力難任”一聯下句耳。若夫《奉題嚴公寄題野亭之作》“謝安不倦登臨費，阮籍焉知禮法疏”一聯，則徑取古人事之同者自擬擬人耳。他人如元微之《遣悲懷》之三頷聯“鄧攸無子尋知命，潘岳悼亡猶費詞”、李義山《安定城樓》頷聯“賈生年少虚垂涕，王粲春來更遠游”，自擬之意一望而知，言己與古人同耳。若欲言己與古人之異，則必加動詞以别之。前如嵇叔夜《幽憤詩》“昔慚柳惠，今愧孫登”、沈雲卿《自考功員外授給事中》“器慚公理拙，才謝子雲微”；後如白樂天《首夏》“食飽慚伯夷，酒足愧淵明”、武伯蒼《酬嚴維秋夜見寄》“神仙慚李郭，詞賦謝曹劉”皆是也。老杜“匡衡”一聯句式易滋誤解，後世似無復有祖構者矣。

昔馬一浮先生嘗摘少陵詩疵語於簡，題曰“杜詩瘢”，云：“‘瘢’乃索之於外，非膏肓、廢疾之比也。”斯言得我心哉！

九、學人虛己

金性堯先生嘗論賈浪仙“推敲”之擇云：僧入己廟，何必敲門，用“推”字當矣。余知先生恃其腹笥，未檢原詩也。按詩題爲《題李凝幽居》，其非僧寺也明矣。因托趙君昌平轉告先生。今閱其將平居論詩之作結集而成之《爐邊詩話》，不見此篇，知鄙見已爲所納矣。近又見臺島李敖於此事亦同乎先生舊見，今其人已逝，苟在渠生前獻疑，吾知自喜、自負且護短若李敖者，必不能若性堯先生之服善也。

余友趙君昌平治唐詩有聲，其《唐詩三百首新編》初版出，贈余一册，且問道於盲焉。余讀而稱善，亦勉爲拾遺補闕，今多忘之。唯憶崔護《題都城南莊》詩“人面桃花相映紅”之句，爲加出處庾子山《春賦》“面共桃而競紅”；“劉慎虛”之名，依名從主人之例爲改“劉眘虛”而已。及再版出，悉從余改也。今良朋逝世已逾一載矣，林泉懷舊，不勝“臣質亡矣”之感，爲之黯然。

一〇、龍游方言具八聲

滬語不分平仄，陽平至與陽上、陽去同聲，如“銅”“動”“洞”三字，讀之無别也，而幸尚存入聲。滬人作詩，每以國語粗定平仄，然後以滬語讀之，以正其入派平而致不協律者。

北音入派三聲，其派歸平者，北人多不能知其爲仄。李于鱗爲辨其音，竟嚼唇至血濺几席。余聽葉迦陵女史以國語誦詩，凡入聲今讀平者悉轉而讀去。想于鱗學詩，亦不外用此法門耳。

余幸生於浙之龍游，調具八聲、紐分清濁，不煩二語、無須改讀也。少小離家，鄉音未改，豈非天之便余學詩耶？恨才弱思窘，不能盡其得於天者，唯格律一端差堪自信耳。嘗作詩云：“浮切申江辨已淆，中原早報入聲消。他鄉未改龍丘語，自覺詩成韵最嬌。”

一一、學人之詩

余雖忝入學林，而夙愛才人之作，不欲讀學人之詩。所謂“學人之詩”云者，非學人所作即可以是名之也，碩學如顧亭林、錢辛楣之詩即不屬此類。必也僻典滿篇，如見生客，講義押韵，如聽迂儒乎？此類之詩，閲之未滿一頁即欠伸思睡矣。

袁簡齋《仿元遺山論詩》有“天涯有客號詅痴，誤把抄書當作詩”之句，未斥名，而人皆謂係譏翁覃溪而作。余以覃溪好談詩，以倡“肌理説”而名傳天下後世，想非誤得名者，欲驗袁説之是非。以翁精於金石，思於其作中覓如韓昌黎《石鼓歌》或李義山《韓碑》者，費數日之勞，閲其集自首至尾，竟杳不可得也。覺袁簡齋“詅痴符”之嘲非誣、洪北江“最喜客談金石例，略嫌公少性靈詩”之評爲信矣。自此即厭薄學人之詩。聞沈乙庵詩亦有此號，有以其詩集見遺者，展卷讀數首，見學而不見才，即束諸高閣不覽矣。

余平居作詩，唯尚性靈，不自束縛，辭取尋常，句避僻典，嘗有句云：“騁筆但憑才子氣，離經不恤腐儒言。”雖不能至，心向往之。不意“出乎爾者，反乎爾者也”，今聞拙作亦爲人歸諸學人之詩矣。豈讀余詩，所感亦同乎余讀翁、沈之作耶？殆自今人視之，余詩無典不僻、無語不迂也。既爾，則拙詩置諸學人之詩也固宜。因思楊鐵崖才子，而詩中所抒，多狷者之心聲；黄仲則才人，而詩中用事，有宿儒所不解者。苟掩其名而出其作，想今人亦必謚爲“學人之詩”無疑也。

《中庸》曰：“人莫不飲食也，鮮能知味也。”岳武穆詞云：“知音少，弦斷有誰聽？”噫！

一二、浣花草堂民國詩碑

余丙午歲訪草堂，見民國時一碑，刻七律一首，衹記其首二句云：“茅屋秋風昔所哀，草堂今衹見蒿萊。”志當時其地之蕪也。不憶其後六句。丙申年重訪，思補所忘，而遍覓不見，遂感賦一絶云：“二句盤胸憶尚真，蒿萊滿目爲傷神。忘川碑墮難重覓，回首飆塵五十春！”

門人戎君默見之，檢校圖書館藏曾延年《夢明湖館詩》，其集卷二有《工部草堂被兵拆毁寺僧以束草覆遺像權避風雨其他亭榭水木不可尋舊迹矣》一詩：“破屋秋風昔所哀，草堂今衹見蒿萊。洗兵夢覺人何處，遺像塵封迹已灰。野祭誰沽花市酒，回車愁過鼓琴臺。舍縈春水尋無路，不許群鷗浴一杯。”

詩不甚工，而以少時所見，念念不忘，喜有劬學後生助我重温之也。

延年（一八七三至一九三七），字孝穀，號存吴，南社詩人，籍成都。嘗留學日本習畫。好話劇，與李叔同等同辦春柳社。其詩集，殁後由友人醵資印出。

一三、詩可正讀

（一）

友人爲上庠歷史系教授者見告曰：“余讀漢官秩‘二千石’及萬石君之‘石’皆如字，爲同事所笑，云當讀‘擔’，君意云何？”余曰：“君讀不誤，不必改也。”

考顧亭林《金石文字記》卷五云：“今浙西、吴中人猶謂十斗爲一石，音‘石’，而北人讀‘石’爲‘擔’，誤也。”又黄扶孟《字詁·石》云：“《説文》：百二十斤爲柘。後人省作‘石’。漢以石爲奉禄之等，故有‘二千石’之稱。今俗用此爲‘儋’（都濫切，俗作擔，亦非）字，至呼‘二千石’亦如此音，此最鄙謬。按《漢書·蒯通傳》‘守儋石之禄’。又《揚雄傳》‘家無儋石之儲’，試從俗呼之，可以一笑。”

試以古詩人之讀驗其説：

太白《豳歌行上新平長史兄粲》云：“憶昨去家此爲客，荷花初紅柳條碧。中宵出飲三百杯，明朝歸飲二千石。”又《宣州九日聞崔四侍御與宇文太守游敬亭余時登響山不同此賞醉後寄崔侍御二首》云：“故交竟誰在，獨有崔亭伯。重陽不相知，載酒任所適。手持一枝菊，調笑二千石。”又《猛虎行》云：“昨日方爲宣城客，掣鈴交通二千石。有時六博快壯心，繞床三匝呼一擲。”樂天《咏懷》云：“昔爲鳳閣郎，今爲二千石。自覺不如今，人言不如昔。”俱與入聲相押，此唐人之讀也。至宋，崔璆《今日亦何好》云：“臣家京口東，門前大江碧。臣願駕長風，吹作酒萬石。”逮元，倪雲林《送高太守之秦郵》云：“秦漢置牧守，猶古之侯伯。封建而郡縣，仁政固不易。漢宣知所本，留意二千石。”抵明，盧次楩《寄謝逸人四溟二首》之二云：“魯連自是紫烟客，倜儻長揖二千石。一朝談笑解聊城，東入滄溟渺無迹。”“石”亦皆與入聲相押。

由是可知，自唐至明，皆讀“石”如字也。改讀“擔”，其始於明末清初之北人乎？

（二）

常人因讀偏旁而誤讀之字，亦可借讀詩而得其正音：

“梵”字去聲，太白《春日歸山寄孟六浩然》“朱紱遺塵境，青山謁梵筵”、東坡《留題顯聖寺》“渺渺疏林集晚鴉，孤村烟火梵王家”可證也。而今人多讀平聲，爲其聲符所誤耳。余屢聽自稱通梵文者亦作如是讀，可謂知胡而不知漢者矣。初謂此淺學者所易犯，而近讀江兄更生見示王佩錚先生《瓠廬脞録》書影，始知飽學者亦自不免也。

其“詩鐘文虎”條以女弟子名作折枝，中有“惟善是從徵楚國，聞香頓悟證梵經”一聯，明讀“梵”字作平聲矣，豈與俗和光同塵而致然耶？

古今異讀亦可借讀詩而得悉：

“花陰”“柳陰”“桑陰”“綠葉成陰”之“陰”，今人多書作“蔭”，前人不爾也，此草頭實爲蛇足。“蔭”字，今字典、詞典皆定作平聲，如“林蔭道”之“蔭”即讀作“陰”。此雖有所本，《集韵・二十一侵》有“於金”一切，云：“草木蔭翳也。”《集韵》從俗，《廣韵》則不然。今辭書編者亦以從俗爲務，縱無所據，亦必改之而定誤爲正也。考古人用此字皆讀去聲。孟浩然《同王九題就師山房》“周游清蔭遍，吟卧夕陽曛”、白居易《晚桃花》“一樹紅桃亞拂池，竹遮松蔭晚開時”，一爲名詞，一爲動詞，在詩中俱讀仄也。宋、明、清後，作者均遵其讀，例多不能殫舉，至今日始改其聲。故凡見詩中有“花蔭”“柳蔭”字樣，且作平聲用者，不必細審，即可斷其爲今人所作無疑也。

近閲一古籍理董之作，原文“具在”皆改爲“俱在”，蓋以古人爲誤也。不知“具在”意爲全在、備存，言其未失也，如云“其書具在”。而“俱在”意爲皆在、都在，謂其共存也，如云“父母俱在”，義實有别也。且“具”讀去聲，唐子西《代書寄鄭二》“别後定何似，此中難具陳”、侯正卿《他日劉牧之回持李鵬舉書並所和詩見寄復用前韵答之》“一樣老懷難具述，兩鄉明月解中分”可徵；而“俱”舊讀平聲，獨孤至之《垂花塢醉後戲題賦得俱字韵并序一首》“紫蔓青條覆酒壺，落花時與竹風俱”、陸放翁《送七兄赴揚州帥幕》“急雪打窗心共碎，危樓望遠涕俱流”可證也。

古人“並”“并”音義亦均有别，如“兼收並蓄”，“並”，皆也，去聲。而王子安《滕王閣序》“四美具，二難并”，“并”，合也，聚也，據聲律知其讀平。又東坡《答王定民》七律末聯：“欲寄鼠須并繭紙，請君章草賦黄樓。”《次韵參寥同前》七絶末聯云：“總是爛銀并白玉，不知奇貨有誰居？”“并”，猶今之連詞“和”也，依聲律亦顯當讀平。古人詩賦之有序者，其題往往有“并序”二字，其意謂兼録其序也。繁體字“並”“并”二字，簡體字合一作“并”，讀去聲。古籍簡體排印從之，後人自此不知二字音義之别矣。近見繁體所排古籍，竟有“并序”作“並序”者，此不可不視爲疵病，而校對者僉以爲不誤也。

（三）

有某君者，自言少從啓公元白游，藏公所書唐人詩二首，其一爲：“南陵水面漫悠悠，風緊雲繁欲變秋。正是客心孤迥處，誰家紅袖倚高樓。”乃杜牧之《南陵道中》詩也。某君曰，末句《全唐詩》作“誰家紅袖凭江樓”，公所書乃從董其昌《畫禪室隨筆》所引。某君謂嘗叩公何以擇“倚”而不用“凭”。公曰，“誰家紅袖凭江樓”七字僅一仄，太孤；用“倚”則二仄，方有倚靠。文見《文史知識》二〇一八年第十期《學林漫話》。

余見此，告某君，啓公於此未免偶疏矣，“凭”字義雖同乎“憑”字，而有平仄兩讀，不若“憑”字僅平聲一讀也。《廣韵》平聲十六蒸：“凭，依几也。扶冰切。”又去聲四十七證：“凭，依几也。皮證切，又皮陵切。”更觀古人諸用例，唐詩如李公垂《宿揚州水館》：“閑凭欄干指星漢，尚疑軒蓋在樓船。”白樂天《寄題楊萬州四望樓》：“無由得與君携手，同凭欄干一望鄉。”《曲江亭晚望》：“曲江岸北凭欄干，水面陰生日脚殘。”許丁卯《東游留別李叢秀才》：“起凭欄干各垂泪，又驅羸馬向東州。”韋端己《清河縣樓作》：“有客微吟獨凭樓，碧雲紅樹不勝愁。”咸讀仄聲也。宋詩如寇平仲《鄴中和崔邁著作》：“蕭蕭前浦歸帆静，落日長吟且凭欄。”宋子京《按行府城通判張太博有詩美山川風俗因繼作》：“百尺譙城一凭欄，提封占盡古常山。”徐仲車《送至機》：“覽君健句如逢藥，慰我孤懷勝凭樓。”鄒道鄉《濟明不預虎丘之游作此寄之》：“遥知正擁雙旌坐，直上雲峰一凭樓。”《初夏玉井亭晚立》：“竹兼樹影眠天底，人凭欄干立鏡中。”宋詞如史邦卿《雙雙燕》：“芳徑。芹泥雨潤。愛貼地争飛，競誇輕俊。紅樓歸晚，看足柳昏花暝。應自栖香正穩。便忘了天涯芳信。愁損翠黛雙蛾，日日畫欄獨憑。”亦如唐人讀仄也。苟略通詩律者，皆可知吾言之不謬。牧之詩“凭”字不煩改“倚”也。

（四）

生有問於余者曰：“先生讀司馬相如之‘相’爲陰平，長卿之‘長’爲上聲，異乎他人之讀，何也？”余曰：“待汝學得近體詩格律即知之矣。”

按杜少陵《酬高使君相贈》云：“草玄吾豈敢，賦或似相如。”《贈陳二補闕》云：“獻納開東觀，君王問長卿。”李義山《漢宫詞》：“侍臣最有相如渴，不賜金莖露一杯。”《寄令狐郎中》：“休問梁園舊賓客，茂陵秋雨病相如。”《寄蜀客》：“君到臨邛問酒壚，近來還有長卿無？”苟諳詩律者，均可知吾讀之不謬也。

他如劉長卿之“長”亦當讀上聲，僧文兆嘲惠崇“河分崗勢司空曙，春入燒痕劉長卿”之詩可徵也。“長卿”，兄弟中居長之謂也，“長”字安可不讀上聲哉！

一四、“羌笛何須怨楊柳”平仄

王了一先生《漢語詩律學》論近體五言“平平仄平仄”、七言“仄仄平平仄平仄”，雖異乎常式，而以唐宋詩中屢見，不以歸拗句也。其要在五言第一字、七言第三字必用平聲耳。其説驗之唐宋詩良是。聊舉七言爲例，如王之涣“羌笛何須怨楊柳，春風不度玉門關”、李義山“直道相思了無益，未妨惆悵是清狂”、王元之“何事吟餘忽惆悵，村橋原樹似吾鄉”、蘇東坡“若把西湖比西子，淡妝濃抹總相宜”，“何”字、“相”字、“吟”字、“西”字俱遵此律令也。至清之前、中期猶然，如袁隨園之“若道風情老無分，夕陽不合照桃花”、趙甌北之“今日經過已陳迹，月明漁父唱滄浪”皆是也。

後讀陳弢庵《次韵遜敏齋主人落花四首》，其二有“油幕彩幡竟何用，空枝斜日百回腸”之句，“彩”字仄，有違斯律矣。繼讀陳散原詩，亦有犯之者，知此規清末名詩人已有忽之者，今則滔滔者天下皆是已。

實則漢語同義詞多，易仄爲平，亦易辦焉耳；不然，换句式可也。吾友吴君念庵佞古，嚴守斯律，見余作詩亦不敢越此雷池，許爲同聲相應焉。

一五、該死十三元

科舉考試，詩賦失韵被黜者多矣，唯清高心夔事傳爲口實，以有王湘綺闓運一聯膾炙人口故也。

高心夔（一八三五至一八八三），江西湖口人，字伯足，號碧湄，又號陶堂。余昔於李蒓客《越縵堂日記》光緒壬午十月二十六日所記、薛叔耘《庸盦筆記》卷三《窮達有命》中見其梗概，略謂心夔咸豐己未（九年，一八五九）科會試中式，覆試因試帖詩出韵，遂列四等，罰停殿試一科。次年爲庚申恩科，殿試列在二甲，朝考，試帖詩又出韵，遂列四等，以知縣班用。兩次出韵皆在“十三元”韵中。湘綺時與伯足同在權臣肅順幕，嘲以詩曰：“平生雙四等，該死十三元！”越縵頗爲伯足惜，曰：“高實名士，文學爲江右之冠，己未、庚申兩榜中人罕能及之者。”

余初以爲《平水韵》“十三元”中所收字，其今音與他韵易淆者甚多，如“翻”之與“十四寒”“十五删”，“元”“言”之與“一先”，“昏”“痕”之與“十一真”“十二文”皆是也。心夔或押此韵時誤入他韵耳。

後讀李孟符《春冰室野乘》卷中《高心夔遺事》，其所述加詳，云：“高舉己未進士，……覆試保和殿，欽命詩題，官韵限‘十二文’，而高誤押入‘元’韵一字，因置四等，罰停殿試一科。……次歲庚申恩科，……詩題爲‘紗窗宿斗牛’，得‘門’字，……通首除官韵外，其七字皆押入‘十一真’部也。翌日榜發，復列四等。”

徐萸磬（一九一五至一九九八）《高陶堂出韵失大魁》一文則有異辭，云己未試題爲“柳暗花明又一村”，得“村”字，所限屬“十三元”韵（非如孟符所言“十二文”）。又謂高此詩出韵，多涉“十四寒”（非如孟符所云誤押“元”韵一字）。而萸磬所述次年庚申恩科試題則與孟符同，而未言誤押何韵。見《湖口文史資料》第六輯《人物專輯・名人軼事四則》（一九九〇）。

余以二人所説雖有異同，恰與余之猜度相合，且萸磬爲伯足鄉後輩，其說或出鄉邦文獻，恐有據依，詎知率爲齊東野人之語耶？

近蒙鳳凰出版社贈以《中國近現代稀見史料叢書》，内有《高心夔日記》，急取披尋，喜記此事之文猶存，而事非如孟符、萸磬二人者所言也。

《日記》咸豐十年（一八六〇）五月七日有云：“己未中式禮闈後，旋以覆試試帖内訛許渾‘渾’字爲上聲，置四等，罰停一科；今年夏五月二日，保和殿朝考，予以試帖用‘十三元’韵内‘緼’字爲‘絪緼’之‘緼’，再置四等。”夫子自道如此，則伯足實爲多音字所誤耳。試帖詩五言八韵，例用平韵，許渾之“渾”當平而高讀爲上，則其非在韵脚也明矣，非如萸磬所言用“十三元”而誤涉“十四寒”也。

許渾之名讀平，自唐而然，有詩爲證，韋端己《題許渾詩卷》云：“江南才子許渾詩，字字清新句句奇。”此詩“渾”若讀仄則失律，其讀平無疑也。又陳後山《次韵蘇公西湖觀月聽琴》詩有云：“苦懷太史惠，養豹烟雨昏。後世無高學，舉俗愛許渾。”全首押平韵，其讀平亦無疑也。又《桐江詩話》所載“許渾千首濕，杜甫一生愁”之聯平仄亦可證也。高之誤讀，無可爲解也。

至“絪緼”之“緼”，實“十二文”韵中字，“十三元”中之“緼”，義爲青黄間色，非其義也。可見伯足此詩，僅一字誤押“文”韵中字，非如孟符所説七字皆押入“十一真”也。

故所傳伯足賦詩落韵，實讀白字云爾：一在韵脚，一不在韵脚，一平而讀仄，一“文”韵而讀入“元”韵也。且其字實有此讀，僅非所用之義耳，猶愈於讀偏旁而實無其音者也。

苟伯足日記不存，吾知人必以李、徐二人之書爲信也。至伯足爲肅順入幕賓事，此史家所當究心，不賢識小，匪我思存矣。

一六、理校一例

少時家中有劫餘石印本《笠翁一家言》詩集一册，皆七律也，讀之爛熟。卷六《舟中讀毛稚黄韵學通指暨東苑詩鈔種種新刻喜而有作亦以寄之》詩云："歸舟日日把新編，不假天風棹易前。此道向來無作者，斯文何幸得真傳。審音有目高師曠，作史非宫異馬遷。更喜太玄經始就，雖貧能却富人錢。"

頸聯"作史非宫異馬遷"之句，"宫"字形於惡謔，安可以此作頌禱語耶？而不意稚黄讀之，評云："沉思出以俊調，清迴殊常，但鄙薄何能當此！"不怒反褒，令人不解。後入上庠，檢芥子園及世德堂刊本，文字僉同，蓋初刻已然矣。

顧余決"宫"字必"官"字之訛無疑，稚黄入清不仕，異乎司馬子長之爲太史令，此正所謂"非官"也。迨浙江古籍社本《李漁全集》出，其字猶作"宫"自若也。

竊謂古籍理董，遇此等字，雖無版本據依，揆之人情，度之世故，覺其未安，徑改之可也。陳援庵之所謂"理校"是矣。

至此詩末聯用事，出《論衡・佚文》，云："揚子雲作《法言》，蜀富人賫錢千萬，願載於書，子雲不聽。"誤《法言》爲《太玄》，則猶東坡"地底中郎""元龍百尺樓"之例，出於作者之筆，是則不可改也。

一七、"王不見"

家君謂王漁洋懷古感舊之詩多格套，於人於物每發"而今安在哉"之嘆，喜用"不見"二字，多讀令人生厭，袁子才"一代正宗才力薄"之語非刻也。如："不見齊王宫，空城半禾黍"（《夜經古城作》）、"空憐板渚隋堤水，不見琅琊大道王"（《秋柳四首》之二）、"而今明月空如水，不見青溪長板橋"（《秦淮雜詩二十首》之十二）、"栖鴉流水空蕭瑟，不見題詩紀阿男"（同上之十九）、"青蕪不見隋宫殿，一種垂楊萬古情"（《冶春絶句二十首》之七）、"而今滿目金城感，不見柔條踠地垂"（《趙北口見秋柳感成二首》之一）、"亭空人不見，殘雪落冬青"（《歐亭》）、"涪江江水抱山流，不見唐家帝子樓"（《晚渡涪江》）、"不見松潭閣，松風日暮吹”（《華州西溪》）、“奉香不見臨安使，白日茫茫下七陵”（《宋陵》）、“不見梁巫陳桂醑，野人耕盡小黄園”（《昭靈夫人墓》）。家君因戲稱漁洋爲“王不見”。余嘗過開封，賦詩云：“清汴湮埋迹已蕪，繁華空憶上河圖。車塵滚滚揚周道，誰信當時滿舳艫？”家君見之，笑曰：“亦‘王不見’體也。”

一八、王漁洋題《聊齋志異》

漁洋題《聊齋志異》詩云：“姑妄言之妄聽之，豆棚瓜架雨如絲。料應厭作人間語，愛聽秋墳鬼唱時。”此詩余自少閱柳泉書時已見。近訪蒲氏故居，又於壁上見之，頗愛其前二句而病其末二句也。“料應”句顯指柳泉而言。“愛聽”句用長吉“秋墳鬼唱鮑家詩”句，所謂“愛聽”者不知指蒲抑指己也。指蒲耶，則上句言其“厭作人間語”，下當言其説鬼矣，而偏言其“聽”而不言其“説”；指己耶，則“秋墳鬼唱”指蒲矣，人易疑其指蒲之説鬼爲“鬼唱”也，未免不妥。且“愛聽……時”句亦似動賓不當。若言其意指“愛聽秋墳鬼唱之時”，則其所好已成嗜癖，非一時事也。嘗疑“時”當作“詩”，而柳泉次韵答詩云：“志異書成共笑之，布袍蕭索鬢如絲。十年頗得黄州意，冷雨寒燈夜話時。”末句亦押“時”字，知漁洋實用此字也。

一九、詩題雅俗

漁洋山人《香祖筆記》卷七云：“詩題有一二字不古，遂分雅俗，如古人衹有‘同韵’‘和韵’，而今人則改作‘步韵’‘武韵’矣。古衹有‘絶句’，今人則改作‘截句’矣。古人贈答，或云‘以詩贈之’‘以詩寄之’，今則改‘詩以贈之’‘詩以寄之’矣。此類未易更僕，但取古人集觀之，雅俗自辨，當以三隅反也。”竊謂漁洋以爲俗者，今味之似未必然。而今人製題之俗則别有在也。

如次韵之作，其題每曰“步原玉”“次原玉”，此風當起於近世。余讀晚清諸名家集，次韵之作多矣，亦唯曰“次原韵”“步原韵”而已，未見易“韵”爲“玉”也。檢《申報》光緒十三年（一八八七）正月二十五日載胡悦彭《和崇川驪睡軒主人見贈原韵》詩，其序云：“爰不自揣，謹步原玉。”始作俑者當更早於是也。同報民國二年（一九一三）六月二十三日又載署名醉翁之《題雙璧女士玉照并步原玉七絶》二首。嗣後則報章雜志層見而叠出矣。如民國八年（一九一九）《文友社第二支部月刊》第二十三期載林風《答樊山師見賜之作即步原玉》七律二首。而檢《樊山集》，次韵之作連篇累牘，而其題無一有"次原玉""步原玉"字樣。同光體諸公之集亦然。疑此稱起於斗方名士，殆以元陰時夫有《韵府群玉》，清謝瑛重輯之曰《增删韵玉定本》，坊本流傳，人手一册，浸假而遂以"玉"代"韵"矣。

玆風始自清末，盛於民國，而沿至今日耳。余絶不用此，亦"劉郎不敢題糕字"意也。

二〇、《玉堂對雪》作者

家有《詩法入門》一書，頗殘破，以近方理書，閑取一閱。卷首題"閩潭游藝子六氏輯"，有民國三年（一九一四）王浩序。前講詩法，後附詩選，其選分體而列，七言排律下載《玉堂對雪》一首，題下署名錢福。按錢字與謙，號鶴灘，華亭人，明弘治三年（一四九〇）狀元。其《明日歌》及嘲妓"可惜一身都是淡，如何嫁了賣鹽人"一絶流傳人口，余少時即能成誦。因一覽之，覺所録有誤，首句"天暮低垂一色雲"之"暮"，篇末"才薄敢題冰桂句"之"桂"，讀之皆覺齟齬不安，雖不妨思適，而亦思覓善本一校，結習難忘故也。

因翻《鶴灘集》自首至尾，竟不見此詩。繼見《古今詩宗》亦載此作，亦謂錢氏所撰，字句無異，亦民初坊本耳，蓋同出一源也。方思可爲鶴灘作拾遺矣。偶閱韓雍等《皇明西江詩選》，此詩竟赫然登於卷九，"暮"作"幕"，"桂"作"柱"，諷之，怡然涣然也。作者爲劉素，名下注云："字貞白，吉安人。永樂丙戌進士，仕至翰林修撰。"考素爲吉安之永豐人，所中爲進士第三，其時第一人爲林環（見張朝端《皇明貢舉考》卷二）。同治《永豐縣志》卷二二有劉傳，謂其"學問老成，文詞典雅，暮年家居，惟習静潜修，狷介自好"。明永樂六年（一四〇八），嘗與林環等二十二名翰林同作《玉堂對雪》詩，今其卷尚存，藏福建省博物館（李若晴：《玉堂遺音》，中國美術學院出版社，二〇一二年）。繼檢曾燠《江西詩徵》，竟不登劉素隻字，殆不入其法眼故耶？

頃閱清人楓江半雲友所著小説《引鳳簫》，其書主人公名白引者，謂是宋之才子，第一回叙其人對雪賦詩，竟即此篇也，僅首句改作"靄靄彤雲天幕埋"而已，不勝駭笑，作者不能爲筆下人物捉刀，竟窺陳篇而盗竊，爲渠預支數百年新意，真鈍賊之尤也。

一明初探花之詩，初則爲清小説家派爲宋人之作，繼則爲俗書誤冠後世狀元之名。因知底下短書，不足供輯佚之用，不唯多魯魚亥豕之訛，亦且有張冠李戴之虞也。余非治明代文學者，劉素亦非著名文人，費日力於此，良可惜也。唯考據癖深，不能自已云耳。

【附】

玉堂對雪

劉素

天幕低垂一色雲，六花妝點隔年春。霜刀碎剪銀河水，風碾匀飛玉屑塵。
江上尋梅難覓伴，樽前吟絮孰相親。徒憐一夜青山老，却笑千門白屋貧。
昨歲平淮功已著，中宵訪戴興尤新。野橋驢背詩成畫，金帳羊羔酒入唇。
閉户僵眠清譽遠，鈎簾快讀苦心真。萬條楊柳藏金縷，四望蘼蕪藉素茵。
見雁尚懷持節使，籠鵝因憶寫經人。光浮璚樹清無價，冷逼靈臺迥有神。
才薄敢題冰柱句，囊空難買桂枝薪。送寒歌慶豐年瑞，明日圜丘正肇禋。

二一、險韵自卜

周昭禮《清波雜志》卷二云，東坡在海外，寫平生所作八賦，期不脱誤一字以卜能否北歸，後果如願。此以書字自卜，可謂自我作故，而前人尚有作詩以卜休咎者，則有所沿襲也。

《隨園詩話》卷十云："嚴冬友（長明）自言：'九歲時侍先大父過淮。舟中人限"吞"字韵爲詩，多未穩。予有句云："横橋風定帆全卸，小艇潮來勢欲吞。"大父曰："此子將來必無患苦。"或問其故，曰："凡詩押啞韵而能響者，其人必貴；押險韵而能穩者，其人必安。生平以此衡人，百不失一。"大父諱馨，字星標。'"

考"啞韵能響者，其人必貴；險韵能穩者，其人必安"之説出於顧亭林《詩律蒙告》，而隨園、冬友皆未探其朔也。冬友，史稱其"於書無不讀，或舉問，無不能對"（《國朝先正事略》卷四二）竟亦不知來處，可見其書於世流傳之稀。頗疑嚴馨之説亦輾轉稗販而得者，非得自亭林之書也。

所謂險韵者，指難押之字，如冬友所押之"吞"字；又指字少且難押之韵，如平水韵"三江""九佳""三肴""十五咸"之類。家君於難中亦嘗戲作險韵詩七律四首以自卜，翔讀之，語悲而字順，頗覺其句之穩也。卒未成凶讖，而終白沉冤，豈其故歟？其詩尚在，謹録其押"佳"韵者一首於下："處處遭逢事事乖，乾坤肅殺若爲佳？壯心空逐三春去，生友難交一箇諧。死冷寒灰寧復暖，弃捐良玉分長埋。如何猶作華胥夢，夢裏華胥實可懷！"

二二、假雪假鹿

王從之《滹南詩話》卷二云："羅可《雪》詩，有'斜侵潘岳鬢，横上馬良眉'之句。陳正敏以爲信然，却是假雪耳。"潘岳鬢華，馬良眉白，非雪所染也。余少作《咏鹿》有云："曾被趙高呼作馬，又教劉季得成龍。"劉季所得亦假鹿耳，讀從之此説而悟，立删之。

二三、詩誤爲詞

周昭禮煇《清波雜志》卷九"花信風"條云："江南自初春至首夏，有二十四番風信。梅花風最先，楝花風居後。煇少小時，嘗從同舍金華潘元質和人《春詞》，有'捲簾試約東君問，花信風來第幾番'之句。潘曰：'宫詞體也。語太弱則入輕浮。'"

按昭禮所作二句，《宋詩紀事》卷五八收入周燀名下。《四庫提要》卷一四一辨"燀"當作"煇"，是也。唯《紀事》作詩録之，而唐季特先生所編《全宋詞》（中華書局，一九八八年）頁一六一〇題作"失調名"，點作"捲簾試約東君，問花信風來第幾番"，注云："是詩是詞，不易斷定，姑收於此。"

竊謂"春詞"之"詞"，非曲子之謂也。古人詩集中以"春詞"命題之詩甚多，如《常建詩》卷一，《元氏長慶集》卷二〇，《白氏長慶集》卷二五，《張右史文集》卷六、二七，《淮海集・後集》卷四，《石門文字禪》卷一六，《白石道人詩集・集外詩》皆有之。且以七絶爲多。昭禮此二句平仄正合七絶末二句。若點作長短句，則現存詞調中無此句式，不然，唐氏精於詞律，自能定之，不至言"失調名"矣。

又昭禮友人稱周作爲"宫詞體"，"宫詞"亦爲詩人喜作之題，唐以後亦以七絶爲夥，如唐王建、蜀花蕊夫人、宋王珪之《三家宫詞》，宋徽宗、宋寧宗楊后之《二家宫詞》皆是。故昭禮此二句是詩非詞無疑，當自《全宋詞》中删却也。

二四、暗合古人

余少時作一律，末聯云："離騷未盡湘纍恨，吟罷空江獨泪垂。"後讀放翁詩，見有"離騷未盡靈均恨，志士千秋泪滿裳"之句，雖情調有異，一低沉，一慷慨，而以上句與古人意複，且上三聯亦不佳，遂刪却無遺。《蔡寬夫詩話》載王元之賦《春日雜興》，有“何事春風容不得？和鶯吹折數枝花”之句。其子嘉祐謂與老杜“恰似春風相欺得，夜來吹折數枝花”之句相近，請易之。元之忻然曰：“吾詩精詣，遂能暗合子美邪？”卒不易。然余苟不刪，人必以爲剽竊劍南；而元之若無詩話記其軼事，人亦必以爲其學舌少陵也。

二五、見微知著

先師胡彦和先生嘗曰：“觀楊沫小說《青春之歌》之名，即知其不能詩，四字皆陰平，讀之不諧也。”家君聽人引葉靖逸句作“滿園春色關不住”、袁隨園句作“望溪文章阮亭詩”，即斷其人不能詩，亦以所誤記者不協律也。

余謂茅盾有小說名“霜葉紅似二月花”，改杜牧之名句之“於”爲“似”，未免失律，恐亦不能詩者。人曰不然，其文集中有詩詞，改字當別具深意也。余遂檢其書，入眼即見《無題》一首，云：“歐尾亞頭起暗波，人民有眼判功過。倒行逆施何能久，終見東風唱凱歌。”姑不論其詩意，首句孤平，次句誤讀“過”字作平（“過失”之“過”不可讀平），三句誤讀“施”字作仄（“施行”之“施”不可讀仄）。知茅公如壽陵餘子，猶爲學步未成者也。

二六、詩咏武穆

家君病榻憶往，云先祖維屏先生幼穎悟，九歲咏岳武穆詩云：“碧血丹心著，勤王忘死生。冤哉三字獄，真自壞長城！”翔十九歲時，西湖岳墓被毁，詆其忠君而非愛國也，憤而作《哀岳墳》詩云：“風波遺恨已無涯，又見奇冤構岳家。高冢夷平空影迹，斷碑欲認竟泥沙！四奸地下應相賀，三字人間更厲加。從此英雄心合死，誰甘喋血報中華！”先祖爲吊古，痛其生陷朝廷之冤獄；翔則爲傷今，哀其死成當世之罪人。

二七、家君賀錢崇威答廉建中詩

一九六四年，舊曆甲辰，諸老欲爲錢自嚴（字崇威，一八七〇至一九六九）先生設重赴瓊林宴。先生爲光緒甲辰（三十年，一九〇四）進士，入翰苑。時任江蘇文史館館長。群委詩人廉公建中主其事，廣徵賀詩焉。其友林公炳煒，家君難友也，以家君能詩告，遂亦徵及，乃作七律四章以作頌禱。翔嘗見其稿，而詩集後毁於劫，年久不復憶其全矣，唯記“巋然真箇魯靈光”“年少誰知老少年，仙班初識老神仙”“碩果晨星應自憐”“知公别具長生術，不讓彭鏗獨步前”“玉堂回首更無人”數斷句耳。

廉公讀之擊節，馳書期識面焉，信封乃書“劉龍游先生”，龍游，籍貫也。家君以爲唯立德、立功、立言三不朽者方可以爵里稱，愧不敢承。又以時正編管閭閻，告相見請俟諸雪冤之日，寄詩云：“立功不易立言難，爵里相稱大不安。知否明公青注日，馮諼長鋏尚空彈！”“我與林公有病同，十年枉自對東風。凄凉高唱迷陽後，才盡回腸蕩氣中（借定庵句）！”

未幾，劫至，自嚴先生以期頤之齡受辱而終。廉公則劫後猶存（卒於一九八六，年九十一），而未提前事。家君沉冤雖白，亦老而善忘，致文字之緣不能復結，惜哉！此二絶以大人爵里稱之誨至今猶記，他日亦必忘，兹急筆之。

二八、白眉

余老，髮白眉亦白，嘗戲作詩云：“二毛中歲似潘郎，欻忽人驚滿鬢霜。自笑平生無狀甚，衰年愧作白眉良！”用馬季常事自嘲也。

憶先妣嘗諭翔曰：“男子老，有白眉者；女子則至老髮白眉不白也。”因憶太白《飛龍引》有云：“下視瑶池見王母，蛾眉蕭瑟如秋霜。”王母竟老而白眉矣。

苟先妣之言爲信，則太白未免體物不細不精矣。虚裏叠虚，固不如虚中綴實也。西人謂意園神樓中須有真蟾蜍在，信夫！

二九、隨園、甌北同題詩

（一）

袁子才《赤壁》詩云：“一面東風百萬軍，當年此處定三分。漢家火德終燒賊，池上蛟龍竟得雲。江水自流秋渺渺，漁燈猶照荻紛紛。我來不共吹簫客，烏鵲寒聲静夜聞。”首聯即作破題，猶作試帖然，豈童而習之，熟處難忘耶？頷聯從蜀漢着筆：上句以漢之火德綰合火攻，可謂巧思；下句言昭烈緣此戰始得立足圖王。“蛟龍得雲雨，終非池中物”，周公瑾目昭烈語也。然捨孫吴主力而不道，未免誤於《三國演義》説部矣。頸聯寫江景，猶劉夢得“山形依舊枕寒流”之意。唯兩聯對屬俱嫌不工。末聯反用《前赤壁賦》“客有吹洞簫者”典，甚無謂也。以“烏鵲寒聲”牽合魏武詩，意在切題，而頗疑其向壁虚構，非實聞也。

與子才並世齊名者趙甌北亦有《赤壁》詩，云：“依然形勝扼荆襄，赤壁山前故壘長。烏鵲南飛無魏地，大江東去有周郎。千秋人物三分國，一片山河古戰場。今日經過已陳迹，月明漁父唱滄浪。”首聯即目所見。次聯用魏武詩及東坡詞，拈出此役之效與夫東吴主將之名，可謂驪珠已得，而略嫌過於現成，如零件之拼裝矣。或病“魏地”二字，以爲其時曹操尚未封魏。實則江東若下，其土他年亦爲魏有也。胡曾咏赤壁，已云“烈火西焚魏帝旗”矣。三聯唱嘆感喟，對仗甚工，而構思實易。“古”，《甌北詩鈔》作“百”，《甌北集》改此，銖兩略差，寧損工而扣題耶？末聯遠承首聯，而上句過於率易，古物何地何時而不爲陳迹耶？下句漁父《滄浪》，典出《楚辭》，取以泛指漁歌自無不可，然恐非其耳畔實聞，想亦無中生有，欲寓“是非成敗轉頭空”意耳，然而未免入懷古詩之窠臼矣。

二詩相較，趙作爲優。隨園評趙詩云：“此題絶唱。”當亦自愧不如也。

（二）

漢高歌風臺，袁、趙二人各有七律二首。袁詩云：“高臺擊筑憶英雄，馬上歸來句亦工。一代君民酣飲後，千年魂魄故鄉中。青天弓劍無留影，落日河山有大風。百二十人飄散盡，滿村牧笛是歌童。”“泣下龍顔氣概粗，子孫世世免全租。有情果是真天子，無賴依然舊酒徒。父老尚知皇帝貴，水流如聽筑聲孤。千秋萬歲風雲在，似此還鄉信丈夫！”

袁詩第一首爲蔡東藩《前漢演義》所采，蔡氏此書不甚引詩，亦可見爲其賞心所在矣。此詩概括漢祖還鄉歌風，可謂已識其大者。唯末聯有病，千年前人，早歸黄土，不當言“飄散”也。第二首“孤”字有趁韵之嫌。末句幸無人告發，不然，恐有文字獄之禍矣。

趙詩云：“匹夫成帝十年功，萬乘還鄉宴此中。雲起真符天子氣，風來故是大王雄。兒童歌舞三侯遍，父老追攀一縣空。頗怪生平稱大度，如何宿怨獨銜豐？”“置酒空興猛士嗟，韓彭被殺已如麻。負心事竟烹功狗，出手威原斬路蛇。百敗河山終造國，千秋魂魄尚思家。榮歸翻下英雄泪，此處勝他晝綉誇。”貶斥之語多於袁氏，對屬之工亦勝於袁氏，唯次首“負心”一聯對屬誠工，而上下句既乏因果，亦未成反襯，斯爲病耳。末聯作劉項對比，仍扣緊還鄉，可謂作手。

二題相較，亦趙氏之作爲優。

三〇、甌北評隨園

少讀趙甌北題袁子才《小倉山房集》，覺其欲求對屬之妙，寧違文法之規。詩云：“其人與筆兩風流，紅粉青山伴白頭。作宦不曾逾十載，及身早自定千秋。群兒漫撼蚍蜉樹，此老能翻鸚鵡洲。相對不禁慚飯顆，杜陵詩句祗牢愁。”頸聯“群兒”句割裂韓詩，本不通之甚，而與“此老”句成巧對，上下連讀，遂不覺其病，反覺其妍。槐聚先生言詩於文法不若古文之嚴，於此足以徵之矣。趙詩末聯比袁爲太白，自比杜陵，諛人也，而能自占身份，真老手也。

然此詩非由衷之言，隨園歿後，甌北作詩詆之云：“愛宿花爲胡蝶夢，惹銷魂亦野狐精。”“老我自知輸一着，祗因不敢恃聰明。”（《偶閲小倉山房詩再題》）竟自作撼樹蚍蜉，可寫入《儒林外史》矣。一死一生，乃知交情，信夫！然前詩許其不朽，諛辭也而後世竟成事實。而後詩“恃聰明”云云，甌北實躬蹈之而不自知，觀其爲詩喜作巧對，其工往往勝於隨園。聰明外露如此，尚云“不敢”，何也？

三一、梁任公《讀陸放翁集》詩

梁任公《讀陸放翁集》詩，句句亂道，而流傳極廣，其故何耶？其詩云：“詩界千年靡靡風，兵魂銷盡國魂空。集中什九從軍樂，亘古男兒一放翁！”首句自靈均以來一筆抹殺矣，次句竟謂詩之靡靡能令兵魂、國魂俱空，未免倒果爲因。三句非實，陸集以閑適詩爲多也。末句則似未讀國史者所爲，捨放翁外，更無一個是男兒矣。

此殆任公有爲言之，逞其宣傳鼓動慣技耳，己亦未必以爲然也。槐聚先生《宋詩選注》引任公此詩以明陸詩於清末之影響，而觀其《談藝録》中所言：“放翁詩余所喜誦，而有二痴事：好譽兒、好説夢。兒實庸材，夢太得意，已令人生倦矣。復有二官腔：好談匡救之略、心性之學。一則矜誕無當，一則酸腐可厭。”知其必不以任公爲然也。引之，正錢公自言“趨時的代價”耳。

三二、懷古咏史詩窠臼

人當閱史時，常不免此想：苟古無是人、古無此事，則世之興衰、國之存亡、人之遭際咸將有異，爲之或喜或悲，或慶或惜，斯雖無謂之思，而實人情之常也。仲尼有“微管仲，吾其被髮左衽矣”之慨（《論語·憲問》），劉成公有“微禹，吾其魚矣”之嘆（《左傳·昭公元年》），王仲淹有“使諸葛亮而無死，禮樂其有興乎”之憾（《中説·王道篇》）。非唯閱史也，哀樂中年，桑榆晚景，自顧平生，由果推因，衡其得失，或悔或欣，亦何能免此乎？

竊謂以此興懷，未嘗不可；而以此入詩，則以用之者之衆，未免已成窠臼矣。此多見於懷古咏史之什。唐之胡曾，耽用此法，幾於濫矣，如“蜀王不自垂三顧，争得先生出草廬”（《南陽》）、“固存不得田單術，齊國尋成一土丘”（《即墨》）、“當時未入非熊兆，幾向斜陽嘆白頭”（《渭濱》）、“朱門不養三千客，誰謂鷄鳴得放回”（《函谷關》）、“包胥不動咸陽哭，争得秦兵出武關”（《秦庭》）、“中郎在世無甄别，争得名垂爾許年”（《柯亭》）、“若解聞韶知肉味，朝歌欲到肯回頭”（《朝歌》）、“出門若取靈均語，豈作咸陽一死囚”（《武關》）。一之猶可，其可再三乎？無怪其詩爲人所薄也。

然平心而論，此即名詩人亦未能免：李義山“玉璽不緣歸日角，錦帆應是到天涯”（《隋宫》）、“當日不來高處舞，可能天下有胡塵？”（《華清宫》），杜牧之“東風不與周郎便，銅雀春深鎖二喬”（《赤壁》）、“江東子弟多才俊，卷土重來未可知”（《題烏江亭》）、“南軍不袒左邊袖，四老安劉是滅劉”（《題商山四皓廟一絶》），僉其例也，唯不若胡曾之連篇累牘耳。

後世亦不乏祖構者，如元方明敏“子胥不作忠臣死，勾踐終非霸主材”（《登子胥廟因觀錢塘江潮》）、清袁子才“祇要姚崇還作相，君王妃子共長生”（《再題馬嵬驛》之四）皆是也。

余自檢詩集，見幼所作《讀〈奥賽羅〉》詩有云：“良緣不被奸謀破，壯士佳人共白頭。”少所作《咏劉項》詩亦云：“赤帝雄才安足數，鴻門奇計倘能從。”亦皆沿此格套。今竟以此繩人，古人而有知，無乃有“出乎爾者，反乎爾者”之譏乎？幸中年以後，此想雖心中常有，而筆下則絶無矣。

三三、英詩偷意

余嘗拈出臧克家先生名作《有的人》詩意襲自朗費羅*The Poets*，非有所褒貶於其間，詩家本有“偷意”一法也，見皎然《詩式》。兹事余亦嘗爲之。少日讀R.L.斯蒂文森兒歌*The Wind*，其首節云：“I saw you toss the kites on high，/And blow the birds about the sky；/And all around I heard you pass, /Like ladies' skirts across the grass。”甚賞其體物之妙，忍俊不禁，亦竊其意而咏風云：“碧空冉冉起銀箏，飛鳥雲端體更輕。誰曳長裙芳草裏，美人難見但聞聲。”題作《咏封姨》，以與“美人”二字相應，自覺已“本土化”矣，未讀斯氏詩者不能覺也。

【附】

臧克家襲朗費羅

- 臧克家《有的人》詩開首云：“有的人活着，／他已經死了；／有的人死了，／他還活着。”其下數節機杼全同，然語皆凡下，不及首節警醒也。而世多譽爲傑作。
- 近偶讀朗費羅*The Poets*詩，開篇云：“O ye dead Poets,who are living still／Immortal in your verse, though life be fled,／And ye, O living Poets, who are dead／Though ye are living, if neglect can kill。”則臧詩首節構想，已爲他人道過，非獨創矣。不知其暗合歟，抑襲之歟？

聞初期新詩人愛朗氏詩者甚夥，如郭沫若即其中之一，臧固崇郭者，自亦好之。唯臧自述考入青島大學英文系，尋以記憶力不支，轉讀中文系，其英文不佳可知。不知朗氏此詩其時已譯爲中文否？無暇爲之考矣。

實則此意自庾道季之語亦可化出。其語曰：“藺相如雖千載死人，懍懍恒如有生氣；曹蜍、李志雖見在，厭厭如九泉下。”（此據《太平御覽》所引《郭子》，《世説新語》所録文字有異）。臧君新文學中人，恐不足以知此耳。

三四、自戀之徵

杭州西湖舊有馮小青墓，潘光旦先生嘗以小青乃事迹爲例説影戀之症，以其有“瘦影自臨秋水照，卿須憐我我憐卿”之句也。馮名元元，小青其小字。有詩云：“冷雨幽窗不可聽，挑燈閑看牡丹亭。人間亦有痴於我，豈獨傷心是小青！”膾炙人口。家君嘗言在詩文中自稱小名者皆自戀自喜者也，前此庾子山《哀江南賦》自稱蘭成即其例。翔廣其説，以爲凡自稱異乎常人者皆此類也。如古人對人咸自稱名，不連姓，而太白則有“李白乘舟將欲行”之句：古人不自稱字號，而太白詩有“青蓮居士謫仙人”、香山詩有“達哉達哉白樂天”、邵康節有“堯夫非是愛吟詩”起首七律數十首、蘇子瞻有“東坡先生無一錢”之句，劉夢得有《子劉子自傳》，袁隨園有《子才子歌》，槐聚先生《管錐編》中舉自署字號者多例，以余觀之，皆不免爲自喜自戀者也。

厚誣古人如此，余罪深矣。

（作者單位：華東師範大學古籍研究所）

王園園《章學誠著述稿抄本研究》序

嚴佐之

内容摘要：學界對章學誠遺著文本的研究，百多年來經久不衰，已成爲“章學”研究中不可或缺的一環。《章學誠著述稿抄本研究》一書以章氏存世的“一稿三鈔”爲研究對象，在綜合前人研究成果的同時，於版本源流、章學脉絡等方面提出了諸多創見，彰顯了這批特殊文本的文獻價值，有助於學界進一步了解章學誠學術發展的諸多細節。而該書采取的將文獻整理與學術史研究相結合的研究路徑，更是對章學誠“文史致道”學術理想的有力踐行。

關鍵詞：章學誠；稿抄本；學術史

在清代學術名家著述中，章實齋先生著述的文本生成與傳播“生態”，或許算得上是最爲豐富而複雜的；其豐富而複雜的特殊面相之一，便是他生前既有、流傳至今、分藏各處的衆多稿本、抄稿本與早期抄本。此一特殊面相的發生，皆因實齋撰文寫作及其文本流轉的諸多與衆不同所致。譬如他“性不善書，生平著作，皆倩人繕録”，“每有所撰，必留副草，以備遺忘”。譬如他慣常鈔録新篇舊文寄示師長學友，以推介其不合時髦的思想學術創獲；而從其問學或好其學、愛其文者，“亦多請鈔存副墨”。如此之結果，便是在他合上眼睛的那一刻，留下的數量衆多、形色各異、流散四處、未及本人校訂編次的稿本、抄稿本與早期抄本。這對實齋與儒林中人而言，固然是一個不小的遺憾，却也是不幸中大大的慶幸。因爲正是有了這些形成於實齋生前文本的存在，纔使後世學者對章氏遺著的追加編次、結集刊印得以可能。比如實齋卒後三十年最先付梓行世的大梁本《文史通義》《校讎通義》，即源自實齋次子章華紱手中的抄稿本；而九十年後吴興劉承幹嘉業堂刊印《章氏遺書》，也主要得益於新發現的沈曾植家藏早期抄本；再就是二十世紀八十年代中期北京文物出版社影印嘉業堂本《章學誠遺書》，也全靠北大圖書館藏章華紱鈔本、國家圖書館藏朱錫庚椒花吟舫抄本，纔得以新增佚篇十八，五萬餘言，提供了前所未見的新資料。故此，自清末民初以來，學界書林對實齋遺著文本，尤其是其生前稿抄本的搜求收藏、整理研究、刊印流布，始終抱以熱忱，一直持續不斷，既而成爲百多年來章學研究熱潮中的一個傳統支流。王園園同學《章學誠著述稿抄本研究》的撰著和出版，正是這一研究傳統在當下的再延續和新成果。

《章學誠著述稿抄本研究》的具體研究對象，衹是諸多章氏遺著稿抄本中的四種：上海圖書館藏原稿本《章實齋稿》、臺灣圖書館藏沈氏鳴野山房鈔本《章氏遺書》、國家圖書館藏王氏十萬卷樓鈔本《章學誠全集》、華東師大圖書館藏廬江何氏鈔本《章實齋文史通義》。但此區區“一稿三鈔”，却是撰者在綜合考量衆多稿鈔本的生成背景、篇幅内容、編次特點等因素後做出的慎重而恰當的選擇。《章實齋稿》“部分爲手書初稿，部分爲謄清之稿”，是保存篇帙數量最多的章氏原稿。鳴野山房鈔本係乾嘉著名藏書家沈復粲從實齋長子章貽選家藏稿直接鈔録而成，犖犖三十四大册，編次如“流水稿册”，較爲完好地保留了章氏離世時著述文本的原始面貌。王氏十萬卷樓鈔本爲實齋晚年密友蕭山王宗炎所有，實齋去世前曾將全稿托付宗炎“乞爲校定”，他自己也説有實齋“《遺文》數百篇及《文史通義》《方志略例》《校讎通義》稿存予家”，是該抄本與原稿之接近，可以合理推知。廬江何氏鈔本雖暫不能考定柯氏何人，是否抄自原稿，但該本曾經黄丕烈收藏，保留了不少章氏著述的早期面貌，與通行的大梁本《文史通義》、嘉業堂本《章氏遺書》，在篇名、自注、文句、段落等方面存在較大差異，堪爲章著早期抄本的代表。且此“一稿三鈔”，皆歷經名家遞藏、留觀，流傳有序，淵源可溯。《章實齋稿》爲葉景葵先生舊藏，購自琉璃廠榮禄堂張禮庭，後歸上海合衆圖書館。沈氏鳴野山房鈔本，先後經會稽章氏式訓堂、桐城蕭穆、沈曾植海日樓、陳群澤存書庫收藏，終由南京中央圖書館携至臺灣。王氏十萬卷樓鈔本，咸豐間由琉璃廠書坊流出，庋架會稽平步青安越堂，後散入周作人書房。廬江何氏鈔本始藏黄丕烈士禮居，後歸江標靈鶼閣，再後是盛宣懷愚齋，故亦留下大量藏家、學者的批跋校識，既爲百多年來章學傳播與影響保存了豐富的信息資源，也爲當下的接續研究提供了可貴的參考文獻。由此可見，撰者優選“一稿三鈔”做文獻學深度研究，是經過通盤調查、深思熟慮後的一個合理、恰當的處置。當然，存世章著稿抄本中並非别無可取者，衹是限於種種因素而未能盡如人愿，姑且以區區“一稿三鈔”結稿成書，也是一個無奈、遺憾的選擇。

《章學誠著述稿抄本研究》依循古籍版本學研究的普遍原則，從寫本形態、文本内容、傳播源流等多重視角，對“一稿三鈔”展開全面充分、細緻深入的文獻揭示。而令人印象尤深的是撰者傾力於將此“一稿三鈔”與通行大梁刊本、嘉業堂印本的文本比對研究，從篇目題注到篇幅文字，再到篇章編次，詳加比較，異同並出，進而辨析“一稿三鈔”固有的文本參考價值。蓋其既能求實考究而“方以智”，兼有邏輯推理以“圓而神”，故所獲創意顯著，所見勝義紛呈，也是順理成章之事。此亦吾謂之“深度研究”之由也。兹試舉二例爲言。一是今藏臺灣的沈復粲鳴野山房鈔本，據該館《善本書志初稿》著録爲“清稿本”。經撰者反復目驗考察，發現多處書葉版心鎸印“鳴野山房鈔本”六字；又其中《辛亥草》《知非日札》《乙卯札記》三册後有沈復粲跋。如《辛亥草》跋曰：“右《辛亥草》，於道光四年續鈔，惜所假之本爲家鹿寢食，故諸文未能卒讀。嗣經其長公從遺稿補書，因再假録入，庶稱完本云。丙戌仲冬粲志。”又發見《戊申録稿、辛丑年鈔》册内夾有“□□沈氏海日樓藏”書籤、“澤存書庫”書籤，空白處有墨筆手書“即嘉業堂刊原本”七字。循此綫索，取與嘉業堂刊本及《例言》記載稿册形態，一一比照，若合符節；取與《原道篇》文本互爲校比，文字内容高度一致。經此内外考證，乃更訂臺圖所藏“清稿本”，應是録自章氏“家藏稿”的沈復粲鳴野山房鈔本，亦即爲劉承幹嘉業堂刊刻所“假用”之“沈乙盦尚書所藏鈔本”。第二個事例是對廬江何氏鈔本的考究。余英時先生因反復研讀《與錢獻之書》《與朱少白書》等“前所未見的新史料”，“獲得一個始料未及的新發現”，從而“糾正了自胡適以來，認爲《文史通義内篇》作於《校讎通義》之前的觀點，證明《校讎通義》不但成書在前，而且《文史通義》正是建於其上的七寶樓塔”，進而提出一個十分重要的新觀點：“‘文史校讎’是章氏特創的專門術語，用以描述他自己的學術‘門路’並持之與戴震的‘經學訓詁’相抗衡。”而本書撰者則通過對廬江何氏鈔本的翔實考辨，發現“在寫作時間較早的《詩教》篇中，《校讎通義》還仍以《續通志校讎略擬稿》之篇名和形式流傳，引用時自然是初名”，“但隨着章氏學術思想的成熟，擬稿開始轉變爲正稿，書名正式由《校讎略》轉變爲《校讎通義》”。這就爲余氏新説之成立提供了一份强有力的文獻佐證。唯此區區二例，撰者用力之勤、創獲之優，或亦可窺一斑。

古書稿鈔本的主要文獻價值，通常體現在能爲行世印本的文字校正提供可資參訂的文本信息，而章實齋著述稿抄本尤爲顯著。章氏遺著自有後人編次刊行以來，儒林學界對其學術思想的研讀研判，便大多依憑這些通行易得的文本。然而，無論是實齋次子章華紱編次的大梁刻本，還是由民初名家孫德謙編次的嘉業堂刊本，非但不曾得到圈内行家的完全認同，甚至還遭到嚴厲批評，認爲二種本子在遺文搜羅、文字校勘、篇目編次方面都存在不少瑕疵。比如對實齋“文史校讎”之學很是推崇的姚名達就説：“《文史通義》實未成之書，《章氏遺書》乃後來所集。”還發願花半年時間重新編排《章實齋遺書》：“一月辨别去取，一月標點句讀，一月分排部類，一月考定時地，一月校正文字，一月編寫標目。”惜其有志未酬，所願不償。此一情況，直至半個世紀後文物出版社出版《章學誠遺書》纔有所改觀，該本附編增入佚文十數篇，章集文本的完整度獲得很大提升，但“分排部類”“校正文字”問題仍未得到根本改善。於是便有人説，既往的章學研究都是建立在一個“未成之書”的基礎上。此話雖不免苛刻而誇張，却倒也提醒我們對這位清代中期傑出思想家的著述，還欠一樁“深度整理”的重要工作要做。去年正式公布的《2021—2035年國家古籍工作規劃》，已將“《章學誠全集》點校”列爲第一批重點出版項目。十分期待整理者能爲章學研究的繼續深入奉獻一個點校精審的新善本。但私下想來，鑒於章著稿抄本查閱之難，這項點校工作恐怕還衹能是章集的一般整理，求“校正文字”恐難以充分，求“分排部類”更難以達成。由此突然想到，數年前華東師大出版社將廬江何氏鈔本《章實齋文史通義》影印出版，今若仿而效之，搜集遴選章氏遺著稿鈔本，輯成《章學誠著述珍稀稿抄本叢刊》影印出版，則不但能爲章集之“深度整理”借來東風助力，還能爲實齋“文史校讎”之思想演變、百年章學熱潮起落之研究，提供“前所未見的新史料”。如此這般，豈非大大好事！

王園園同學出身史學科班，是虞萬里先生門下弟子，後考入華東師大古籍研究所，從我攻讀古典文獻學專業博士學位，研究方向爲“儒學文獻與學術史”。“章學誠著述稿抄本研究”是她在讀書過程中有所發現而提出的論文選題。聽過她的立題大旨和考論大綱，我覺得這個選題與“儒學文獻與學術史”研究方向旨意頗爲契合。我之所以在原有的“版本目録學”外添設這個研究方向，就因由章實齋“文史校讎”之學之影響。如今園園同學要用實齋“校讎”之法來研究實齋“文史”之學，豈不很有意義，也很有意思。讀博期間，園園同學獲得赴臺訪學機會，這不僅讓她有大把時間浸淫圖書館去發覆鳴野山房鈔本文獻真相，還有幸得到佛光大學李紀祥教授的指導和教誨。訪臺歸來，我發現她學力猛進，知必經高人點撥才能。後來園園同學寫成博士論文稿，也呈紀祥教授審閱；博士論文答辯會，也蒙紀祥教授遠道親臨，不吝優評。所以我一直有此想法，園園同學這篇優秀博士論文的最終成就，紀祥教授付出的指導和幫助要比我更多。

時光荏苒，悠忽數年，園園同學辛苦修得的學術成果終獲出版。聞此消息，固爲之喜。然我之所喜，不衹因其撰著之問世，還喜在看到她通過這項“儒學文獻與學術史”研究個案，加深了對實齋“文史校讎”之學的認知和認同。如她末章《結語》中寫下的心得之言：“章氏認爲文以見道，考訂、義理和文辭皆是求道途徑的一種。他給朱錫庚的信説：‘足下所謂學者，果何謂哉？學於道也。道混沌而難分，故須義理以析之；道恍惚而難憑，故須名數以質之；道隱晦而難宣，故須文辭以達之。三者不可有偏廢也：義理必須探索，名數必須考訂，文辭必須閑習。皆學也，皆求道之資，而非可執一端謂盡道也。’章學誠批評當時‘相與貶義理而薄文辭’學風”，他畢生都在提倡文史之學，可以説文學批評與史學批評乃《文史通義》一書的雙翼，因‘文’與‘史’兩者皆寄寓着學術的最終目的——‘求道’。”又如她在電話那頭興奮地告訴我説，今後將繼續文獻與思想學術史相結合的研究方向。是我固爲此而大喜，並祝她有志事竟成，知其未來必可期。一九七八年初春，起潛先生賜我篆書字幅“謙虚謹慎，戒驕戒躁”，並題識曰：“佐之同志，喜好流略之學，辨章學術，考鏡源流，堅持數年，必有成效。敬書毛主席語録，以與共勉。”兹特將先師諄諄教誨轉贈園園同學，也寄我不忘師訓，持志恒久之心。

嚴佐之序於滬上寓所

二〇二三年八月二十日

（作者單位：華東師範大學古籍研究所）

讀《日知録》札記

黄 珅

内容摘要：《日知録》是顧炎武的名山之作，自其誕生以來，備受矚目。然而顧氏於此書之中實有無窮寄托，其行文藴勢起興，可謂“言有盡而意無窮”。本文試以《日知録》中涉關《易》《書》《詩》的三條札記爲研究對象，以探赜索隱，深究顧氏宏旨，彰顯其家國之思。

關鍵詞：顧炎武；《日知録》；言外之意

《日知録》是一部讀書札記，對涉及的每個命題、每個史實，乃至每個地名、每個詞語，都探本溯源，理清沿革，多方比較，剖析入微。故書中徵引（或明引，或暗引）大量經文、史實、典章、掌故，以及前人著述，乃至坊間傳聞，從中寄托和申述自己的看法。看似信手拈來，其實都含有深意。“不待論斷而於序事之中即見其指”（《日知録·史記於序事中寓論斷》），用於概括《日知録》的撰寫特色，尤爲貼切。讀《日知録》，也須從此入手，探赜索隱，究其深旨。

一

《日知録》卷一，都是關於《周易》的札記。其中有《艮其限》篇，全文如下：

> 學者之患，莫甚乎執一而不化。及其施之於事，有扞格而不通，則忿懥生而五情瞀亂，與衆人之“滑性”而“焚和”者，相去蓋無幾也。孔子“惡果敢而窒者”，非獨處事也，爲學亦然。告子不動心之學，至於不得於言，勿求於心。而孟子以爲，其弊必將如蹶趨者之反動其心。此“艮其限，列其夤”之説也。君子之學

不然，廓然而大公，物來而順應，故“聞一善言，見一善行，若决江河，沛然莫之能禦”，而無熏心之厲矣。

慈谿黄氏震《日鈔》曰：“心者吾身之主宰，所以治事，而非治於事。惟隨事謹省，則心自存，不待治之而後齊一也。孔子之教人曰：‘居處恭，執事敬，與人忠。’曾子曰：‘吾日三省吾身。爲人謀而不忠乎，與朋友交而不信乎，傳不習乎。’不待言心，而自貫通於動静之間者也。孟子不幸當人欲横流之時，始單出而爲‘求放心’之説。然其言曰：‘君子以仁存心，以禮存心’，則心有所主，非虚空以治之也。至於齋心服形之老、莊，一變而爲坐脱立忘之禪學，乃始瞑目静坐，日夜仇視其心而禁治之。及治之愈急，而心愈亂，則曰，易伏猛獸，難降寸心。嗚呼！人之有心，猶家之有主也，反禁切之，使不得有爲，其不能無擾者勢也，而患心之難降歟。”《省齋記》。又曰：“夫心之説有二，古人之所謂存心者，存此心於當用之地也；後世之所謂存心者，攝此心於空寂之境也。造化流行，無一息不運，人得之以爲心，亦不容一息不運。心豈空寂無用之物哉？世乃有游手浮食之徒，株坐攝念，亦曰存心，而士大夫溺於其言，亦將遺落世事，以獨求其所謂心。迨其心迹冰炭，物我參商，所謂老子之弊流爲申韓者，一人之身已兼備之，而欲尤人之不我應，得乎？”《山陰縣主簿廳記》。此皆足以發明“厲熏心”之義，詳又見第二十三卷心學條下。乃周公已先繫之於易矣。[①]

《易·艮》云：“九三，艮其限，列其夤，厲薰心。”艮，本義爲邊界、極限。列，“裂”的古字。夤，通“䐊”，夾脊肉，這裏指上身下身的界限，即腰。厲，危險。薰，通“熏”，燒灼。王弼《周易注》：“艮之爲義，各止於其所。上下不相與，至中則列矣。列如其夤，危莫甚焉，危亡之憂，乃薰灼其心也。”言九三爻處上下卦之中，就像停留在人的腰部，上下體不能通達。既不甘留在這裏，又不能運動，處境危險，心急如焚。

“艮其限”的危害在固執一處，開篇所説“學者之患，莫甚乎執一而不化”，即從此引出。前面簡單申述此義，容易理解。但本文雖以“艮其限”爲題，但重心則在下面所引南宋學者黄震《日鈔》中的兩段文字。前者重申孔、孟治心、存心之説，後者批評佛、道虚空治心，株坐攝念。

佛家“直指本心”，道家“煉氣收心”。祇是如黄震所言，因“攝此心於空寂之

① 顧炎武著，陳垣校注：《日知録校注》，安徽大學出版社，二〇〇七年，第二八—二九頁。

境”，以致心無所主，“遺落世事”，成爲“游手浮食之徒”，都不能直面現實，有所作爲。這和儒家由“正心誠意”上升入“治國平天下”的修身之道截然不同。文中所説的“求放心”，就是將心從空寂之境，挽回現實之中，“存此心於當用之地”；讓人從瞑目静坐，回歸求仁執禮之途。“造化流行，無一息不運，人得之以説心，亦不容一息不運，心豈空寂無用之物哉！”這正是有志之士“一息尚存，此志不容少懈”（《論語·泰伯》）的情懷。顧炎武引黄震之言，其意正在廓清當時社會彌漫的虚浮不實、無所作爲的習氣。

這是心學和實學之争的内容，和《易·艮》又有什麽關係呢？

“‘通乎晝夜之道而知’，則‘終日乾乾，與時偕行’，而有以盡乎易之用矣。”[①]（《日知録》卷一《通乎晝夜之道而知》）要有所作爲，除“終日乾乾”、自强不息，還得“與時偕行”。“易”的本義是變易，是變化。自然和社會的變化，就像晝夜交替，無法回避。衹有適應社會的變化，追隨時代發展的脚步，纔稱得上掌握《易》的精髓，用於現實生活之中。這樣方能避免“艮其限”，正是開篇提出“物來而順應”，反對“執一而不化”，挽救“學者之患”的深意。故結語謂黄震之言，“足以發明‘厲熏心’之義”。

可見，此文是借“艮其限”的爻義，引出後面對當時社會不良習氣的批評。在寫作手法上和《詩經》中的“比興”相仿。不過這種陳述方式，在學術著作中十分罕見。

二

南宋學者、朱熹高足蔡沈奉師命作《書集傳》。黄震稱此書“參合諸儒要説，嘗經朱文公訂正。其釋文義既視漢唐爲精，其發旨趣又視諸家爲的，《書經》至是而大明，如揭日月矣”（《日鈔·讀〈尚書〉》），被後人視爲繼孔穎達《尚書正義》之後的又一部力作。但在其問世之後，學界也頗有異議。至明初始據天象稽考檢驗，發現有與蔡《傳》不合之處，於是徵召博學之士，編訂新作。明洪武二十七年（一三九四）四月，翰林學士劉三吾等奉旨撰述，九月成書，賜名《書傳會選》。“凡蔡《傳》之合者存之，不預立意見以曲肆詆排。其不合者則改之，亦不堅持門户以巧爲回護。計所糾正凡六十六條。”（《四庫全書總目提要·書傳會選》引陳櫟《書傳纂疏序》）《日知録》中的《書傳會選》，即論此書，云：

① 顧炎武著，陳垣校注：《日知録校注》，第四〇—四一頁。

> 今按此書，若《堯典》，謂“天左旋，日月五星違天而右轉”。陳氏祥道。《高宗肜日》，謂“祖庚繹於高宗之廟”。金氏履祥。《西伯戡黎》，謂“是武王”。金氏。《洛誥》“惟周公誕保，文武受命惟七年”，謂周公輔成王之七年。張氏。陳氏櫟。皆不易之論。……每傳之下，繫以經文，及傳、音釋，於字音、字體、字義，辯之甚詳。其傳中用古人姓字，古書名目，必具出處，兼亦考證典故。蓋宋元以來，諸儒之規模猶在。而其爲此書者，皆自幼爲務本之學，非由八股發身之人，故所著之書，雖不及先儒，而尚有功於後學。[①]

僅隔二十年，即永樂十三年（一四一五），翰林學士胡廣等奉旨編訂《四書五經大全》。明成祖御製序文，頒行天下。對《書傳會選》，不但删去異説，甚至連音釋也不保存。對此，顧炎武深惡痛絶：

> 愚嘗謂自宋之末造以至有明之初年，經術人材，於斯爲盛。自八股行，而古學弃；大全出，而經説亡；十族誅，而臣節變。洪武、永樂之間，亦世道升降之一會矣。[②]

顧炎武學問淹博，對前人的著述，不肯輕易許可，那爲什麽對《書傳會選》如此青睞有加呢？如果僅僅是“自幼爲務本之學”“諸儒之規模猶在”“必具出處”“兼考典故”，這樣的著作多得是，未必會引起他如此重視，更不會因此對《四書五經大全》如此憎惡。那麽，原因究竟何在呢？

前面引文中稱贊《書傳會選》所舉的幾個例子，可以爲我們提供一些綫索。

> 《堯典》，謂“天左旋，日月五星違天而右轉”。陳氏祥道。

《堯典》：“乃命羲和，欽若昊天，曆象日月星辰，敬授人時。”張載《參兩》：“日月五星逆天而行，並包乎地者也。地在氣中，雖順天左旋，其所繫辰象隨之，稍遲則反移徙而右耳。間有遲速不齊者，七政之性殊也。”得到朱熹贊同。《書傳會選》中

① 顧炎武著，陳垣校注：《日知録校注》，第一〇〇九—一〇一〇頁。
② 顧炎武著，陳垣校注：《日知録校注》，第一〇一〇頁。

所引陳祥道（北宋學者，師從王安石，長於三禮之學）注，與張載有所不同。

《高宗肜日》，謂“祖庚繹於高宗之廟”。金氏履祥。

《高宗肜日》：“高宗祭成湯，有飛雉升鼎耳而雊，祖己訓諸王，作《高宗肜日》《高宗之訓》。”肜，商代祭祀的名稱，指祭祀之後第二天又進行的祭祀。祖己，《帝王世紀》記載爲武丁嫡長子，《史記・殷本紀》記載爲武丁時賢臣。祖庚，武丁次子，名曜。父死繼位。繹，陳述。金履祥（宋、元之際學者。著有《尚書注》等）注，以祖庚取代祖己。

《西伯戡黎》，謂“是武王”。金氏。

《尚書正義》，孔穎達疏謂“西伯指周文王”。金履祥注以爲是周武王。

《洛誥》，“惟周公誕保文、武受命惟七年”，謂周公輔成王之七年。張氏。陳氏櫟。

《尚書正義》孔安國傳：“惟七年，周公攝政七年。”張栻（南宋初期學者。與朱熹、吕祖謙齊名，時稱“東南三賢”）、陳櫟（宋末元初學者）認爲周公並非替代成王攝政，而是輔佐成王處理國政。

可見，顧炎武稱贊此書，雖然也肯定了其中關於音韵、文字、考證的成績，但更讓他感興趣的則是書中存在一些不同於前代權威之説的異説（新説）。洪武年間，《書集傳》還衹是衆多《尚書》研究著作中的一部，但到明成祖永樂間編《書傳大全》，便獨尊《書集傳》，定爲功令。《書傳大全》“大旨本二陳氏。二陳氏者，一爲陳櫟《尚書集傳纂疏》，一爲陳師凱《書蔡傳旁通》。《纂疏》皆墨守蔡《傳》，《旁通》於名物度數考證特詳，雖回護蔡《傳》之處在所不免”。顧炎武所欣賞的“異説”都被删除。在顧炎武看來，這種死守舊説的做法，無疑是思想禁錮的表現，這和他的治學精神顯然相悖。他肯定《書傳會選》的學術價值，就是爲了引出“《大全》出而經説亡”。

三

《詩經·小雅·六月》："薄伐玁狁，至於大原。"玁狁，也作"獫狁"，古代北方游牧民族，這無異議。但大原在何處，則始終是一個問題。相傳戰國末年魯國人毛亨（大毛公），秦始皇時避居河間（今屬河北），據稱其詩學傳自子夏，作《毛詩古訓傳》，簡稱《毛傳》，授其侄毛萇（小毛公）。世稱二毛所傳爲古文詩學"毛詩學"。東漢末年經學家鄭玄，遍注儒家經籍，世稱"鄭學"，著有《毛詩傳箋》（簡稱《鄭箋》）。毛、鄭《詩》學，堪稱《詩經》研究的巔峰，但就是他們也不清楚大原在何處。南宋朱熹作《詩集傳》，這是繼毛、鄭之後最權威的《詩經》研究著作，其中首先提出大原即當時的太原陽曲縣（今屬山西太原）。大，古通"太"。與朱熹同時的學者吕祖謙所著《吕氏讀詩記》，稍後南宋學者嚴粲所著《詩緝》，也持同樣的看法。

雖然朱熹、吕祖謙都是博聞强識、聲名顯赫的學者，但是顧炎武並不認可他們的説法。他認爲古代言及"大原"處甚多，並不一致。如何解决這個歷史地理研究中的疑點？顧炎武看到《小雅·六月》中有一句爲"至於涇陽"，從《六月》詩本身着手，提出求得"涇陽所在"纔是解决"大原"究竟在何處的關鍵。《日知録》中《大原》一文的論證都從這裏展開。他根據歷史地名的沿革，推斷大原即現今的平凉，又根據地理位置的距離，推斷大原不在晋陽，並根據史書記載做進一步論證；還根據文學作品，指出太原並非僅僅是地名（文長不具録）。文中引經據典，博采兼收，多方證佐，舉要歸納，層層剖析，勢如破竹。顧炎武的治學精神和方法，從中得到充分體現。

行文至此，已不失爲一篇考證歷史地名的佳作。不過這篇文章的價值、顧炎武作這篇文章的旨意，並不僅止於此。朱熹《詩集傳·六月》："玁狁内侵，逼近京邑。（厲）王崩，子宣王靖即位。命尹吉甫帥師伐之，有功而歸。詩人作歌以叙其事如此。"後人常將這首詩看作宣王中興的表現。這篇文章後面，顧炎武筆鋒突然一轉："吾讀《竹書紀年》，而知周之世有戎禍也，蓋始於穆王之征犬戎。""以黷武之兵，而爲徙戎之事。""蓋宣王之世，其患如漢之安帝也。""宣王之功，計亦不過唐之宣宗。"[①]（文長不具録）這和史書記載、後人心目中的"宣王中興"，截然不同，此又何故？是什麽誘發顧炎武看到宣王"治世"的另外一面？文中没有明説。但若能聯繫明朝與周邊各族相争的現實，就清楚了。

---

① 顧炎武著，陳垣校注：《日知録校注》，第一三七—一三八頁。

隱藏在文字後面、顧炎武最關注的是外族入侵對他所處時代中國造成的傷害。他是借西周之酒澆自身之壘塊。不僅後漢西羌之叛與西周末年時“大略相似”，明末“異族”入侵的禍害更加慘烈；至於“王師敗逋”，更是慘不忍睹。而吴三桂“引狼入室”，“至與之結盟而入寇”，其禍與周幽王時申侯聯合犬戎攻入鎬京，導致西周滅亡如出一轍，而爲禍尤烈。“戎之所由來，非一日之故”，明末各種謡傳蜂起，也遠非西周末年“檿弧箕服，實亡周國”的童謡可比。最終不僅關中之地，就是中原大地，都讓“異族”得以“錯居其間”。顧炎武親身經歷的南明小朝廷，與周幽王、晋懷帝之世無異，故心有戚戚，對這首詩作了異乎尋常的闡發。文中指出“宣王中興”並不像史書説的那麽可觀，後人的贊美未免言過其實。“書不盡言”，“是以論其世也”。討論古人的時世是爲了鑒古知今，更清楚地瞭解當今國家社會的真情。古往今來，讀《六月》詩的人不計其數，但有幾人能像顧炎武那樣别有會心？而後人讀這篇文章，也應有得其“於言外含不盡之意”的認識。

（作者單位：華東師範大學古籍研究所）

讀《宋史》札記九則

顧宏義

内容摘要：元人所修《宋史》涉及宋代政治、制度、文化等諸多層面，是研治宋史的基本典籍。今以中華書局點校本《宋史》爲基礎，就筆者閱讀所及，對“太祖兵變後見宰相於公署”“乾德五年五星聚奎”“大内都點檢”“削支郡”“長君”“宋初皇子出閤拜貴州防禦使”“太祖以孫爲子”“太祖賜曹彬錢二十萬緡”“宋帝葬期”等宋代史事加以考辨，闡發其中所含微意，以求正於方家。

關鍵詞：《宋史》；宋太祖

一、太祖兵變後見宰相於公署

王鞏《聞見近録》以爲陳橋兵變將士入城後，趙匡胤親至中書都堂外，召宰相來見，稱“石守信實守右掖，開關以迎王師，至中書，立都堂下，召范質、王溥、魏仁浦與語”。然《宋史》卷一《太祖紀一》云趙匡胤於陳橋兵變後入城，“乃退居公署。有頃，諸將擁宰相范質等至，太祖見之”云云。

按：《宋史》卷二四九《范質傳》云太祖“自陳橋還府署。時質方就食閤中，太祖入，率王溥、魏仁浦就府謁見”。所謂“公署”，即殿前都點檢之衙門，趙匡胤以都點檢處理公事及食宿於此，故亦稱府署。又《東都事略》卷一八《范質傳》云太祖“自陳橋入城，還府第，時質方就食閤中，聞太祖入，率王溥、魏仁浦就府謁見”。李燾《續資治通鑑長編》卷一載太祖入城，“亦歸公署，釋黄袍。俄而將士擁質等俱至”。《九朝編年備要》卷一、《宋史全文》卷一所載同。司馬光《涑水記聞》卷一亦稱“太祖亦歸公署，釋黄袍，俄而將士擁質及宰相王溥、魏仁溥等皆至”。可證《聞見近録》云云不確，因《續資治通鑑長編》所記宋初事迹主要依據太祖、太宗、真宗三朝實録，故推知司馬光所載亦源自實録。

二、乾德五年五星聚奎

《宋史》卷二《太祖紀二》載乾德五年（九六七）三月丙辰，“五星聚奎”。

按：《宋史》卷二六三《竇儼傳》云竇儼“尤善推步星曆，逆知吉凶。盧多遜、楊徽之同任諫官，儼嘗謂之曰：‘丁卯歲，五星聚奎，自此天下太平，二拾遺見之，儼不與也。’”並稱其於宋初爲翰林學士，太祖“征澤、潞，以疾不從。卒，年四十二”。據《九朝編年備要》卷二，竇儼預占五星聚奎事在後周顯德年間。如《隆平集》卷一《符應》亦稱：“竇儼周顯德中與楊徽之、盧多遜同在諫垣，常曰：‘天地厭亂久矣。丁卯歲五星聚於奎，自此太平矣，恨不與二拾遺同見之也。’乾德五年丁卯，五星會於奎，儼果已卒。”《東都事略》卷三〇《竇儼傳》亦云：“儼博物洽聞，通音律曆數。盧多遜、楊徽之爲諫官，儼嘗謂之曰：‘丁卯歲五星聚奎，自此太平矣。二拾遺見之，儼不與也。’已而果然。”宋人將此星象視作宋興而天下太平之標識，然此星象當應在何位皇帝，則人言人殊。

如《宋史》卷七〇《律曆志三》載天禧四年（一〇二〇）光禄寺丞謝絳上書，有云：“臣又聞之，太祖生於洛邑，而胞絡惟黄；鴻圖既建，五緯聚於奎躔，而鎮星是主。……斯皆凝命有表，盛德攸屬，天意人事響效之大者，則土德之符在矣。”斯説乃云太祖上應天象，當主土德。

《續資治通鑑長編》卷八載乾德五年三月，“五星如連珠，在降婁之次”。其下云云略同《宋史·竇儼傳》。其注曰：“《國史·韓熙載傳》稱奎主文章，又在魯分，時太宗鎮兖、海，中國太平之符也。按太宗建隆元年八月領泰寧節度，二年七月除開封尹，安得此時猶鎮兖、海？傳誤矣。”則當時人以爲此星象乃屬太宗當主天下之徵兆。檢《宋史》卷四七八《韓熙載傳》，乃云：“初，乾德丁卯年，五星連珠於奎，奎主文章，又在魯分，時太宗鎮兖、海，中國太平之符也。是歲熙載著《格言》五卷，自序其事云：‘魯無其應，韓子《格言》成之。’人多笑之。”因韓熙載卒於開寶三年（九七〇），則《續資治通鑑長編》所謂《國史·韓熙載傳》當指初撰於真宗時之《兩朝國史》或撰成於仁宗時之《三朝國史》。又約同時稍後之丁謂亦有相似之説。《類説》卷一五載《晋公談録·五星在奎》云：“太宗即位，五星在奎，居兖州地分，太宗爲晋王，領兖、海。奎爲天上奴僕宫，故執御者皆驟居富貴。”

又，釋文瑩《玉壺清話》卷二云竇儼“尤善推步星曆，與盧多遜、楊徽之同在諫垣，預謂二公曰：‘丁卯歲五星當連珠於奎，奎主文，又在魯分，自此天下始太平。二拾遺必見之，老夫不與也。’果在乾德丁卯歲，五星連珠於奎，太宗鎮兖海。其明博如此”，乃源出《國史・韓熙載傳》。南宋初蔡絛《鐵圍山叢談》卷一曰：“太祖皇帝應天順人，肇有四海，受禪行八年矣。當乾德之五祀，而五星聚於奎，明大異常。奎下當曲阜之墟也。時太宗適爲兖海節度使，則是太宗再受命。此所以國家傳祚聖係，皆自太宗。”蔡絛之説，乃沿襲《兩朝國史》或《三朝國史》之《韓熙載傳》者。

釋文瑩《玉壺清話》卷九又云南唐主遣韓熙載“入朝聘謝，熙載歸，語主曰：‘五星連珠於奎，奎主文章，仍在魯分。今晋王鎮兖、海，料非久必爲太平中國之主。願記臣語。’時乾德丁卯之歲也”。據《續資治通鑑長編》卷二載建隆二年（九六一）“冬十月癸巳，唐主以皇太后山陵，遣户部侍郎北海韓熙載、太府卿田霖來助葬”。而乾德五年（九六七）或前後韓熙載未嘗使宋。此説顯出於傳聞附會。

然如李燾所辨，太宗於建隆二年（九六一）七月改任開封尹，非領泰寧（兖海）節度使，故以爲太宗上應星象之兆，其説頗見勉强。故此後宋人遂將此星象改應於真宗之身。

檢《玉海》卷一九五《乾德五星聚奎》云：“《實録》：初顯德中，竇儼、楊徽之、盧多遜同在諫垣，儼曰：‘丁卯歲五星聚奎，自此天下太平矣。’乾德五年丁卯三月五日，（原注：丙辰，一云辛亥。《紀》云是月，無甲子。）五星如連珠聚于奎，當魯分，從鎮星，晨見東方。占曰：‘有德受慶大人，奄有四方，子孫蕃昌。從鎮星，王者以重，致天下重福也。自是四方平定。’明年戊辰十二月庚戌，真宗降誕。”注曰：“在魯分。時太宗鎮兖、海。一云在降婁之次。”又注：“建隆元年藝祖受禪，五星聚於奎，鎮星主之。奎主文章，識者以爲大平之符。乾德五年又聚奎，當考。”則《三朝實録》已將五星聚奎作爲真宗誕生之慶兆書載於册，或如《國史・韓熙載傳》所云作爲太宗受命之符徵。如《錦綉萬花谷》前集卷八《帝王符瑞》：“五星聚奎當魯分。乾德五年三月，五星如連珠，聚於奎，當魯分，從鎮星，辰見東方。占曰：‘有德受慶大人，奄有四方，子孫蕃昌。’明年，真宗皇帝降生。”《古今事文類聚》前集卷一九《五星聚奎》亦曰：“真宗開寶元年十二月初二日生。先是乾德六年，五星如連珠聚於奎，當魯分，從鎮星，晨見東方。占曰：‘有德受慶大人，奄有四方，子孫蕃昌，從鎮星，王者能致天下重福。’明年真宗生。”皆抄録自三朝實録。故《宋史》卷六《真宗紀一》則明載“初乾德五年，五星從鎮星聚奎。明年正月，后夢以裾承日有娠，十二月二日生於開封府第，赤光照室，左足指有文成‘天’字”，以此爲真宗繼位上應天意之符兆。

由此，真宗時謝絳以爲太祖徵應之説，此後少有人提起，其原因當即在此。而“建隆元年藝祖受禪，五星聚於奎，鎮星主之”之説，似亦出於附會。

宋史籍將此次五星聚奎視作“太平之兆”，如北宋中期錢儼《吴越備史》卷四所云。然星占説“奎主文章”，故宋士人亦多如《宋史》卷四七一《奸臣傳序》所云：“宋初，五星聚奎，占者以爲人才衆多之兆。”其説乃沿襲吕中《宋大事記講義》卷三：“國家治亂，雖人事也，亦天數也。蓋風氣推移，淳漓不同。世治則人漓，所以治極必亂。世亂則人淳，所以亂極生治。以五代雲霧昏曀之久，啓我宋天日開明之候，天降時雨，山川出雲，國家將興，必有休祥。五星聚奎，固太平之象，而實啓文明之兆也。當是時，歐、蘇之文未盛，師魯、明復之經未出，安定湖學之説未行於西北，伊洛、關中之學未盛於天下，而文治精華已露於立國之初矣。”然吕中之説則實源於朱熹。其《宋大事記講義》卷一四《周濂溪之學》更引“朱文公曰”：“至於我宋藝祖受命，五星聚奎開文明，然後氣之清者淳，判者合，清明之禀，得以全付於人而先生出焉。”朱熹《晦庵集》卷七八《江州重建濂溪先生書堂記》有云，聖王之道，“蓋自周衰，孟軻氏没，而此道之傳不屬，更秦及漢，歷晋、隋、唐，以至於我有宋，聖祖受命，五星集奎，實開文明之運，然後氣之漓者醇、判者合，清明之禀，得以全付乎人，而先生出焉”云云。朱熹所謂“先生出焉”，乃指周敦頤應兆出世，則又將“五星聚奎”爲“開文明”之徵，視作道學復興、濂溪諸子應世教化之兆。

由此，宋元之際《隱居通議》卷二八《五星聚處》又云：“考淳熙十三年丙午歲八月乙亥，日月五星聚於軫。惟以乾德丁卯五星聚奎爲瑞，至淳熙丙午之聚軫則未有以瑞言者。或謂聚奎主文，故爲瑞應，而軫無可取，故不言也。然朱、張、吕、陸，星聚此時，豈曰非瑞乎？”

三、大内都點檢

《宋史》卷四《太宗紀一》云：“帝（趙光義）爲殿前都虞候，領睦州防禦史。（太祖）親征澤、潞，帝（趙光義）以大内點檢留鎮，尋領泰寧軍節度使。征李重進，爲大内都部署，加同平章事，行開封尹，再加兼中書令。征太原，改東都留守。”

按：大内都點檢大抵初置於五代後唐，一般於天子離京城時，授任親王、宗室或大臣、大將爲此職以守護皇城。如《資治通鑑》卷二九三注曰：“後唐以來，車駕行幸及出征，則置大内都點檢之官。”然《資治通鑑》卷二八七載乾祐元年（九四八）正月，後漢高祖崩，秘不發喪，至“二月辛巳朔，立皇子左衛大將軍、大内都點檢承祐爲周王，同平章事，有頃，發喪，宣遺制，令周王即皇帝位”，乃屬特例。故宋初太祖親征潞州，循例以皇弟爲大内都點檢留鎮。然據袁褧《楓窗小牘》卷上：“太祖征李筠，以太宗爲大内都點檢。都民驚曰：‘點檢作天子矣，更爲一天子地邪？’此又人口木簡也。”因太祖利用“點檢爲天子”讖語發動陳橋兵變，故聞知開封市民傳言以後，待是年末親征揚州，仍留皇弟鎮守京師，却改名曰“大内都部署”，而大内都點檢一職，則終宋一代再未設置。

四、削支郡

《宋史》卷四《太宗紀一》云太平興國元年（九七七）閏七月丁巳，“令支郡得專奏事”。據《續資治通鑑長編》卷一八太平興國二年八月戊辰條云：“上初即位，以少府監高保寅知懷州。懷州故隸河陽，時趙普爲節度使。保寅素與普有隙，事頗爲普所抑。保寅心不能平，手疏乞罷節鎮領支郡之制。乃詔懷州直屬京，長吏得自奏事。於是虢州刺史許昌裔訴保平軍節度使杜審進闕失事，詔右拾遺李瀚往察之。瀚因言：‘節鎮領支郡，多俾親吏掌其關市，頗不便於商賈，滯天下之貨。望不令有所統攝，以分方面之權，尊獎王室，亦强幹弱枝之術也。’始，唐及五代節鎮皆有支郡。太祖平湖南，始令潭、朗等州直屬京，長吏得自奏事，其後大縣屯兵，亦有直屬京者，興元之三泉是也。戊辰，上納瀚言，詔邠、寧、涇、原、鄜、坊、延、丹、陝、虢、襄、均、房、復、郢、唐、澶、濮、宋、亳、鄆、濟、滄、德、曹、單、青、淄、兖、沂、貝、冀、滑、衛、鎮、深、趙、定、祁等州並直屬京，天下節鎮無復領支郡者矣。”

按：支郡，《漢書》卷四九《晁錯傳》顔師古注曰：“支郡，在國之四邊者也。”此乃前藩鎮時代之解釋。《舊唐書》卷一五《憲宗紀下》述及“詔諸道節度、都團練、防禦、經略等使所管支郡，除本軍州外，别置鎮遏、守捉兵馬者，並合屬刺史”。此“支郡”乃唐中期以來藩鎮割據後，其所屬州郡之稱。《舊五代史》卷三二《唐書·莊宗紀六》載同光二年（九二四）十月“辛未，詔今後支郡公事須申本道騰狀奏聞”。但據《新五代史》卷二六《孔謙傳》，云莊宗以孔謙爲租庸使，“故事：觀察使所治屬州事，皆不得專達，上所賦調，亦下觀察使行之。而謙直以租庸帖調發諸州，不關觀察，觀察使交章論理，以謂：‘制敕不下支郡，刺史不專奏事，唐制也。租庸直帖，沿僞梁之弊，不可爲法。今唐運中興，願還舊制。’詔從其請，而謙不奉詔，卒行直帖”。所謂“詔從其請”者，當即同光二年十月“詔今後支郡公事須申本道騰狀奏聞”事，然因孔謙强横而未行。而孔謙所行者，疑隨莊宗死而罷，故此後仍行“制敕不下支郡，刺史不專奏事”之“唐制”。

然《續資治通鑑長編》卷一八云云稍有不確處。其一，《涑水記聞》卷一云“太宗即位，趙普爲盧多遜所譖，出守河陽”。阮閱《詩話總龜》卷一九引《古今詩話》亦云“盧多遜與趙普睚眦，太宗踐祚，凡對即傾之。普出守河陽，自朝辭面訴”云云。然其稱趙普於太宗繼位後出守河陽者誤。據《續資治通鑑長編》等所載，趙普於開寶六年（九七三）八月甲辰罷相，出爲河陽三城節度使、同平章事；太宗太平興國二年三月，“河陽三城節度使趙普來朝，乞赴太祖山陵。乙亥，授太子少保，留京師”。可見高保寅銜命出知懷州不當早於太平興國元年（九七六）末，不久趙普入京朝謁，隨即宋廷據高保寅奏請而“詔懷州直屬京”，故所謂“保寅素與普有隙，事頗爲普所抑，保寅心不能平”者，借口而已。其乘趙普入朝，“手疏請罷支郡之制”，或本即秉新天子之意。《宋會要輯稿・職官三八》之一亦作“上初即位，以少府監高保寅知懷州”云云。故《宋史》卷四八三《荆南高氏世家》云“開寶五年，知懷州，歷司農、衛尉二卿。是州本隸河陽，時趙普爲帥，與保寅素有隙，事多抑制，保寅心不能平，手疏請罷支郡之制，詔從之”，其“開寶五年”當作“九年”。

其二，宋初削支郡，始於太祖平荆湖之後，“令潭、朗等州直屬京，長吏得自奏事”。《續資治通鑑長編》卷四云乾德元年（九六三）四月“乙酉，始命刑部郎中賈玭等通判湖南諸州”。《文獻通考》卷三一五亦云：“唐及五代節鎮皆有支郡。國初平湖南，始令潭、朗數郡直屬京，長吏得自奏事。”此後所定南方諸國如後蜀、南漢、南唐等，於其州郡皆設通判，而直屬京師。

然檢諸史，知五代間已時有削支郡之舉措。如《舊五代史》卷一五〇《郡縣志》云：“濱州，周顯德三年六月，制：‘以贍國軍升爲州。其地望爲上，直屬京，割棣州渤海、蒲台兩縣隸之。’”又，復州，“梁乾化二年十月，割隸荆南。後唐天成二年五月，却隸襄州。晋天福五年七月直屬京，並爲防禦”。《五代會要》卷二四《諸道節度使軍額》載：“華州初爲感化軍。至後唐同光元年，改爲鎮國軍，至顯德元年八月，降爲刺史，直屬京。”又，“耀州，梁貞明元年十二月，改爲崇州，升爲静勝州節度，至後唐同光元年，改爲順義軍，至二年三月，降爲團練州，至周顯德二年，降爲刺史，直屬京”。又，“襄州，晋天福七年，降爲防禦州，直屬京，所管均、房二州，割隸鄧州，以安從進叛命初平故也。至漢天福十二年六月，復舊爲山南東道使”。然此類削支郡之事，大抵屬個案，爲臨時之舉措。如《宋會要輯稿·方域五》之三引《金坡遺事》云耀州，“梁改爲崇州、静勝軍，後唐改爲順義軍，後降爲團練州，周降爲刺史州，直屬京師，皇朝復爲節鎮”。

史載乾德元年四月“始命刑部郎中賈玭等通判湖南諸州”，並“令潭、朗等州直屬京，長吏得自奏事”。隨即部分藩鎮之支郡相繼直屬京師。

《文獻通考》卷三一五載：“乾德元年，以隴州、義州直屬京。”

《文獻通考》卷三一五載：乾德“二年，又以階、成、乾三州屬京”。又《續資治通鑑長編》卷五載乾德二年（九六四）七月“己丑，詔階、成二州並直隸京師”。《玉海》卷一八《開寶較州縣數》所載同。

《文獻通考》卷三一五載：乾德“五年，又析慶州、商州”。又《續資治通鑑長編》卷八載乾德五年二月“甲申，詔慶州直隸京師”；三月“辛亥，詔商州直隸京師”。

《文獻通考》卷三一五載：“開寶二年，又析歸、峽。”《續資治通鑑長編》卷十載開寶二年（九六九）十月“辛卯，詔歸、峽州並直隸京師”。《記纂淵海》卷九四亦云：“本朝開寶，歸州直隸京師。”

《續資治通鑑長編》卷十一載開寶三年三月“庚午，詔澤州直隸京師”。五月“丁卯，詔通遠軍直隸京師”。按《文獻通考》卷三一五稱開寶“四年，又析澤州、通遠軍並屬京”，其“四年”似當作“三年”。

《太平寰宇記》卷一三〇云高郵軍“本揚州高郵縣，皇朝開寶四年（九七一）建爲郡，以縣隸焉，直屬京師”。

至太宗初年（九七六），如《文獻通考》卷三一五載“太宗太平興國二年八月，盡罷天下節鎮所領支郡”，命“以邠、寧、原、渭、鄜、坊、延、丹、陝、虢、襄、均、房、復、鄧、唐、澶、濮、宋、亳、鄆、齊、滄、德、曹、單、青、淄、兖、沂、貝、冀、滑、衛、鎮、深、趙、定、祁等十八鎮所領郡皆直屬京，天下藩鎮除羈縻州，無復領支郡矣”。《續資治通鑑長編》卷一八太平興國二年八月戊辰條注曰：“按此時已盡罷節鎮所領支郡矣，而《實録》興國七年五月辛亥又書詔以涇州直屬京，不知何也？今削去不著，然更須考之。”然據《燕翼貽謀録》卷五云“自江南既平，兩浙、福建納土之後，諸州直隸京師，無復藩府”，可見《續資治通鑑長編》《通考》等所云僅就大體而言耳。故太平興國二年以後，史籍中仍時有某州軍改直屬京師之記載。如《文獻通考》卷三一七云景州“周降爲定遠軍，屬滄州，……宋太平興國六年以軍直屬京。……

景德元年，改爲永静軍”。又《宋史》卷八六《地理志二》云永静軍“唐景州，太平興國六年以軍直屬京”。

《玉海》卷一八《開寶較州縣數》云太平興國“七年五月辛亥，以涇州直屬京”。檢《續資治通鑑長編》卷一八云諸州中有涇州，《宋會要輯稿·職官三八》之二所載同，然《文獻通考》卷三一五乃作渭州。疑太平興國二年直屬京師諸州者乃渭州，而涇州直至興國七年（九八二）方直屬京師。其史料因源自實録、《會要》不同而有異。

五、長君

《宋史》卷二四二《后妃傳上》載杜太后與太祖議論後周失天下之原因，太后以爲“正由周世宗使幼兒主天下耳。使周氏有長君，天下豈爲汝有乎？汝百歲後當傳位於汝弟，四海至廣，萬幾至衆，能立長君，社稷之福也”。

按：《續資治通鑑長編》卷二建隆二年六月甲午條亦載杜太后與太祖談論“傳位”事，云：“政由柴氏使幼兒主天下，群心不附故耳。若周有長君，汝安得至此？”要求太祖傳位光義：“四海至廣，能立長君，社稷之福也。”注曰：“司馬光《記聞》稱太后欲傳位二弟，其意謂太宗及秦王廷美也。今從《正史》及《新録》，而《舊録》蓋無是事。按太后以周鄭王年幼，群情不附，故令太祖授天下於太宗。太宗當是時年二十三矣，太祖母弟也。若並及廷美則亡謂，廷美當是時纔十四歲，而太祖之子魏王德昭亦十歲，其齒蓋不甚相遠也，舍嫡孫而立庶子，人情殆不然。然則太后顧命，獨指太宗，《記聞》誤也。”據上知，《太祖新録》《三朝國史》記載“金匱之盟”事，雖其於傳位太宗一人抑或遞傳太宗、廷美、德昭三人，與司馬光《涑水記聞》所云有異，然皆以爲太祖得以登基，乃因周世宗傳位幼兒，若太祖傳位“長君”即可免。故今人遂質疑《宋大詔令集》卷七《開寶遺制》“授以神器，時惟長君”語，以爲與杜太后“病榻遺命”語相應合，實出日後揑造。

通常“長君”，與“幼主”相對，然其“長”字，宋時指“成年”外，尚有“年長”之義。如徐鉉《徐公集》卷二五收録其撰於太平興國五年（九八〇）之《大宋重修峨眉山普賢寺碑銘并序》，内有“太祖神德皇帝，文修内禪，武定中區，正卿揚九伐之威，遠俗致七旬之格。……尊號皇帝，長君嗣統，二聖重熙，覆萬物以如天，廓重昏而皆旦”語。其“尊號皇帝”即指太宗，其“長君嗣統，二聖重熙”二語頗可以爲“授以神器，時惟長君”之注脚。又《文獻通考》卷二七七《封建考十八》云：“按諸侯王與列侯，皆以其嫡子嫡孫世襲，……此法，漢以來未之有改也。……至宋，則皇子之爲王者，封爵僅止其身，而子孫無問嫡庶，不過承蔭入仕爲環衛官，……必須歷任年深，齒德稍尊，方特封以王爵。……《國朝會要》載慶曆四年七月制封宗室，……故擇其行尊齒宿者王之。至濮安懿王以英宗之故，安定郡王以藝祖之故，方令世世承襲，然又不以昭穆相承，嫡庶爲别，每嗣王歿，則祇擇本宗直下之行尊者承襲。”檢《續資治通鑑長編》卷二一二熙寧三年（一〇七〇）六月丁丑條載宋廷議封諸王之後，云：“先是，禮院言：‘本朝近制，諸王之後，皆用本宫最長一人封公繼襲。朝廷以爲非古，故去年十一月詔，祖宗之子皆擇其後一人爲宗，世世封公，補環衛之官，以奉祭祀，不以服屬盡故殺禮。即與舊制有異。謹案令文，諸王、公、侯、伯、子、男，皆子孫承嫡者傳襲。若無嫡子及有罪疾，立嫡孫；以次立嫡子同母弟；無母弟，立庶子；無庶子，立嫡孫同母弟；無母弟，立庶孫。曾孫以下准此。合依禮令，傳嫡承襲。’詔可。”司馬光《宗室襲封議》亦稱：“自唐末以來，三公以下不復承襲。國朝故事，常封本宫最長者一人爲國公。……太常禮院尋奉檢詳國朝近制，諸王之後皆用本宫最長一人封公繼襲。”即所謂“歷任年深，齒德稍尊”者，乃謂一族中排行最高、年齒最長者，故宋制不同於漢、唐以“昭穆相承，嫡庶爲别”之制度安排。又《三朝名臣言行録》卷一之一《丞相魏國韓忠獻王》引《遺事》云：“英宗初爲皇子，時允弼最尊屬，心不平，且有語。及即位，……允弼曰：‘豈有團練使爲天子者？何不立尊行？’”允弼爲英宗叔父輩，屬“尊行”，即排行“最尊屬”，故其語如此。此“最尊屬”正可爲“授以神器，時惟長君”之“長君”解，而開寶末有繼位資格之趙光義、廷美與德昭、德芳諸人，自以趙光義“最尊屬”。

六、宋初皇子出閤拜貴州防禦使

《宋史》卷二四四《宗室傳一》云德昭“乾德二年出閤。故事，皇子出閤即封王。太祖以德昭冲年，欲其由漸而進，授貴州防禦使”。

按：《續資治通鑑長編》卷五載乾德二年六月“庚戌，皇子德昭爲貴州防禦使，時年十七。前代皇子出閤即封王，上以德昭未冠，特殺其禮，非舊典也”。由此諸皇子出閤依次授予貴州防禦使。如《宋史·宗室傳》載德芳於“開寶九年出閤，授貴州防禦使”；廷美長子德恭於“太平興國四年，以皇子出閤，授貴州防禦使”。其先授廷美之長子，乃因德恭生於建隆三年（九六二），而太宗長子元佐實生於乾德四年

（九六六），故以序先授德恭貴州防禦使。又，李心傳《舊聞證誤》卷一有云“按史，太平興國七年以前，燕、秦二王及魏悼王之子皆稱皇子，故魏悼王長子德恭初除貴州防禦使，稱皇第四子，與德昭、德芳同”，然未詳皇第三子爲誰。

然此制度爲太宗所廢止。《續資治通鑑長編》卷二三載太平興國七年（九八二）三月，或告秦王廷美謀欲亂，遂“罷廷美開封尹，授西京留守”。四月，“詔秦王廷美男女等宜正名呼，貴州防禦使德恭等仍爲皇侄，女韓氏婦去雲陽公主之號，右監門將軍韓崇業降爲右千牛衛率府率，分司西京，仍去駙馬都尉之號，並發遣往西京就廷美安泊”。五月，“降廷美爲涪陵縣公，房州安置”。遂於七月“甲午，封皇長子德崇爲衛王，第二子德明爲廣平郡王，德崇檢校太傅，德明檢校太保，並同平章事”。隨即“有司言衛王及廣平郡王當同赴中書視事。上曰：‘二王，兄弟也，當分日。’辛丑，詔衛王先視事，廣平郡王以次日”。至次年十月，太宗將其子名之“德”字改作“元”，於名諱上與太祖子、廷美子相區别，而傳子之意遂决。此後未再授皇子貴州防禦使之銜，直至南宋初年孝宗繼位前嘗授與貴州防禦使。《宋史》卷三三《孝宗紀一》云“紹興二年五月，選帝育於禁中。三年二月，除和州防禦使，賜名瑗。壬寅，改貴州”。雖説當時高宗時選宗室二人養育宫中，以何者爲嗣一時多有猶豫，然授予其一人官貴州防禦使，則其傾向性亦頗顯白。

七、太祖以孫爲子

《宋史》卷二四四《宗室傳一》云德昭次子“惟吉生甫彌月，太祖命輦至内廷，擇二女媪養視之，或中夜號啼，必自起撫抱。三歲，作弱弓輕矢，植金錢爲的，俾之戲射，十發八中，帝甚奇之。五歲，日讀書誦詩。帝嘗射飛鳶，一發而中，惟吉從旁雀躍，喜甚，帝亦喜，鑄黄金爲奇獸、瑞禽賜之。常乘小乘輿及小鞍韉馬，命黄門擁抱，出入常從。太祖崩，惟吉纔六歲，晝夜哀號，孝章皇后慰諭再三，始進饘粥。太宗即位，猶在禁中，日侍中食。太平興國八年，始出居東宫，授左監門衛將軍，封平陽郡侯，加左驍衛大將軍，進封安定郡公。淳化四年，遷左羽林軍大將軍。至道二年，授閬州觀察使。凡邸第供億，車服賜與，皆與諸王埒，自餘王子不得偕也。……惟吉好學，善屬文，性至孝。孝章皇后撫養備至，親爲櫛沐。咸平初，以太祖、孝章畫像、服玩、器用賜惟吉，歲時奠享，哀慕甚至。每誦《詩》至《蓼莪》篇，涕泗交下，宗室推其賢孝”。

按：惟吉生於開寶四年（九七一）。據《續資治通鑑長編》卷二四，太平興國八年（九八三）十月戊戌，太宗將其子“衛王德崇改名元佐，廣平郡王德明改名元佑，第三子德昌改名元休，第四子德嚴改名元雋，第五子德和改名元傑，皇侄孫德雍改名惟吉。惟吉，魏懿王子也，太祖甚愛之，視如己子，故與諸叔聯名。上即位，猶居禁中，於是出閤，始改名焉”。《宋會要輯稿・帝系一》之二八亦載惟吉“幼養宫中，太祖視之如子，與諸叔聯名德雍。太平興國八年十月，授右監門衛將軍。端拱元年二月，改今名，進左驍衛大將軍。至道二年二月，進閬州觀察使”。又《帝系一》之五四、《帝系三》之二同。則德雍乃於太平興國八年十月出閤，授右監門衛將軍，至次年雍熙（九八四）二月，始改名惟吉。而《宋史・宗室傳》失載此一節。

據《宋史》卷二四五《宗室傳一》，於惟吉“幼養宫中”稍前，約開寶初，廷美子“德彝字可久，太祖召鞠於宫中”。德彝生於乾德五年。又《宋史》卷六《真宗紀一》載開封尹光義第三子（即真宗）開寶元年（九六八）“十二月二日生於開封府第。……幼英睿，姿表特異，與諸王嬉戲，好作戰陣之狀，自稱元帥。太祖愛之，育於宫中。嘗登萬歲殿，升御榻坐，太祖大奇之，撫而問曰：‘天子好作否？’對曰：‘由天命耳。’”檢《宋史》卷二四二《后妃傳》，開寶元年二月，太祖“納（宋氏）入宫爲皇后”。諸史皆未載宋皇后生育子嗣，疑太祖乃因宋皇后無子之故，遂先後將德彝“召鞠於宫中”、真宗“育於宫中”，後又養孫作子，並賜名德雍，而與其父、叔“聯名”。故史載惟吉出閤以後，享用“凡邸第供億，車服賜與，皆與諸王埒，自餘王子不得偕也”之待遇，其原因當在此。此後真宗、仁宗養從子於宫中，殆亦肇始於是。

又按：惟吉初名德雍，然廷美第四子亦名德雍，廷美卒於雍熙元年，有十子，則德雍當生於此前，未詳德昭子、廷美子同名之故，或廷美子名德雍乃於雍熙元年以後改名而然。

八、太祖賜曹彬錢二十萬緡

《宋史》卷二五八《曹彬傳》云曹彬統軍征南唐，太祖謂曰：“俟克李煜，當以卿爲使相。”待破金陵“還，獻俘。上謂曰：‘本授卿使相，然劉繼元未下，姑少待之。’……乃賜彬錢二十萬。彬退曰：‘人生何必使相，好官亦不過多得錢爾。’”

按：《續資治通鑑長編》卷一七記此事，云曹彬還京，太祖“語彬曰：‘今方隅尚有未服者，汝爲使相，品位極矣，肯復力戰耶？且徐之，更爲我取太原。’因密賜錢五十萬。彬怏怏而退，至家，見布錢滿室，乃嘆曰：‘好官亦不過多得錢耳，何必使相也。’”《五朝名臣言行録》卷一之二引《沂公筆録》云“彬等宴退，其家各賜錢百萬”。然《王文正公筆録》稱“比彬等宴退，其家各賜錢十萬緡”。則賜錢額有五十萬、二十萬、百萬及十萬緡之異，何者爲是？

五十萬錢，即五百貫（五百緡）。因史載“見布錢滿室”，形容其數額之鉅，曹彬遂有“好官亦不過多得錢耳”之感嘆。然於宋初，五十萬錢其數大小如何？據《續資治通鑑長編》卷一載建隆元年（九六〇）潞州李筠反宋，前宰相李穀居“洛陽，李筠以穀周朝名相，遺錢五十萬，他物稱是，穀受之。及筠叛，穀憂恚發病，乙卯，卒”。又卷七載乾德四年三月“乙亥，殿前都虞候楊義暴疾失音，上幸其第，賜錢二百萬，命掌軍如故”。卷一二云劉鋹歸宋，“爲右千牛衛大將軍，員外置，封恩赦侯，俸外别給錢五萬，米麥五十斛。鋹……性絶巧，嘗以真珠結鞍勒馬爲戲龍之狀，尤爲精妙。詔示尚方諸工官，皆駭伏。上給錢百五十萬償其直”。卷一六載開寶八年（九七五）十月，太祖幸染院，以領事監察御史劉蟠“爲能勤其官，賜錢二十萬”。卷一八載太平興國二年二月，“右千牛衛上將軍李煜自言其貧，乙未，詔賜錢三百萬”；“乙巳，幸新鑿池，賜役卒三萬五千人人千錢、布一端”；“戊午，宰臣薛居正、沈倫、盧多遜，樞密使曹彬、楚昭輔，各賜錢五百萬、銀三百斤，宣徽南院使潘美、北院使王仁鎬，各賜錢三百五十萬、銀二百斤”；己未，“賜齊王廷美絹萬匹、錢五百萬，武功郡王德昭絹五千匹、錢五百萬，興元尹德芳絹三千匹、錢三百萬”；戊午，“遂幸造船務，賜工徒人千錢、布一端”。卷二〇載太平興國四年（九七九）九月“丁亥，初置皇子侍讀，以左贊善大夫楊可法爲之，仍賜五品服帶、銀勒馬、銀五百兩、錢五十萬”。卷三六載淳化五年（九九四）八月庚寅，殿中丞建安李虚已“自陳祖母年八十餘，喜聞其孫中循吏之目。上喜甚。……因改知遂州，又别賜錢五十萬以遺其祖母。翌日，對宰相言及之，且曰：‘已與五十緡矣。’吕蒙正曰：‘前所賜蓋五百緡。’上曰：‘此誤也，然不可追。’……虚已亦純孝篤謹，家極貧。雖一時誤恩，人以爲殆天賜也”。又卷一九載太祖别置封樁庫，云：“欲俟斯庫所蓄滿三五十萬，即遣使與契丹約，苟能歸我土地民庶，則當盡此金帛充其贖直。如曰不可，朕將散滯財募勇士，俾圖攻取耳。”此“三五十萬”，乃謂三五十萬貫。雖説五十萬錢不少，但並非錢額甚鉅。故疑《宋史》本傳“錢二十萬”，乃謂二十萬緡。檢司馬光《涑水記聞》卷一三載宰相龐籍有云：“昔曹彬平江南，太祖謂之曰：‘朕欲用卿爲使相，然今外敵尚多，卿爲使相，安肯復爲朕盡死力耶？’賜錢二十萬緡而已。”朱熹《五朝名臣言行録》卷八之二《樞密使狄武襄青》、趙善璙《自警編》卷八引《記聞》皆作“賜錢二十萬緡而已”可證。

然《涑水記聞》卷一又載太祖未授曹彬使相，“因密賜錢五十萬。彬怏怏而退，至家，見布錢滿室，乃嘆曰：‘好官亦不過多得錢耳，何必使相也。’太祖重惜爵位，不肯妄與人如此”。此當因史料不同而致異，然以爲當指五十萬緡，則又似賜予過鉅。《王文正公筆録》稱“其家各賜錢十萬緡”，當指南征將帥皆賜予鉅金，而主帥賜錢不會與偏將一同，故當時太祖賜曹彬錢二十萬緡較爲合理。《續資治通鑑長編》等史籍云“錢五十萬”，似欲强調錢額甚鉅，且“二”“五”二字亦可能因形近而成異文。

九、宋帝葬期

《禮記・王制》曰：“天子七日而殯，七月而葬。”按：據《宋史》本紀，宋帝葬期大抵如其制：

太祖崩於開寶九年（九七六）十月癸丑，太平興國二年四月乙卯葬永昌陵。

太宗崩於至道三年（九九七）三月癸巳，十月己酉葬永熙陵。

真宗崩於乾興元年（一〇二二）二月戊午，十月己酉葬永定陵。

仁宗崩於嘉祐八年（一〇六三）三月辛未，十月甲午葬永昭陵。

英宗崩於治平四年（一〇六七）正月丁巳，八月癸酉葬永厚陵。

神宗崩於元豐八年（一〇八五）三月戊戌，十月乙酉葬永裕陵。

哲宗崩於元符三年（一一〇〇）正月己卯，八月壬寅葬永泰陵。

徽宗崩於紹興五年（一一三五）四月甲子五國城，十二年（一一四二）八月乙酉梓宫還臨安，十月丙寅權攢於永祐陵。

欽宗崩於紹興三十一年（一一六一）金境，五月辛卯崩問至，三十二年（一一六二）閏二月戊寅祔於太廟。

高宗崩於淳熙十四年（一一八七）十月乙亥，十六年（一一八九）三月丙寅攢於會稽永思陵。

孝宗崩於紹熙五年（一一九四）六月戊戌，十一月乙卯權攢於永阜陵。

光宗崩於慶元六年（一二〇〇）八月辛卯，十二月辛卯權攢於永崇陵。

寧宗崩於嘉定十七年（一二二四）閏八月丁酉，寶慶元年（一二二五）三月癸酉葬於會稽永茂陵。

理宗崩於景定五年（一二六四）十月丁卯，咸淳元年（一二六五）三月甲申葬於會稽永穆陵。

度宗崩於咸淳十年（一二七四）七月癸未，德祐元年（一二七五）正月壬午葬於永紹陵。

即北宋諸帝葬期，太祖六月而葬，太宗、仁宗、英宗、神宗、哲宗皆七月而葬，真宗八月而葬，乃因雷允恭擅移墓穴而誤工展期，可見基本遵《禮記·王制》之制。南宋諸帝葬期，高宗費時十八月，孝宗、理宗五月而葬，光宗四月而葬，寧宗七月而葬，度宗六月而葬，相較北宋，其普遍費時較短（高宗爲南宋皇帝葬會稽第一人，情況較特殊），當與南宋諸帝乃屬"權攢"有關。

檢《唐會要》卷三八《葬》載太常博士王彦威奏："國朝故事，高祖六月而葬，太宗四月而葬，高宗九月而葬，中宗六月而葬，睿宗五月而葬，順宗七月而葬，玄宗、肅宗二聖山陵，以聖誕吉凶相屬，有司懼不給，故並十二月而葬，蓋有爲而然，非常典也。"其制較宋朝而稍見隨意。

（作者單位：華東師範大學古籍研究所）

李陽冰《城隍廟碑》的文本過録、重刻過程與拓片流傳考

羅争鳴

内容摘要：據《兩浙金石志》和《碧溪文集》等文獻記載，縉雲縣李陽冰《城隍廟碑》底部早有殘缺。現底部所缺五字影響碑文的文意理解，綜合各種録文和具體語境，首句當斷作："城隍神，祀典無之，吴越有之。風俗水旱疾疫，必禱焉。"李陽冰《城隍廟碑》有多個字體突破常規，與篆體寫法不合，或體現李陽冰早年的書法風格。北宋末年《城隍廟碑》原碑因方臘起義被毁，後由處州縉雲縣令管勾勸農公事吴延年等四人共同籌劃，利用民間藏拓重刻了《城隍廟碑》。明清時期，李陽冰《城隍廟碑》的拓片在民間被奉爲"定風碑"，在江浙等地流行。

關鍵詞：李陽冰；縉雲；《城隍廟碑》

《城隍廟碑》是李陽冰篆書藝術的代表性作品，是書法研究的重要對象，但此碑同時也是城隍信仰研究繞不開的重要參考。目前，學界研究大多集中於對李陽冰小篆藝術的考察，至於碑文本身的文本釋讀、刻立過程、拓片流傳和涉及的城隍信仰問題，都缺乏深入研討。有些論著陳陳相因，對碑文的認識有限，以至於産生諸多誤讀。以此，筆者試對《城隍廟碑》的文本殘損、異文産生、篆法突破和重刻過程等問題略作考訂闡釋。

一、李陽冰其人與《城隍廟碑》的現狀

李陽冰，字少温，祖籍趙郡（今河北趙縣），《全唐文》卷四三七李陽冰《上李大夫論古篆書》云："陽冰年垂五十……"此書爲代宗廣德元年（七六三）上李季卿之

作，以此年李陽冰“年垂五十”的四十九逆推，約生於開元（七一三至七四一）初年。又據墓志銘等各種史料，李陽冰當卒於德宗貞元（七八五至八〇四）初年或稍後，享年七十餘歲。《全唐文》卷四三七存文《惡溪銘》《忘歸臺銘》等八篇，《全唐文補編》卷五一輯得《般若臺銘》等三篇。《全唐詩》卷二六二存詩《阮客舊居》一首。

李陽冰爲李白族叔，曾爲李白作《草堂集序》，李白作品也曾多次提及並頌揚這位族叔，我們從中可略窺李陽冰的身世與成就。如李白這首古風體的《獻從叔當塗宰陽冰》，其中有這樣幾句：

> 吾家有季父，傑出聖代英。雖無三臺位，不借四豪名。激昂風雲氣，終協龍虎精。弱冠燕趙來，賢彦多逢迎。魯連善談笑，季布折公卿。……落筆灑篆文，崩雲使人驚。吐辭又炳焕，五色羅華星。秀句滿江國，高才掞天庭。宰邑艱難時，浮雲空古城。[①]

“弱冠燕趙來”可證李陽冰與“趙郡”的關係。“落筆灑篆文，崩雲使人驚”一句，對其篆書藝術成就作了極高的評價。李白還有一篇《當塗李宰君畫贊》：

> 天垂元精，岳降粹靈。應期命世，大賢乃生。吐奇獻策，敷聞王庭。帝用休之，揚光泰清。濫觴百里，涵量八溟。縉雲飛聲，當塗政成。雅頌一變，江山再榮。舉邑抃舞，式圖丹青。眉秀華蓋，目朗明星。鶴矯閬風，麟騰玉京。若揭日月，昭然運行。窮神闡化，永世作程。[②]

李白把族叔看作天降“大賢”，符合歌功頌德的贊頌體特徵，但“縉雲飛聲，當塗政成。雅頌一變，江山再榮”兩句，提及李陽冰在處州縉雲和安徽當塗的輝煌政績，對瞭解李陽冰的生平與事功有重要的文獻價值。

從李陽冰留存的詩文作品來看，他的詩文創作水平和數量都不及李白，但對他的篆書成就，李陽冰頗爲自信，曾言：“斯翁之後，直至小生。曹喜、蔡邕，不足言也。”另外，與李陽冰有一定交往的竇臮在其《述書賦》中云：“通家世業，趙郡李君。《嶧山》並鶩，宣父同群。洞於字學，古今通文。家傳孝義，氣感風雲。”此段文字下的小

① 李白撰，安旗等箋注：《李白全集編年箋注》卷一五，中華書局，二〇一五年，第一五六八頁。
② 李白撰，安旗等箋注：《李白全集編年箋注》卷一八，第一九四一頁。

字注云：

> 李陽冰，趙郡人。……冰兄弟五人，皆負詞學，工於小篆。初師李斯《嶧山碑》，後見仲尼《吴季札墓志》，便變化開闔，如虎如龍，勁利豪爽，風行雨集，文字之本，悉在心胸，識者謂之倉頡後身。[①]

“變化開闔，如虎如龍，勁利豪爽，風行雨集”幾句可謂的評。唐人吕總《續書評》又謂：“篆書一人：李陽冰書，若古釵倚物，力有萬夫。李斯之後，一人而已。”宋以後書家論李陽冰書法，也給予了極高的贊譽。

圖一　小篆體《城隍廟碑》

在李陽冰留存的書法作品中，有一通小篆體《城隍廟碑》（如圖一），北宋宣和五年（一一二三）利用紙本重刻。碑石保存在浙江省縉雲縣博物館。碑高一點六五米，寬零點七九米，厚零點一七米，字徑七厘米乘十一厘米。石碑設碑座。正文共八十六個字，自右至左直書八列，字體篆書。落款兩列，字體楷書，字徑二厘米乘二厘米。碑中大部分字迹清晰可辨，衹可惜右下角有五個字損毁較嚴重。右上角碑身有缺損，曾用鐵箍加固。

二、李陽冰《城隍廟碑》碑文缺損、異文與篆法突破

《城隍廟碑》雖不足九十個字，但現在的各種過録文字存在一些異文，斷句也有較大誤差。如上文所述，《全唐文》卷四三七録李陽冰文八篇，其中《縉雲縣城隍神記》即今存《城隍廟碑》所刻文字。但現存碑石底部有部分殘缺，再加上《縉雲縣城隍神記》有不同版本，故録文時出現異文。《縉雲縣城隍神記》目前所見最早的版本是宋初姚鉉編輯《唐文粹》所收本。《唐文粹》的最早版本是南宋紹興九年（一一三九）臨安府刻本。《中華再造善本》收録此書，卷七一載李陽冰《縉雲縣城隍神記》（如圖

① 張彦遠撰，武良成、周旭點校：《法書要録》卷五《述書賦》，浙江人民美術出版社，二〇一九年，第一七六—一七七頁。

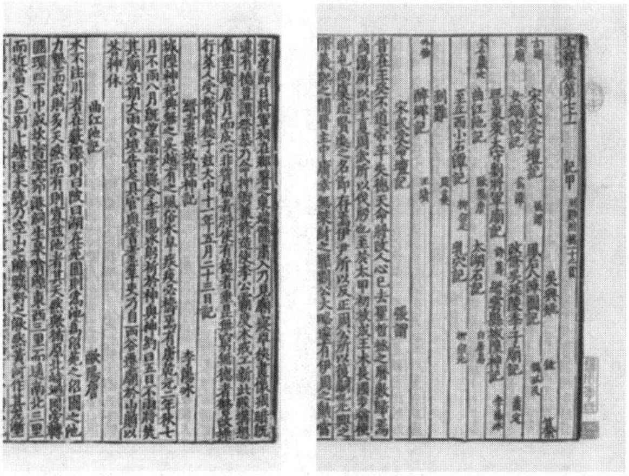

圖二　南宋本《唐文粹》所載

二）。清嘉慶十九年（一八一四）刻本《全唐文》卷四三七所録文字與此相同，未産生異文。北宋宣和五年（一一二三）重刻《城隍廟碑》部分字體模糊，底部殘缺五個字，“躬”字亦缺大半，但拓片“躬”字尚完整。另外，《唐文粹》本“遷廟於山”的“於”字，《城隍廟碑》刻爲“于”字。現據清代較完好的拓片，依文字原樣照録如下：

遷具焚於既乾風城
廟官其神望元俗隍
于與廟與縉二水神
山耆及神雲年旱祀
巔耋期約縣秋疾典
以群大曰令七疫無
答吏雨五李月必之
神乃合日陽不禱吴
休自境不冰雨焉越
西告雨躬八有有
谷足□□□□□

图三　清代《城隍廟碑》拓片

城隍廟碑在“文化大革命”期間被當作“四舊”從展覽館中掃地出門，抛之荒野，幸賴住在城隍山的街道清潔工丁守善冒着風險埋入地下方得保存。丁守善去世後，縉雲縣文化館在建築工地發現了埋藏多年的城隍廟碑，碑體部分損毁殘缺。但城隍廟碑的損毁，不全是這次災難造成的，阮元編《兩浙金石志》卷二過録碑文時，“吴越有之”的

"之"字和"李陽冰躬祈"的"祈"字就已經缺失。朱文藻《碧溪文集》也提到:"下截一格,缺蝕三字,微存偏旁,可意會也。"《兩浙金石志》成書於嘉慶十年(一八〇五),與此書同年成書的王昶《金石萃編》卷九一在收録此碑碑文時,手模了篆書碑文,未見缺字。後出的李遇孫等編《括蒼金石志》也手模篆書碑文,當參考了《金石萃編》。《金石萃編》《括蒼金石志》等所模寫的完整碑文,並非出自完好的《城隍廟碑》原石,而是或據殘存偏旁意會,或據某一文本補寫。

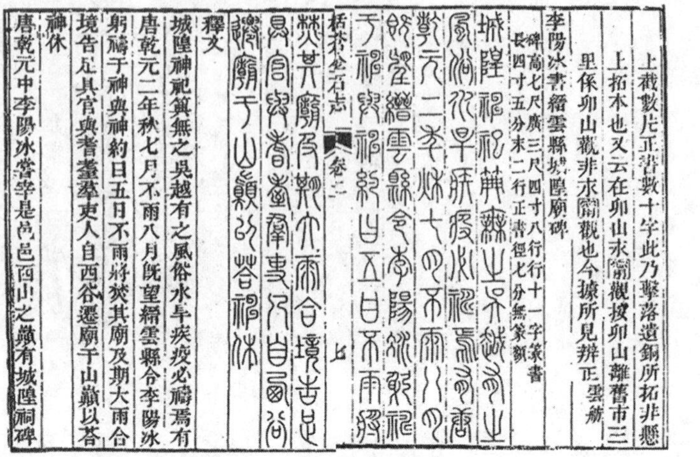
上截數片正書數十字此乃擊落遺銅所拓非懸
上拓本也又云在卯山求閣觀按卯山離舊市三
里係卯山觀非求閣觀也今據所見辨正雲舫
李陽冰書縉雲縣城隍廟碑
碑高七尺廣三尺四寸八行行十一字篆書
長四寸五分末二行正書徑七分無篆額
括蒼金石志　卷二　上
釋文
城隍神祀典無之吳越有之風俗水旱疾疫必禱焉有
唐乾元二年秋七月不雨八月既望縉雲縣令李陽冰
躬禱于神與神約日五日不雨將焚其廟及期大雨合
境告足具官與耆耋羣吏人自西谷遷廟于山巔以荅
神休
唐乾元中李陽冰嘗宰是邑西山之巔有城隍祠碑

圖四　《括蒼金石志》

目前,斷句和録文過程中出現的問題主要就出在城隍廟碑碑底殘缺的五個字上。其中第四行"李陽冰躬□"的缺字,有的作"祈",有的作"禱",無論是"祈"還是"禱",於句意影響不大。但第一句"城隍神祀典無之吴越有□風俗水旱疾疫必禱焉"就比較複雜,宋人引録時就出現異文。歐陽修《集古録》引此句作:"陽冰所記云'城隍神,祀典無之,吴越有爾'。然今非止吴越,天下皆有,而縣則少也。"①南宋人趙與旹《賓退録》卷八云:"故唐李陽冰謂:'城隍神祀典無之,惟吴越有爾。'"②這兩處引文,"有□"均作"有爾",《賓退録》又增一"惟"字。因今存碑石"有"字下正好缺損一個字,有些録文就作"有爾"。

從上述考訂來看,要補填這五處缺字,《唐文粹》所載的最早版本碑文應該是最可靠的文本依據。我們以南宋刻本《唐文粹》爲依據,第一行"吴越有□"下的缺字應作"之"。這也與《金石萃編》的模寫和其他大部分録文一致。此句作"吴越有之",那麽"城隍神祀典無之吴越有之風俗水旱疾疫必禱焉"就涉及一個斷句的問題。目前,有的斷作:"城隍神。祀典無之。吴越有之。風俗水旱疾疫必禱焉。"有的斷作:"城隍神,祀典無之,吴越有之風俗,水旱疾疫必禱焉。"如斷作"吴越有之風俗",意近"吴越有此風俗",但可直接用"此"字,"有之風俗"在規範古文中很少出現。這裏

① 欧阳修、欧阳棐撰:《集古录跋尾　集古录目》,上海古籍出版社,二〇二〇年,第二八〇页。
② 趙與旹著,齊治平點校:《賓退録》卷八,中華書局,二〇二一年,第一三四頁。

的“吴越有之”，實與上句“祀典無之”相對舉，但兩個“之”字也不對稱，而歐陽修的“吴越有爾”似更恰切。另外，古人徵引文字，往往綜括大意，會做適當改寫，未必嚴格遵照原文。總之，現存碑石和拓片，“有”字下面都已缺損，我們也不能完全依照《唐文粹》下斷語，或許就如歐陽修所引“吴越有爾”。無論“有之”還是“有爾”，都不能與“風俗”二字合在一起斷句。

“風俗水旱疾疫必禱焉”在現代文法上是不通的，“風俗”指特定區域内的風气、習慣和禮節等，這裏有省略的意味，如翻譯爲現代漢語，當作“民間有這樣的風俗：每遇水灾、旱灾、疾病、瘟疫，民衆都會向城隍神祈禱”。

我們結合上述考察和《唐文粹》所載的最早版本碑文及王昶《金石萃編》等，爲《城隍廟碑》的文本過録和標點斷句做如下處理並過録如下：

> 城隍神，祀典無之，吴越有之。風俗水旱疾疫，必禱焉。有唐乾元二年秋七月，不雨。八月既望，縉雲縣令李陽冰躬祈於神。與神約曰：五日不雨，將焚其廟。及期大雨，合境告足。具官與耆耋群吏。乃自西谷遷廟於山巔，以答神休。

關於李陽冰《城隍廟碑》篆文中的俗字和不規範寫法，清人王澍《竹雲題跋》卷三和阮元《兩浙金石志》卷二都曾指出。前者云：

> “五日不雨”，“日”字以[illegible]，爲“日”篆法。“日”從[illegible]，象形也。[illegible]古三切，從口含一，象口含物也。以“甘”爲“日”，誤。“巔”字上無“山”，《詩》“首陽之顛”，頂也。加“山”，俗字。又“山”宜作[illegible]，今作“山”，乃“耑”“豈”等字之頭，亦誤。①

《兩浙金石志》卷二指出“日”“山”“八”等字寫法不合篆法。另外，“必禱焉”的“禱”字右下邊，碑文和拓片均無“口”字偏旁，有“口”字旁的當爲坊間仿作（如圖四）。乾元二年（七五九）前後，李陽冰四十餘歲，此碑不僅“筆意疏瘦，不若他

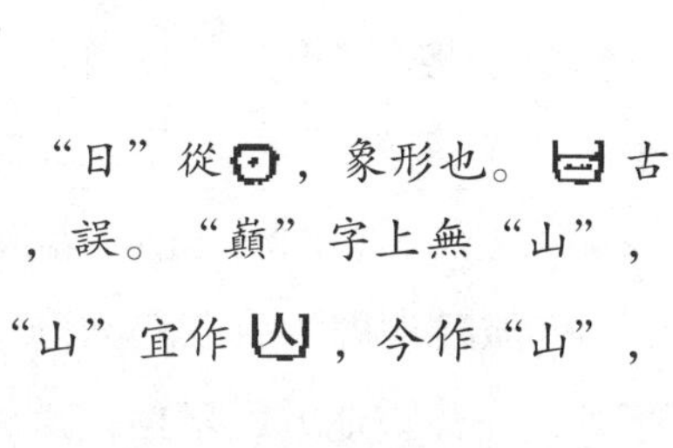

圖五 “禱”字對比

① 王澍撰，李文點校：《虛舟題跋 竹雲題跋》，浙江人民美術出版社，二〇一九年，第三一九頁。

篆之淳勁”[①]，在篆書寫法上也體現出隨意或敢於突破常規的痕迹。

三、《城隍廟碑》的重刻與拓片流傳

宣和五年以紙本重刻的《城隍廟碑》左側有兩行小字，這兩行小字大部分清晰可辨，現據《金石萃編》《括蒼金石志》等録文，過録如下：

> 唐乾元中，李陽冰嘗宰是邑。邑西山之巔有城隍祠碑刻，實所爲《記》與篆也。陽冰以篆冠今古，而人争欲得之。昨緣寇攘，殘缺斷裂，殆不可讀。偶得紙本於民間，遂命工重勒諸石。庶廣其傳，亦足以傳之不朽也。
>
> 大宋宣和五年歲次癸卯朔，承信郎就差權處州縉雲縣尉周明、迪功郎就差處州縉雲縣主簿費季文、將仕郎處州縉雲縣丞李良翰、文林郎就差處州縉雲縣令管勾勸農公事吴延年立。[②]

宣和五年，處州縉雲縣令管勾勸農公事吴延年、縣尉周明、主簿費季文、縣丞李良翰四人共同籌劃刻立《城隍廟碑》，但有些論述衹提縣令吴延年，似不周全，且“管勾”經常誤作“管句”。

從這段文字可知，宣和五年時，《城隍廟碑》原碑已經“殘缺斷裂，殆不可讀”，主因“昨緣寇攘”，當指前此宣和二年到三年（一一二〇至一一二一）的方腊起義。方腊起義主要影響兩浙地區，當時的處州縉雲縣就在其活動範圍内。

《城隍廟碑》得以重刻再現，主要在於民間有拓本流傳。各地城隍廟的信物或碑刻拓片，往往被地方民衆神化爲具有種種神通的“護身符”。《括蒼金石志》的重要編寫者芝庭曾云：

> 俗稱此碑爲定風碑，携此涉海可禦颶風，俗客争購之。余按郡志，宣平縣古迹門以北海《葉有道碑》爲定風碑。又雲和《福勝廟碑》，彼處人亦以定風目之。碑之可以定風者何多耶！委巷無稽之談，不足述也。[③]

① 阮元編，阮福補遺：《兩浙金石志附補遺一卷》卷二，清道光四年（一八二四）李橒刻本。
② 上引録文，現存《城隍廟碑》部分字體漫漶不清，可據《金石萃編》等補全。
③ 李遇孫輯，鄒柏森校補：《括蒼金石志》，清同治十三年（一八七四）處州府署刻，光緒元年（一八七五）潘紹詒增修本。

俗傳明代有王、柳二家結伴從商，於温州海面遭遇强風，眼見船傾人覆，烏雲之中忽現金盔巨神，一揮神鞭，立馬風止浪静。二人跪於船頭對天拜謝。夜夢金甲神説："我乃浮雲梅大將軍是也，我有石碑埋於城隍廟前祈豐橋下，望爾回去後，將之掘出，此後出海，可將碑帖隨携，如遇風雨，將之展現，即可定風鎮颶。"二人回家後，果在祈豐橋下挖得石碑。乃於橋邊重葺廟宇，塑將軍像，立碑其中，年年拜祭。這是典型的民間造神活動，本出於福佑平安，但其中也有商機。明清以來，每年正月月半之後，温州人即以船運宣紙而來，居廟拓印《定風碑帖》運回温州售賣，每帖可賣銀幾塊，且成俗例。凡出海運輸或打鱼之户，或沿海居民，均必購一幅備用，鄉民尊之如神。

李陽冰《城隍廟碑》的拓片被尊爲"定風碑"也當是明以後的事情，民間這種拓片當有廣泛流傳。同治年間《姑蘇府志》卷一四二載："明人重模唐李陽冰《縉雲縣城隍廟記》，嘉靖壬午年，在常熟城隍廟戲樓下。"[①]可見明朝李陽冰《城隍廟碑》的翻模本已經在常熟城隍廟戲樓下出現。另外，我們通過網絡檢索，還能檢得一通清朝翻印的《城隍廟碑》拓片，上鈐"縉雲縣印"的滿漢文官印。整幅拓片略顯粗糙，或即民間流傳的用於售賣射利的定風碑拓片（如圖五）。

圖六　清翻印《城隍廟碑》拓片

① 李銘皖修，馮桂芬纂：[同治]《姑蘇府志》，清光緒九年（一八八三）刻本。

結　語

《城隍廟碑》文字簡短，却是研究城隍信仰最重要的文獻之一。碑文過録、刻立過程、拓片流傳等文獻考察，衹是深入研究的基礎工作。城隍信仰的很多問題，都是從此碑生發出來的，具體來説，有如下諸端：

城隍信仰在中唐時期的流傳問題；

從"祀典無之"到明洪武初年的"封爵配位"問題；

早期城隍廟的廟址選擇與後世變遷問題；

城隍神的"水旱變置"問題。

以上涉及城隍信仰研究的重要面向，前人在《風俗通義・祀典》《大明禮》等文獻中都有申論，現代學界也有諸多深入探討，如《禮制下移與唐宋社會變遷》[①]等。這些問題對我們深入思考新時代下城隍信仰的現代化轉型與教化功能的發揮等都有重要的啓發意義，限於時間，衹能期待來日再考了。

（作者單位：華東師範大學古籍研究所）

① 王美華：《禮制下移與唐宋社會變遷》，中國社會科學出版社，二〇一五年。

蔣伯潛《經學纂要》整理弁言[1]

方笑一

内容摘要：蔣伯潛先生是中國現代知名學者和教育家，其所著《經學纂要》一書是一部介紹經學和十三經的學術普及讀物，於二十世紀四十年代出版。該書在結構設置上既重視每一部經書的介紹，又注重經學史的梳理，可謂有縱有横，縱横交錯。全書都滲透着濃濃的歷史意識，即使是介紹每一部經書，作者仍極重視經書撰述人的身份、經書傳授的源流、歷代解經的差異及與經書有關的史事，並不是就經説經，而是從更寬廣的歷史背景出發來討論經書和經學。該書談論經學，行文簡明洗練，平易暢達，使讀者很容易深入經學之堂奥。

關鍵詞：蔣伯潛；《經學纂要》；整理；弁言

蔣伯潛（一八九二至一九五六），名起龍，又名尹耕，以字行，生於浙江富陽新關村。父蔣建侯爲秀才，後弃舉業。在父親督責下，蔣伯潛八歲熟讀四書，十三歲能背誦全部十三經。[2]光緒三十三年（一九〇七）考入杭州府中學堂，受業於錢家治、張宗祥等名師，並於一九一一年畢業，先後在閬苑小學、美新小學任教。一九一五年，考入北京高等師範學校國文系，受業於錢玄同、胡適、馬叙倫、魯迅等名師。一九一九年，參加五四運動，在《新青年》《東方雜志》等刊物上發表文章。當年畢業前夕遭父喪，之後入嘉興的浙江省立第二中學任教員。又先後在浙江省第一中學、浙江省第一師範學校、浙江省女子中學、浙江省立杭州師範學校任教。其間與宋雲彬、夏承燾、俞平伯、朱自清、郁達夫等人有交往，學生中有馮雪峰等人。一九二五年，蔣伯潛與馬叙倫參

① 蔣伯潛著《經學纂要》新整理本即將由華夏出版社於二〇二四年出版。

② 參見蔣祖怡：《先嚴蔣伯潛傳略》，載《杭州文史叢編·教育醫衛社會卷》，杭州出版社，二〇二二年，第三一一頁。

與策動浙江省省長夏超起義，回應國民革命軍北伐，後因事泄而失敗。一九二七年，任《三五日報》主筆，抨擊時政。全民族抗日戰争爆發後，在上海大夏大學、無錫國學專修學校任教授，兼任上海世界書局特約編審。上海淪陷後，受聘西南聯合大學，未能成行。後回鄉從事著述。全民族抗戰勝利後，任上海市立師範專科學校中文系主任。一九四八年，出任杭州師範學校校長。一九四九年後，應浙江圖書館館長張宗祥之邀，任浙江圖書館研究部主任。同時，被選爲浙江省第一届人民代表大會代表。一九五五年秋，調入浙江文史研究館任研究員。

蔣伯潛先生個性開朗，“健談，談笑生風，善謔”，“和藹可親，人人樂與之交”。[①]他文思敏捷，著述頗豐，於經學、諸子學、文學皆有造詣。主要著作有《經與經學》（與蔣祖怡合著）、《十三經概論》、《經學纂要》、《諸子通考》、《諸子學纂要》、《中學國文教學法》、《校讎目録學》等。

《經學纂要》是一部介紹經學和十三經的學術普及讀物。自西漢設立五經博士，闡釋和研究儒家經書的經學被尊爲官方學術，成爲中國古代的國家意識形態。這一情况到了現代中國纔真正發生變化。隨着科舉制度的廢止與現代學術分科的確立，經學不再享有過去的崇高地位，而成爲現代學術的一個分支。二十世紀三四十年代，不少從事文史研究的現代學者都撰寫過經學的普及著作，如一九三〇年出版的朱劍芒的《經學提要》，一九三三年出版的范文瀾的《群經概論》和周予同的《群經概論》，一九四五年黄壽祺撰寫的《群經要略》，都對十三經逐一作了介紹。一九三六年出版的錢基博的《經學通志》、一九四二年出版的朱自清的《經典常談》也包含了對多部儒家經書的介紹。這些著作在介紹群經源流和特點時各有各的寫法，而蔣伯潛的《經學纂要》是其中很有特色的一種。其内容頗爲詳細，體例也比較合理，對於瞭解經書與經學具有重要的參考價值。

《經學纂要》共分十四章，前冠一篇《緒言》，後附一份《十三經注本舉要》，給經學學習者以極大便利。從内容而言，《經學纂要》可分爲兩個部分：一是對經學和經學史的一些重要問題加以介紹並提出自己的看法，如第一章《十三經解題》、第二章《十三經撰述人（上）》、第三章《十三經撰述人（下）》、第十三章《經學史鳥瞰》、第十四章《經今古文學》，分别涉及十三經的名稱、撰述人、經學史的發展脉絡、今文經學與古文經學之争。通過這幾章，讀者能够對經書、經學和經學史的最重要問題和有關争論有一個大致的瞭解。二是對十三經的逐一述要，從第三章到第十二章，

① 希平：《記蔣伯潛》，載楊之華編《文壇史料》，上海中華日報社，一九四四年，第二六四頁。

依次介紹了《周易》、《尚書》、《毛詩》、《周禮》與《儀禮》、《禮記》（附《孝經》《爾雅》）、《春秋》經傳、《論語》和《孟子》。其中《周禮》和《儀禮》合爲一章，在第八章予以介紹；《春秋》及三傳在第十章予以介紹；《孝經》和《爾雅》的介紹比較簡略，附於《禮記》之後。可以說，這樣的章節設計兼顧了經書、經學和經學史的知識，避免了僅將十三經逐一羅列介紹的簡單做法，使讀者對經學的瞭解不再是孤立的，而是在縱向和橫向上都能够通貫。

《經學纂要》雖然是一本介紹和普及經書和經學知識的著作，但作者在廣泛援用前人成説的基礎上，對其中的關鍵問題常常作要言不煩的考辨，在此基礎上提出自己的見解，又注意緊扣核心問題，不横生枝蔓，這皆使該書成爲一部富有學術見解的著作，而不衹是客觀知識的介紹了。

在《緒言》中，作者對學習和研究經書和經學的必要性作了這樣的解釋："'經'之中，有古代的哲理、文學、史料，以及制度、風俗……我們可以由此尋得古代學術思想的源泉，藉以瞭解固有文化之最重要的部分。所以現在雖不必像科舉時代那樣去死讀經書，以博科名，但是'經'和'經學'，却不能不知道它們的大概。"[①]這段話凸顯了科舉制度終結之後現代學者研究經書和經學的意義。而《經學纂要》撰寫的目的，在《緒言》的最後部分講得很明確："本書先就所謂'十三經'者，作簡明的述説，再由西漢直至現代，略述經學的歷史，旨在使讀者從本書中獲得所謂'經學'的常識。至於經學專門的研究，則須讀者自己去下工夫了。"從横向來説，介紹十三經的情況；從縱向來説，略述經學的歷史，使讀者獲得經學的常識，這就是《經學纂要》一書的寫作主旨所在。

第一章《十三經解題》，對十三經以及其中每部經書的名稱作了解説。對其中有些問題，作者提出了自己鮮明的見解。如《易》之名稱的含義，一般學者總是追溯到《易緯・乾鑿度》中"一名而含三義，所謂易也，變易也，不易也"的説法，而本章認爲"《易》含三章義，《繫辭》中原有此意，並不始於《易緯》"，而《乾鑿度》的説法衹是"取《繫辭》之説而小變之"。又如《周禮》原名《周官》，本章認爲其改名爲《周禮》"完全是劉歆的主張，王莽所采行"，又説"東漢以後，《周官》《周禮》二名還是互見的"，作者在另一部著作《十三經概論》的第四編第一章中也列舉了不少例子來佐證這一説法。[②]在説到《孝經》時，作者特意提醒道："十三經中逕名曰'經'

① 蔣伯潛：《經學纂要》，上海正中書局，一九四六年，第一頁。以下引文凡未標明出處的，悉引自該書。
② 參見蔣伯潛：《十三經概論》，上海古籍出版社，一九八三年，第二五一—二五二頁。

的，衹有這一部《孝經》。可是《孝經》的地位，至多僅與《禮記》諸篇相當，衹能説它是‘記’，不能算它是正式的‘經’。這是值得注意的一點。”有些觀點，則與現在學界通行的説法不同。如《孟子》入經的時間，本章認爲：“五代時蜀主孟昶石刻十一經，不列《孝經》《爾雅》而加入《孟子》，《孟子》已列於‘經’了。”①但現在學界一般認爲，孟昶刻石經共十部，而《公羊傳》《穀梁傳》《孟子》是宋代補刻的。《孟子》第一次作爲“兼經”進入科舉考試是在王安石主導的熙寧四年（一〇七一）貢舉改革中，而第一次刻石在宋徽宗宣和六年（一一二四）。②無論如何，本章提供了關於十三經名稱的多種説法，彙聚了相關材料，對我們了解十三經名稱的來源和意義是很有啓發的。

第二章《十三經撰述人（上）》，對於《易》《書》《詩》《周禮》《儀禮》《禮記》六部經書的時代和撰述人有詳細的闡説。這些經書究竟由誰撰述，古代本就有許多不同的説法，且很多是針鋒相對的。本章綜合各家意見，於分歧之處，有的百分之百予以肯定，有的則采取或然的判斷。如《易》之重卦究竟由何人所爲，本章先指出“舊有四説”，分别爲伏羲、神農、夏禹、周文王，經過一番考證，作者認爲“當定爲文王”，而“卦辭、爻辭的作者，亦當定爲文王”。這是確定的意見。對於孔子是否删《詩》的問題，作者則給出或然的判斷：“或者古詩本如此之多，史官、太師等已加一番選編，孔子又從而撰次之，亦未可知。……所以孔子删《詩》一事，雖未能斷爲必然，亦未能斷爲決無此事。”儒家經書和孔子的關係，向來是争論不休的話題。對於一部經書的撰述，孔子到底有没有參與，參與到何種程度，可謂聚訟紛紜，難成定讞，在文獻材料有限的情况下，作者這一或然的判斷，體現出極爲審慎的態度。關於有些經書的撰述者，雖然古人的舊解不可采信，但並不能因此否定撰述此經書之人的功績。如《周禮》，舊題爲周公作，作者並不認同。但談到《周禮》的撰述者，作者仍然抱着肯定和欽佩：“此人姓名雖不可考，自是大才。他掇拾周代遺制，參以己意，編成此書，以待後世王者取法。……所以此書雖非周公所作，而其作者的理想力和創造力，倒很值得佩服。”這就表明，本書作者並非僅以撰述人的身份來論經書價值的高低，《周禮》不是周公撰述，並不妨害它是一部系統闡述官制的名著。

第三章《十三經撰述人（下）》對《春秋》《左傳》《公羊傳》《穀梁傳》《論語》《孝經》《爾雅》《孟子》諸書的時代和撰述人做了介紹。和上一章一樣，本章對

① 類似的説法也見於《十三經概論》，第八頁。

② 許道勳、徐洪興已辨蔣説之誤，參見氏著：《中國經學史》，上海人民出版社，二〇〇六年，第七一頁。

前人的説法多有辨正。如《論語》的纂集，作者認爲："此書不成於一人之手，而係孔子弟子各有所記，其後乃由再傳弟子纂集成書，但有子、曾子二人之弟子所纂最多而已。"又如《爾雅》是否爲周公所作的問題，本章説："謂《爾雅》全書皆周公作，固誤。謂《釋詁》爲周公作，而孔子、子夏續有所益，亦未可信。"《爾雅》之所以入十三經，與是否是周公、孔子的著作無關，衹是因爲它是"集録訓詁之書"。在本章的最後，作者總結孔子和五經的關係，先介紹古文經和今文經兩派不同的立場，古文經學家認爲五經皆周公舊典，而今文經學家"以爲五經皆孔子的創作，與周公無涉"，而作者則認爲，五經的材料，固然孔子之前就有，但"孔子之於五經，看似'述者'，實在是一個'作者'"，其重要性是不容抹殺的。這一見解，可以説是既嚴謹又圓融的。

第四章《十三經的今古文》，系統介紹了十三經的今古文問題。某一部經書，到底屬於今文經還是古文經，它又是怎樣流傳的，在本章中皆有清晰簡要的敘述。尤其是《尚書》的今古文問題，歷來屬於經學史上的重大事項。據《漢書·藝文志》記載，古文《尚書》是漢武帝末年魯共王劉餘毁壞孔子故宅時在墻壁中發現的，《經學纂要》提出三個疑點：首先，魯共王劉餘卒於武帝初年，而《漢志》説他武帝末年在孔壁中得書，時間上有矛盾。其次，假設魯共王得書不是在武帝末年，而是在武帝初年，那麽爲何孔安國要到武帝末年纔進獻古文《尚書》呢？假設孔安國獻書是在武帝初年，那麽《漢志》記載的"遭巫蠱事，未列於學官"也説不通，因爲巫蠱事發生在武帝末年。這是時間上的又一個矛盾。再次，《史記·三王世家》記載魯共王事迹時，根本没有提到毁壞孔子故宅和得到古文經傳之事。所以本章最後得出結論説："古文《尚書》原爲孔氏所有，非魯共王壞孔子故宅壁而獲得的。"這個説法，與經學史一般的看法不同，是作者經過考證推斷所得，充分顯示了其質疑舊説的精神。

該書從第五章至第十二章，依次叙述了各部經書的大要。經書内容古奥難讀，每部經書的性質又不盡相同，結構也不一樣，如何在有限的篇幅内以深入淺出的方式將一部經書的特點充分彰顯，是很考驗作者學術功力的。質言之，這需要一種執簡馭繁的能力，非深通經書者不能爲。該書采取的辦法是基本按照每一種經書内各篇目的内容加以介紹，假如不便這樣做，則提煉出該經書的相關問題予以介紹。

第五章《〈周易〉述要》，從八卦説到六十四卦，再説爻，然後逐一介紹《易傳》的情况。最後，作者闡述了他對"《周易》的哲理的基本觀念"的理解，並總結説："'易'和'象'，是全部《周易》的兩大基本觀念，我們如要閲讀《周易》，應特别加以注意。"這裏説的"易"，含有"變易""易簡""不易"三義，作者特别强調“變易”；而“象”包含現象、意象、法象三個維度，“從現象而得意象，而得法象”，“取各卦之意象爲法象”，這是作者對《周易》“象”的理解。

第六章《〈尚書〉述要》，先將今文《尚書》的二十八篇加以介紹，主要是每篇的文體、内容以及與其他篇章的關係。能歸入同一文體的，則放在同一類介紹。僞古文《尚書》二十五篇並不介紹。最後介紹了《尚書》的文章特點與文獻價值。

第七章《〈毛詩〉述要》，按照“六義”的順序，先介紹風、雅、頌，再解釋賦、比、興。然後重點介紹了十五國風以及《毛詩》的文學特點，如以四言爲主、多用比喻、如何抒情等等。

第八章《〈周禮〉〈儀禮〉述要》，分别介紹了《周禮》和《儀禮》。本章對“三禮”的性質有明確概括：“‘三禮’之中，《周禮》《儀禮》爲‘經’，《禮記》爲‘記’。《周禮》的内容爲制度，《儀禮》的内容爲儀文。《禮記》有記制度者，如《王制》；有釋儀文者，如《冠義》；且有關於學術的通論，如《中庸》。所以‘三禮’的性質不同。”本章按《周禮》“六官”的順序來介紹《周禮》，又按照冠、昏、喪、祭、朝、聘、鄉、射，即所謂“禮之八大綱”來介紹《儀禮》，而不是將《儀禮》十七篇逐一介紹，因爲作者認爲“十七篇的内容，八大綱可以盡之”。

第九章《〈禮記〉述要（附《孝經》《爾雅》）》，並不是將《禮記》逐篇介紹，因爲《禮記》内容相對駁雜，作者對各篇的重要性並非一視同仁。本章把《禮記》四十九篇的内容概括爲四類：一、通論學術及禮意者；二、記述古代制度禮俗，且帶考證性質者；三、專釋《儀禮》各篇者；四、雜記孔子和他的弟子或時人的問答者。其中第一類最重要，尤其是其中《禮運》《學記》《大學》《中庸》《樂記》五篇，“都有熟讀深思的必要”，本章當然也給予詳細的介紹。在作者看來，《孝經》和《爾雅》地位相對次一些，“《孝經》在經部中的位置，衹能和《禮記》四十九篇相當，《爾雅》則更在其下”。因此，《孝經》可略讀，《爾雅》是工具書，對文字訓詁特别感興趣並有志於學習的人，纔須必讀。

第十章《〈春秋〉經傳述要》介紹《春秋》和它的三部傳《左傳》《公羊傳》《穀梁傳》。《春秋》當然没有辦法逐條細講，本章提綱挈領地拈出“正名”“尊王攘夷”這些《春秋》“大義”加以解説，並對“大一統”“素王”這些《春秋》學中的重要問題提出自己的看法。相對而言，本章對《穀梁傳》的介紹比較簡略。作者認爲，《春秋》及《公羊傳》《穀梁傳》的價值不在所記之事，也不在記事之文，而在於孔子寄托的“大義”以及對“義”的箋釋。《左傳》“其事則詳，其文則富”，是有價值的史書或文學作品。

第十一章《〈論語〉述要》按照前人的説法，把《論語》前十篇稱爲《上論》，後十篇稱爲《下論》。作者認爲，《上論》的前九篇和《下論》的前八篇都是記孔子之言，尤爲重要。而“《下論》十篇，就編制、文體、議論，以及對孔子之稱謂，與所記孔子之事實按之，其内容俱不及《上論》十篇之純粹”。本章還將孔子之學説分爲教學、道德、修養或做人的方式、政治、倫理、哲理六方面加以分析，幾乎涵蓋了《論語》的内容。

第十二章《〈孟子〉述要》寫法與《〈論語〉述要》後半部分比較類似，本章没有把《孟子》七篇逐一介紹，而是把孟子的思想“挈領提綱地分做幾類”：一是論性，二是論教育，三是論修養，四是論道德，五是論政治，六是論立身處世之道，分别闡述，最後還比較了《論語》《孟子》文章之不同，認爲《論語》之長在“簡樸”，《孟子》之長在“宏肆”。

十三經介紹完畢之後，第十三章爲《經學史鳥瞰》，按照時間綫對經學史作了一番簡要的梳理。這樣的梳理，本不求全面，讀者能看明白即可。我們發現，作者對清代的經學評價尤高：“清代的經學，不但超越唐宋，而且軼過兩漢，實在是經學史中的黄金時代。”所以，本章介紹清代經學的篇幅也最多。作者根據梁啓超的分期法，把清代經學史分爲“啓蒙期”“全盛期”“蜕分期”“衰落期”詳加説明。最後，作者一再申明，回顧經學史並不是爲了開歷史倒車，而是旨在使讀者“了解固有的文化”，把它和世界文化結合起來，“胚孕出一種適合時代需要的新文化”，其高遠之用意，今天看來仍然通明，值得借鑒。

全書的最後一章爲第十四章《經今古文學》，就經學史上的今文經學與古文經學之争作了回顧，歸納了今文經學派與古文經學派的不同主張：首先是所列六經次序不同，其次是對於孔子印象不同，再次是所説古代制度不同。之後闡明了今文經學與古文經學的歧異對史學和文字學的影響。在本章最後，作者亮出了自己的鮮明立場：“我們現在研究經學，於這二大派之間，與其采取古文學，不如采取今文學。”他不否認古文經學有“客觀的近於歸納法的治學方法”，但感嘆“經今文學者借經義以譏切時政，却效孔子之以改制救世，也是學術界思想轉變的一種原動力啊”。在推崇今文經學方面，作者還特意引述了其好友、經學史家周予同在《經今古文學》中的一段話作爲佐證，讀者可以參看，兹不贅引。

《經學纂要》一書的内容大致如上。作爲一部普及性的介紹經書的讀物，它的特點也是很鮮明的。首先，它在結構設置上既重視每一部經書的介紹，又注重經學史的梳理，可謂有縱有横，縱横交錯，這比簡單羅列和簡介一部部經書的做法，學術含量和學術難度明顯更大，但讀者讀之，收穫也更多。其次，全書都滲透着濃濃的歷史意識，即使是介紹每一部經書，作者仍極重視經書撰述人的身份、經書傳授的源流、歷代解經的差異及與經書有關的史事，這都反映了一種强烈的歷史意識。該書不是就經説經，而是從更寬廣的歷史背景出發來討論經書和經學。最後，該書雖談論經學，却並不采用文言文或半文半白的寫法，行文簡明洗練，平易暢達，使讀者很容易深入經學之堂奥，真正了解經學。

當然，這是一部經學普及著作，而並非研究著作，書中雖多有具體判斷和見解，但在經學或經學史的大問題上，還是以總結和介紹前人成説爲主，這是我們必須承認的。蔣伯潛先生長期在中學和大學任教，編纂了很多教材，他非常善於把艱深複雜的學問用明白曉暢的語言來表述，讓讀者更容易接受。該書也具有這一特點。他曾經自謙地説："伯潛於經學，其卒不能專，不能深造而有得者。"[①]但能廣泛涉獵各部經書，條分縷析地在前人基礎上闡説相關問題，這不也是一種"深造有得"嗎？當年梁漱溟先生讀了蔣著《十三經概論》，曾有這樣的評論："蔣著於此，既資借前人研究，又出於他自己卓識，加以判别抉擇，多有昭示，俾我們避免陷於錯誤，不自覺知；亦或節省了我們許多思辨之勞。我贊其爲功非小者在此。"[②]這個評價，也同樣適用於《經學纂要》一書。

本書一九四四年由重慶正中書局初版，一九四六年由上海正中書局再版（第一版），此次整理以上海正中書局本爲底本，參考了岳麓書社一九九〇年出版的整理本，特此説明。

（作者單位：華東師範大學古籍研究所）

---

① 《十三經概論》，第三頁。

② 梁漱溟：《蔣著〈十三經概論〉讀後特志》，載《梁漱溟全集》第七卷，山東人民出版社，二〇〇五年，第八六一頁。

親友、學者與同仁：《上海圖書館藏孫毓修友朋尺牘》的三維解讀

丁小明

内容摘要：《上海圖書館藏孫毓修友朋尺牘》一書所收孫毓修友朋尺牘凡八百餘通，此書是目前所見的孫毓修及近代學人尺牘的大宗文獻。本文試從親屬、學者與藏書家及商務印書館同事等三個維度對這一文獻進行解讀，以期對孫毓修早年生涯、《四部叢刊》刊行及孫毓修與商務印書館同事交往等内容進行揭示，進而爲民國書籍史、學術史及孫毓修研究增磚添瓦。

關鍵詞：孫毓修；友朋尺牘；書籍史

《上海圖書館藏孫毓修友朋尺牘》原名爲《孫毓修親友手札》，現爲稿本二十册而收藏於上海圖書館，這二十册除第一册爲孫毓修抄釋道内容，並非尺牘，第二册爲孫毓修自撰尺牘的抄稿，其餘十八册皆爲友朋致孫毓修尺牘之原件。粗略統計，有各類親朋學友共八十五人所寫的尺牘五百七十餘通。此外，在上海圖書館館藏之外尚有遺珠，今得多方玉成，一併收入本書，爲區别於上海圖書館所收藏者，這一部分散見於拍賣及收藏家手中的孫毓修友朋尺牘一併編入本書的附録中。[①]就《上海圖書館藏孫毓修友朋尺牘》（以下簡稱《尺牘》）這一大宗文獻而言，柳和城在《孫毓修評傳》中曾以親屬、學者與藏書家及商務同事等三個維度對之進行歸納與利用，今仍延續這一思路，並着力於學者與藏書家這一維度對其進行更爲細密的解讀。[②]

① 《上海圖書館藏孫毓修友朋尺牘》附録有三，附録一中繆荃孫的三十五通尺牘爲蘇州收藏家馬驥所提供，葉德輝的七通尺牘與孫毓修早年家書均采自拍賣圖録，故圖像不甚清晰。附録二中的尺牘均爲馬驥收藏，且已出版，本次收録時對原書識文進行過校勘。附録三中的尺牘現藏於常熟鐵琴銅劍樓紀念館。

② 本文爲《上海圖書館藏孫毓修友朋尺牘》一書的前言，該前言原爲筆者與柳和城先生合作撰寫，柳和城先生撰寫“親屬”部分，筆者撰寫“學者與同仁”部分。於本處發表時，筆者將親屬部分重新撰寫，與原前言中内容迥異，但柳和城先生導夫先路之功不敢言忘，特此鳴謝！

一

親屬類尺牘主要在這批尺牘的第三册《孫巷來信》、第七册《南京來信》、第十二册《榮月泉手札》與第十三册《外家榮氏諸人手札》等。其中第三册署題爲《孫巷來信》，此册封面有孫毓修所寫尺牘内容之概要："四房屋單事（光緒卅三年）""祖墳單據收回事（宣統二年春）""鈿閣葬事（民國元年夏，舊曆之春也）""四嬸身後之事（民國四年乙卯春，舊曆甲寅十一二月間事）"，由此可見，此册中皆爲無錫孫氏晚清民國之家事，其中尤以孫毓修三叔曉山來信爲多，信中所記雖不免瑣碎之家常，但對瞭解孫毓修與無錫孫氏庭闈舊事不無助益。

《尺牘》附録中有一批孫毓修致"鈿閣主人"尺牘，其來源出自拍賣市場，這批尺牘是孫毓修早年（一八九五至一九〇三）就讀南菁書院及就職於蘇州中西學堂時期的家書。"鈿閣主人"者，乃孫毓修第一任妻子張氏，這批家書對瞭解孫毓修早年生涯有較重要的史料價值。在此不妨擇取其中數通稍作解讀，看看孫毓修夫妻家書中到底塵封着他們怎樣的悲歡離愁。先看這通：

> 二小姐清察：
>
> 奉來箋，驚喜交集。喜者，喜色笑之如見；驚者，驚貧寒之徹骨。現在試學洋文，但功名之念未必心灰。所幸秋闈尚遠，年内不妨從容於是，勉求糊口，誠如來諭，天意蒼茫，未知何日免此窮途耳。[①]

天意蒼茫，窮途無盡。在這通家書中我們看到一位飄泊異地的書生的真實境況，沉浮塵世，既要謀食糊口養家，又未灰功名之念，準備一試秋闈。同時又開始試學洋文，可謂徘徊於舊學新知之間。而"驚貧寒之徹骨"這一句，尤爲孫毓修這一家的經濟狀況打上醒目的印記。

在這批家書中有一通是夫人張氏寫給孫毓修的復音，再加上孫毓修的去信，夫妻間的來鴻去雁中雖盡是家常瑣事，却透着一股感人的温情：

① 丁小明、葉新、柳和城主編：《上海圖書館藏孫毓修友朋尺牘》，第四册，廣西師範大學出版社，二〇二三年，第三八〇頁。

夫子大人待右：

前奉寄諸仁法，奉上魚肝油五並（瓶），望即檢收。家中一切平安。大人與桂兒未知好否，念念。寄來之洋錢亦均收到，千萬珍重，不宣。

內信外附魚肝油五並（瓶），十九日。（張氏復音）

鈿閣主人鑒：

屢次奉書，竟無一復，深爲馳繫。桂兒從同鄉秦君子卿學笛，月送脩洋二元，自正月至今，堂中共送出洋玖拾元，今由洪泰源匯轉洋捌拾元，即望撿收，隨給收條爲要。昨日開堂共得十五人，手此，即頌春好，學修頓首。

初十日由局寄一函，內附洋信一封，送上津橋，未知已送去否，如有復音，隨即速寄。仁法之魚肝油寄來否，務望詳寫一復音。二月十三日午後。（孫毓修來信）[①]

孫毓修此信中，從兒子學笛之修金，到開堂學生人數，再到要張氏寄魚肝油五瓶，盡是些瑣碎家事。再看張氏回信則更簡約，寥寥數行，報平安之外，就是叮囑孫毓修與桂兒“千萬珍重”，但我們在百年之後讀之，仍能感到她筆札間那份沉甸甸的情愫。

在孫毓修親屬類尺牘中有一批署名爲“四嬸”者，這些尺牘涉及四嬸幫孫毓修打理其在無錫田地池塘等産業，定期爲其收租錢的經濟賬目。這些内容在之前的孫毓修研究全然没有涉及過，細細品讀這些材料，對於我們全面瞭解孫毓修的經濟情况不無助益。試看這通尺牘中：

張月泉租桑田伍元，小圭南租桑田四元（租池稱該租户，貧窮萬分，故未收到）。木匠店租桑田叁元。阿和叁元，房錢叁元（將要搬回，故僅付叁元）。扣去拾元，再除去房屋內桐油乙元，剩柒元。恂如大侄覽，嬸氏叩。四月十二。[②]

這通家書比較詳細交代了孫毓修在無錫的田池房屋及租户與租金的基本情况：田是種桑之用，池則是魚塘，還有出租房産，這些田地房産均是孫氏祖業。結合孫氏日記及相關文獻可知，孫氏世代以商爲業，其父孫志伊早年就曾在上海經商[③]，其家境雖不能算優

① 丁小明、葉新、柳和城主編：《上海圖書館藏孫毓修友朋尺牘》，第四册，第三八四—三八五頁。

② 丁小明、葉新、柳和城主編：《上海圖書館藏孫毓修友朋尺牘》，第四册，第二〇五頁。

③ 榮汝棻《孫志伊先生文稿事》：“孫君志伊，余妹夫而同學也。少游王草鋤先生之門。文既清通，因家世業商，奉父命服賈申江。顧君於舊時所學，未皆拋弃，暇輒温習經史，間及詩文。歲丙寅，省親旋里，以在申所作詩文就正於先兄作舟，先生頗許可。時鮑學使科試將近，因慫恿赴試，即於是案獲雋，由是謝弃賈事，一意向學，業乃日進。”

渥，説是小康之家大抵上還是成立的。由此聯繫之前孫毓修夫婦家信中所提及的"驚貧寒之徹骨"云云，筆者以爲乃是其一時窘迫之語，並非他家庭經濟的真實狀況。同時，在這批四嬸家信中有大量的孫毓修無錫家業的經濟收入的細賬，這些細節材料過去皆是學界所未知的，如能將之系統整理，再加以一定的解讀，對我們還原孫毓修早年生活無疑具有極大幫助。

在這批家書中還保存了一批孫毓修外家無錫榮氏諸人的尺牘。無錫榮氏在近代以商業起家，到民國初年已發展成富甲東南的望族。不過在這批尺牘中却讓人看到這個無錫商族作爲讀書人崇儒修文的另一面，如榮棣輝致孫毓修的尺牘中就有不少書人書事的內容，現摘録如下：

一

姑丈遺著已著録《清史·藝文志》，豈特一家之盛業，抑亦一鄉之光榮也。語曰："莫爲之前，雖美勿彰；莫爲之後，雖盛勿傳。"吾兄可謂善爲人後矣，甚佩。

二

江南館古書借出後想即付印，他日成書之後，有古書癖者，可厭足其欲望，而於流傳古書之旨亦甚得。此乃弟固極端贊成者也，甚以早覩厥成爲快。

三

借印江南圖書館藏書想在繼續進行中，掃葉樓頭當常有吾兄足迹也。

四

承賜《四部叢刊目録》，感謝之至。此誠藝林偉業，惜價須五六百元，要非普通人所能辦乎。

上列榮棣輝第一通尺牘所説的"姑丈遺著已著録《清史·藝文志》"是指孫毓修父親孫志伊的著作《禹貢彙解》被《清史稿》所收録一事，榮棣輝認爲此事不唯是"一家之盛業"，實乃"一鄉之光榮也"，欽佩贊嘆之情溢於楮墨間。而上列其他三牘，則皆是與《四部叢刊》刊印有關，前兩通所寫時間當是在孫毓修爲編印《四書叢刊》而訪書南京江南圖書館之際，所謂"掃葉樓頭當常有吾兄足迹"云云。《四部叢刊》竣成之日，榮棣輝在看過孫毓修寄贈《四部叢刊目録》後，既驚嘆這一工作爲"藝林偉業"，又因書價之昂貴以至於普通人無力致之而遺憾，其心緒的先後變化躍然紙上。

這批榮氏尺牘中最大宗當數榮善昌致孫毓修者。榮善昌（一八七一至一九三二），字吉人，乃榮德生族叔，應邀擔任榮德生創辦的無錫大公圖書館館長一職達六年之久。榮善昌姑母即孫毓修之母，其與孫毓修爲表親，兩人又同庚，故“少同里閈，長共硯席，形迹之親，愛敬之篤，自童年游釣，以速成人，實有過於尋常者”，可謂童稚情親，相交甚密。成人後分居兩地，郵筒往來，殆無虚日。榮善昌這批尺牘中除了家常事務，尤爲難得是其中頗多兩人文墨交往之事。一九二一年，無錫大公圖書館編成《無錫大公圖書館藏書目録》，榮善昌請孫毓修撰序。他收到孫序後復信云：“大序氣息深厚，令人雒誦不厭。欽佩！欽佩！兄前日在館見已收得序文四首，中惟錢子泉所作極意經營，可稱愜心，餘都隨意塞責而已。得大文不愁不爲該目生色矣。”另有榮善昌尺牘涉及爲孫毓修父親孫志伊文稿題跋事，榮善昌在尺牘中説：“姑丈遺墨之後，敬當遵命，於得當時書入數語，藉表采仰。兄十年來每説鄉先輩之最可敬愛者，莫姑丈翁。姑丈論學問著述，卓然成家，則行誼之刻苦，心地之和平，求之俗流，殊不易見也。九原可作，舍斯人吾誰與歸？”尺牘中所説的榮善昌爲姑丈遺墨的題跋也有幸被保存下來，作爲孫、榮姻親交誼的一份難得見證，其中更保存着孫毓修早年生涯的一份珍貴記録，兹録如下：

善昌童年有姑母三，次適孫公志伊，去余家不一里。姑母早世，未及多親色笑，獨與同庚表弟星如常共釣游，每恨别時容易，因於公之言論丰采，時得見聞一二，亦服膺之。公望星如切，教之特嚴，雖在童稚，動静必示之以體。余隨星如後，雅蒙公假以辭色，所受者温言和氣，而一種方嚴之度，足令人望而生畏，至今思之，猶凜凜如在目前也。公殁於光緒庚寅，距今垂三十年。所遺手稿，星如已釐之，上之史館。慨念公刻苦自勵，始終一節，其貧而樂道之概，實爲人所難能。身後榮名舊德獨出，固其宜矣。星如更輯此於敗簏中，什襲之，以傳示子孫。善昌竊謂即此吉光片羽，亦足以窺豹一斑，獨愧言之無文，不能□平生景仰之私，□焉百一，用以振靡而式浮，殊自悵也，夫復何言！内侄榮善昌敬識。[①]

這批尺牘中還有不少榮善昌代爲商務印書館尋書、購書的材料，堪稱當下書籍史與商務印書館史研究的珍貴文獻。先看這通尺牘：

委訪古書集（籍）甚難得，當以報台命。不識金石牌板亦在采集中否？有友

① 榮善昌《孫志伊遺墨題跋》，上海馳翰拍賣有限公司二〇一四年秋拍〇二四〇號。

人舊藏不完全之《宣和博古圖》八册（至大間初刊，宣和重修）。曾經識者許以二十元之價，現尚韞在櫝中，倘得善價，亦固願沽之也。如欲一觀，兄當爲設法寄來。……初八晨。①

這通尺牘的主要内容是榮善昌向孫毓修推薦友人所藏的元版《博古圖》。這通尺牘的落款時間是“初八晨”，但具體時間爲何，單單從尺牘中是無法考證的。恰好此事在《孫毓修日記》中也有記載：“天悶熱，非一雨不能清快也。榮吉人有信來，言鄉間有元本《博古圖》求售。屬其寄來一閲。”《日記》所記的具體時間是宣統元年十月初十，也就是一九〇九年十月十日，那麽這通尺牘的寫作時間當是一九〇九年十月八日。日記中關於此事的後繼情况仍有記載：“榮吉人表兄代其友寄來嘉靖蔣刻至大重修《博古圖》殘本六册，與張菊生共觀之，還價六元。”這則日記記載的時間是十一月四日，同時，在這批榮善昌尺牘也可找到對應一通：

《博古圖》確係宣和間物，而至大時曾修輯，現存六本（前言八本，友人誤記如此），原係盡餘（上所云之，悉據友人自述，兄却至今尚未寓目）。遲至廿七八鄉間有船來申，當奉承展覽，以慰快睹之願。②

這通尺牘上没有落款時間，不過通過《日記》的時間可以推知這通尺牘當寫於一九〇八年十一月四日之前，甚至會早於一九〇八年十月二十七日。衹是，在《孫毓修日記》中所記的《博古圖》版本爲“嘉靖蔣刻至大重修《博古圖》”，與榮氏“《博古圖》確係宣和間物，而至大時曾修輯”的説法是有出入的，這一認識上的差異最終也影響了《博古圖》一書的成交，其過程具見這通尺牘所載：

日昨接奉一手翰，知所呈《博古圖》確係殘本，且係翻版，其物件似無可寶貴，但友人尚存敝帚千金之想，弟屢勸送，却而未允。望隨船帶下，以便送還，而請经手。至禱至禱。……廿日。③

① 丁小明、葉新、柳和城主編：《上海圖書館藏孫毓修友朋尺牘》，第三册，第三一一頁。
② 丁小明、葉新、柳和城主編：《上海圖書館藏孫毓修友朋尺牘》，第三册，第三一六頁。
③ 丁小明、葉新、柳和城主編：《上海圖書館藏孫毓修友朋尺牘》，第三册，第三一八頁。

未能成交而將原書寄回的結局在《孫毓修日記》亦有記載："吉人信來，云《博古圖》前途不肯出售，即托鄉航寄還。"其日記時間爲一九〇八年十一月二十四日，那麽上引的榮善昌尺牘的寫作時間則是一九〇八年十一月二十日。

二

孫毓修自稱"予自二十五歲，出交天下之士，即知寶愛師友手札"，檢之本書，可知孫氏此言不虛也。其友朋尺牘中往來的學者與藏書家有繆荃孫、沈曾植、徐乃昌、瞿啓甲、丁秉衡、葉德輝、顧葆和、章梫、劉承幹、劉世珩、錢選之、廉泉、吴稚暉、趙詒琛、丁福保、羅振常等人，尺牘中所及種種紛繁的書人書事，當爲研究民國書籍史及學術史的一份難得史料。今擇其中有大宗尺牘往來者，如繆荃孫與瞿啓甲兩者，試作解讀如下。

繆荃孫（一八四四至一九一九），字筱珊，晚號藝風，江蘇江陰人。著名藏書家、版本目録學家，曾任南菁書院山長，主講古學。繆是孫毓修所敬重的前輩學者。張元濟一九一〇年初曾致函繆氏，向他介紹孫："明春將有環球之行，約爲半年爲限。此間購書抄補等事，均托無錫孫君星如經理，謹爲先容。"張離滬前再次致繆函，説明此事。《藝風老人日記》庚戌二月初八（一九一〇年三月十八日）記："接張菊生信，旋與孫星如一信，即菊生所托者。"這封信保存在《孫毓修親友手札》第二十册之中。繆氏函云：

> 星如仁兄大人閣下：
>
> 久仰盛名，未聆雅教爲歉，惟起居百福、著述千煉是頌。弟與菊生多年至好，嗜書尤有同志。囑鈔補《經解》，因圖書館忽云獨立，忽云裁併，恐圖籍遺失，立與封鎖。現司道議决仍歸獨立，月發千金爲常款矣。丁善之，錢塘人，修甫之世兄，在局中管書。昨已借《周禮》，交寫官，在館趕寫。弟告白仍懇代登（報費請墊歸鈔資矣），改四字，尤爲周到。費神！下月到滬面謝。菊兄已行，弟本擬今日走送，亦無及矣。手箋。敬請升安。諸希朗鑒百益。弟繆荃孫頓首。[①]

同年四月，繆荃孫抵滬，兩人見面。繆氏《日記》云："三月二日到商務印書館，晤孫莘如（毓修），交《非詩辨妄》二卷，看其收藏書籍，以《草堂箋杜》爲最，《通

① 丁小明、葉新、柳和城主編：《上海圖書館藏孫毓修友朋尺牘》，第四册，第三五—三六頁。

志》次之，鈔本不少。”此後繆奔走於南京、北京之間，籌劃江南圖書館和京師圖書館，與孫時有通信往還，其中涉及二館籌辦情況的信不少，當爲珍貴的近代圖書館史料。辛亥革命後，繆定居上海，兩人交往更多了。孫向繆借書、求題跋、請觀賞自己的藏書，繆則向孫贈送自己刊印的著作、托購商務出版的書籍，等等。繆《丁巳日記》五月二十九（一九一七年七月十七日）記：“孫莘如送其尊人手稿及《安先生日記》來，即復。”此復書今存於《孫毓修親友手札》中，函云：“《安氏游記》，録副仍繳。先德墨迹，即題，俟稍愈。《清史藝文》必可收入，具履歷交弟，而將不知民國仍續修否？”《安氏游記》即孫毓修所得無錫鄉賢手稿《安希范游記》，極爲珍貴。“先德遺墨”，當指孫父孫志伊《禹貢匯解》稿本。繆荃孫時在病中，收到孫氏送來的兩種稿本後當即作復，可見二人的關係非同一般。

再如孫毓修寫作《中國雕板源流考》過程中，經常請益於繆荃孫，得到繆的點撥。如他撰寫《官書》一節，曾收集五代監本資料，編成表釋一份，寄繆荃孫求正。繆復信稱贊道：“《五代監本表釋》精確之至，佩甚。”在另一封信中又告訴孫幾則宋元時代家塾本的史料：

> 宋本《東都事略》目録後木記云“眉山程舍人宅刊行。已申上司不許覆板”兩行；元本《古今韵略舉要》有陳案告白云“竊恐嗜利之徒，改換名目，節略翻刊，致誤學者，已經所屬陳告，乞行禁約。收書君子伏幸藻鑒”云云。睹“已申上司”“已經所屬陳告”，雖無見之律文，然已是公例。[①]

孫氏書中不僅多處闡述宋元以來家刻、坊刻的牌子鋪號問題，還明確提到“眉山程舍人家刻《東都事略》”一書，顯然吸收了繆所提供的材料。關於清武英殿刻書一節，可以説受繆荃孫點撥最爲明顯。孫著云：

> 武英殿刻書，未知始於何時。今考《御定全唐文》及《歷代詩餘》，皆刊於康熙四十五六年，而何義門在康熙四十二年已兼武英殿纂修，則由來已久。今考《東華録》正續，乾隆朝在武英殿開雕書籍，見諸諭旨者……[②]

① 丁小明、葉新、柳和城主編：《上海圖書館藏孫毓修友朋尺牘》，第四册，第三頁。
② 孫毓修：《中國雕版源流考》，上海古籍出版社，二〇〇八年，第十二頁。

對照今存繆荃孫復孫毓修的一封信，内容甚至語句都相似。請看：

手示誦悉。武英殿聚珍版譜無特諭，止有奏摺批語，武英殿修書亦不知始於何年。何義門康熙四十二年兼武英殿纂修，《圖書集成》之纂似亦當在武英殿，可於《東華録》聖訓、《日下舊聞考》内求之。[①]

據《藝風老人日記》記載，從庚戌至己未（一九一〇至一九一九）出現孫莘如名字不下百餘處，兩人通信達數十封。現存於《孫毓修親友手札》中的繆氏信函有三十八通之多。孫毓修向友人説到與繆的交往時謂“弟雖未列門人之籍，而亦不無知己之感。中邙帳秘，半曾窺見”，“造談之頃，往往引之入室，出以相賞”。人們稱孫氏版本目録之學得益於繆氏，也不無道理。在繆荃孫身後，孫毓修致信繆荃孫子繆子受，欲購繆氏藏書以爲紀念，其云：“區區之意在分得藝風堂一麟片甲，藉寄羹墻之意，更不敢與兄論價也。”此亦可爲繆、孫學緣一證。

常熟鐵琴銅劍樓爲晚清四大藏書樓之一，其第四代主人瞿啓甲先生與孫毓修交情頗深，兩人的相識、相知的過程在《孫毓修友朋尺牘》中具具可見。一九一九年十月九日，時任商務印書館經理、主持日常事務的張元濟偕孫毓修赴常熟古裏訪問瞿啓甲，此行的主要目的是商借鐵琴銅劍樓藏書以印行《四部叢刊》，張元濟、孫毓修在飽覽瞿氏藏書的同時，得到瞿啓甲應允列名刊行《四部叢刊》，可謂不虚此行。孫毓修返滬後即致函瞿啓甲云：

夙仰清芬，彌深眷戀。兹從葉焕彬、張菊生諸老之後，翩然進謁，暢奉音塵，快睹清秘，重以郇厨侯鯖之奉，感謝何言。雖帆影車塵，爲時甚暫，而夢魂猶在虞山琴水間也。《四部叢刊》幸承提倡，嘉惠之心，昭然若揭也。見賜金石拓本，敬當計襲日志弗諼。藝老一份，頃已面致，屬寄聲道謝，令親丁秉衡、顧蘭澤、龐北海諸君，並祈代致拳拳。己未八月二十日（一九一九年十月十四日）。[②]

從“暢奉音塵，快睹清秘”到“《四部叢刊》幸承提倡，嘉惠之心，昭然若揭也”，可以想見孫毓修的此次常熟之行可謂賓主兩歡。其後兩人頻繁通信，商量《四部叢刊》刊

① 丁小明、葉新、柳和城主編：《上海圖書館藏孫毓修友朋尺牘》，第四册，第五頁。
② 丁小明、葉新、柳和城主編：《上海圖書館藏孫毓修友朋尺牘》，第四册，第一二〇頁。

印及瞿氏印行《鐵琴銅劍樓宋金元本書影》《前明常熟瞿氏四代忠賢遺像》等書的具體事宜。如瞿啓甲編印《鐵琴銅劍樓宋金元本書影》一事，檢之《孫毓修友朋尺牘》可知，在瞿啓甲印行此書時，孫毓修從定名、選目到撰序，事無巨細，皆參與其中，鼎力相助。可以説，若不是《孫毓修友朋尺牘》中所保存的瞿、孫往來尺牘，則“爲他人做嫁衣裳”的孫毓修幾有被湮没的可能。

衆所周知，影印書影類古籍首要之事莫過於確定書名與體例這樣的基礎性工作。衹是對於研究者而言，除了《鐵琴銅劍樓宋金元本書影》一書中序跋會略有言及這些信息，更細節的過程幾乎無從考索了。當然，正是因爲有《孫毓修友朋尺牘》這樣的文獻存在，纔讓我們有可能獲知當年瞿啓甲、孫毓修在編刊此書過程中是如何討論諸多細節的。以下兩通就是瞿啓甲、孫毓修之間關於此書體例的往來尺牘：

星如吾兄有道大人閣下：

近日迭接惠書，藉悉種切。承示及照印留真《書影》，物料均已預備，深感之至。但格式尚未商定，未敢即煩付照。弟擬體例數種録呈台覽，務祈卓裁示知，以便遵行，並希轉商菊生先生爲禱。繆刻《留真譜》一本，已交朱先生寄奉，諒早登記室。弟擬俟閣下裁定後即當檢集各書，奉煩照印。此書共有二百多頁，可分裝兩本，約印五百部，所費甚巨，一切費用皆由貴館負擔，未免受之有愧，將來如何酬報，容再圖之。……即請暑安。弟瞿啓甲鞠躬上言。兒輩隨叩。夏曆六月十一日。

瞿氏所擬體例

一、書名定《鐵琴銅劍樓宋本書影》。

一、每書印正文第一頁，如原書殘本，亦印所存之正文第一頁。前後有題跋者並印入每書之後。

一、所印各書以經、史、子、集照書目上排前後。

一、每書照時匡外加寫一紙條，用“鐵琴銅劍樓宋本某部書影”十一字照在正文下半頁上角匡外。再，照印各書可否若珂羅板絲毫無異，悉如原書？務希轉商印刷諸君爲禱。[①]

以上一通爲瞿啓甲致孫毓修者，究其内容，即專爲討論《書影》書名及相關體例而

① 丁小明、葉新、柳和城主編：《上海圖書館藏孫毓修友朋尺牘》，第四册，第四五一—四五三頁。

作。信中瞿氏不唯確定書名爲《鐵琴銅劍樓宋本書影》，還規定幾條影印原則，如影印時選用每書第一頁，如原書殘缺，則選所存内容之第一頁；前後有題跋者亦印入每書中；印書以四部爲順次，每頁外框加寫“鐵琴銅劍樓宋本某部書影”云云，其考慮不可謂不細緻。此外尚有一些印書的細節，如共印五百册、印費由商務承擔等等，如不檢之瞿氏尺牘，恐亦無從知之了。而對於瞿啓甲這通討論體例的重要尺牘，孫毓修復信亦爲細緻，最後甚至附上印製此書的估算工價，可謂周詳之至。儘管孫信甚長，但因其内容重要，故全録如下：

得六月十一日手書，謹悉一一。朱君來函云承賜西瓜、藥餌與工作人等，曷勝感謝。所示《書影》辦法，甚善甚善。弟二條云：每書印正文第一葉，前後有題跋者，並印入每書之後云云。既印留真，存古書之面目，後輯題跋，見版本之源流，盡善盡美，無以復加。然宋版書或無題跋，或連篇累葉，多屬空言，無關版本，徒占篇幅。竊以古刻源流，君家《藏書志》考據極精，今第摘録數語，寫入闌外（擬於每葉右邊闌外寫“鐵琴銅琴［劍］樓藏本”一行，左邊闌外摘録《藏書志》中要語）。或仿袁二之式，前列書影，另以解題排印在後，亦甚整齊。鄙見如是，尚希卓裁。尊意付印擬用玻璃版，頃與敝廠商及，知玻璃版所用鏡頭片子，均與石印者不同，亦非在尊處之照工孫姓所能。兄如不喜石印，可改用金屬版，其效用與玻璃版不相上下，印五百部所費比石印爲多，然弟輩决不計較及此也。

菊生先生屬筆致意。9-8-2[①]

孫毓修復信所涉内容有兩者。一者是瞿啓甲所定體例第二條所選書如有題跋要不要加的問題，孫毓修意見與瞿啓甲相左，孫認爲“宋版書或無題跋，或連篇累葉，多屬空言，無關版本，徒占篇幅”，其意是不加題跋，並向瞿氏提出自己的處理方案：“竊以古刻源流，君家《藏書志》考據極精，今第摘録數語，寫入闌外。”换言之，孫毓修建議從《瞿氏藏書志》中摘録相關内容，寫在欄外，以代替那些“累葉空言”的題跋。再者就是瞿氏前札詢及這部書是否用珂羅板（即玻璃版）影印，孫毓修答復是：“玻璃版所用鏡頭片子，均與石印者不同，亦非在尊處之照工孫姓所能。兄如不喜石印，可改用金屬版，其效用與玻璃版不相上下，印五百部所費比石印爲多，然弟輩决不計較及此也。”也就是因照相技術的不同，《書影》衹能用石印或金屬版印製，不過孫毓修保證

① 丁小明、葉新、柳和城主編：《上海圖書館藏孫毓修友朋尺牘》，第四册，第四五三頁。

其效果與瞿啓甲希望的"絲毫無異"的珂羅板不相上下。

當然，因爲鐵琴銅劍樓在晚清民國藏書界的重要影響以及瞿、孫二人在民國學界、藏書界的廣泛交往，關於影印書影一事的討論遠不止瞿、孫兩人之間。比如一九二一年初，葉德輝得知瞿氏與商務合作編印《書影》，兩次致函瞿啓甲商榷書名。辛酉正月初三日（一九二一年二月十日）函稱："'留真譜'之名空闊無著，'書影'亦隔一層，鄙意定名爲《宋元書範》，或《古書類範本》。張叔未先生《清儀閣題跋・蜀銅範》之説，或有當也。"瞿啓甲在得葉氏信後復致信孫毓修，徵求孫毓修對葉德輝易名爲"書範"的意見，其信落款時間爲夏正十三，即葉氏寫信之後的十日，其云："葉煥彬來函，云及敝刊《書影》名稱尚覺少當，宜仿張叔未先生《清儀閣題跋》蜀銅範之説義，更名爲《宋元書範》，或有當也。所論如此，當請卓裁是幸。……夏正十三日。"孫毓修得到瞿啓甲此信後的五天復信闡明自己的看法，其云：

> 得十三日惠書，欣悉台從將以下月游滬，良睹匪遥，不勝盼切。元版書欲補照數頁，自應遵辦，請將原書携至可也。葉煥彬函商改"書影"爲"書範"，未審尊意如何？鄙意竊謂不然，俟面時再論。尊目有叢書書抄本柳開《河東集》，不知第十卷首頁完全否？希望煩查示爲荷。（辛酉）正月十八日（一九二一年二月二十五日）。[①]

儘管葉德輝言之有據，但"書範"一詞畢竟太古，缺乏現代氣息。所以孫氏在信中直截了當地説道："鄙意竊謂不然，俟面時再論。"又孫氏托查《河東集》，爲《四部叢刊》輯印用，補照元版書及討論書名皆爲編印《書影》。此信至少提供兩條相關信息。其一，《書影》收録各書攝照似與商務借印各書同時完成於古裏，翌年瞿擬增加幾種元版書，則送至上海補照。其二，書名最後采用孫毓修的意見，未用"書範"。又如瞿啓甲致孫毓修一通尺牘也討論了葉德輝關於《書影》不加黄跋的意見，具體如下：

> 初一、初六兩日承迭頒瑶章，均經讀悉。尊示葉煥翁所論《書影》不加書後黄跋，固屬《書影》之本旨，確是高見。昨已與子戴、君宏、芝蓀等商酌，皆云苟加書後附刊黄跋，不特可引起閲者之興趣，並可證明所刊之不僞，亦書林掌故中不可少之物也。弟再四思維，擬仍踵始議。書後已托芝蓀删改，約旬餘日即可寄呈。[②]

---

① 丁小明、葉新、柳和城主編：《上海圖書館藏孫毓修友朋尺牘》，第四册，第一〇四頁。

② 丁小明、葉新、柳和城主編：《上海圖書館藏孫毓修友朋尺牘》，第四册，第四六三頁。

儘管葉氏此信今不可見，但其影印書影而不加題跋的意見在瞿啓甲信中是明確的。當然，這一意見孫毓修極有可能也是贊同的，否則不會專門提出葉氏這一意見。並對於這一意見，瞿啓甲在與宗舜年、丁祖蔭、趙寬等人商量之後的決定是不從葉氏意見，其理由在信中亦有申明，一是書後附加黄跋一者會“引起閱者之興趣”，再者“也可證明所刊之不僞”。無獨有偶，本次出版的《孫毓修友朋尺牘》的附録中還收蘇州收藏家馬驥先生所收藏的宗舜年致孫毓修尺牘一批，其中有一通也有涉及影印書影要不要加黄跋這一話題，其云“良士《書景》焕老所論極正當，良士與丁初、我之意則爲兼景蕘翁跋者，所以引起觀者興趣”， 其意與瞿啓甲完全一致。宗氏在信中提及解題撰寫，以爲在不傷雅道之前提下而注重此書的營業性質云云。由此可知，在《鐵琴銅劍樓宋金元本書影》刊印過程中，瞿啓甲、孫毓修、葉德輝、宗舜年、丁祖蔭、趙寬等學者紛紛登場，各抒己見。而孫毓修在《鐵琴銅劍樓宋金元本書影》編印的過程中，其身份頗似所謂“責編”，他事無巨細，全面參與此書編審工作，瞿啓甲也很重視他的意見，在遇到有争議之處，基本上是先徵求其意見，然後再與多方友朋商量而後確定。

三

從孫毓修的履歷來看，他從一九〇七年初進入商務編譯所到一九二三年去世，在商務印書館辛勤耕耘了十六年。可以説，商務印書館爲孫毓修提供了展示他個人才華的廣闊舞臺，孫毓修也爲商務印書館編譯大量具有創新意義的暢銷圖書及期刊，爲商務印書館贏得了市場與巨大利潤。在這十六年中，孫毓修與商務同事張元濟、高夢旦、蔣維喬、蔡文森、孫壯等人有着較頻繁的公私交往，作爲這些交往的重要見證之一的往來尺牘中的絶大多數而今都保存在《孫毓修友朋尺牘》中。在這些商務印書館同事中，與孫毓修關係最爲密切的當屬商務印書館總經理張元濟先生。本處就以張元濟致孫毓修系列尺牘爲例來解讀孫毓修的商務歲月。

在《孫毓修友朋尺牘》中保存一通張元濟寫給沈縵雲的尺牘，儘管收信人並非孫毓修，事實上正是這通尺牘改變了孫毓修的命運，具體如下：

縵雲仁兄大人閣下：

敬啓者，昨由敝館總理夏瑞翁交來孫君毓修《地理讀本敘言》十葉，云係閣下介紹，願來館裏辦編譯事宜。當與同人展讀一過，至爲欽佩。孫君現居何處？年歲幾何？曾在何處學堂肄習英國文字？抑曾留學外洋？敝處極願延聘。每月約需脩脯幾何？能否來滬每日到敝所辦事？統祈示知，以便酌定，再行奉覆。孫君如在滬上，並祈開示住址爲荷。再敝所預備膳宿，不過商業性質，多所簡略，合併奉聞。[1]

從這通尺牘可知，一九〇七年春，孫毓修的親戚張雲樵找到無錫同鄉沈縵雲，請沈介紹孫給商務印書館當局，並托沈轉呈孫毓修《地理讀本叙言》。沈縵云將孫毓修這篇文稿交給夏瑞芳，夏則將孫文轉給了張元濟，而張元濟在讀到《地理讀本叙言》時，立刻意識到孫毓修這樣精通英文的人才正是商務印書館編譯所亟需的，所以寫信給沈縵雲，從張元濟信中所提的"孫君現居何處？年歲幾何？曾在何處學堂肄業英國文字？抑曾留學外洋？敝處極願延聘。每月約需修脯幾何？能否來滬每日到敝所辦事？"等一系列問題可知，張元濟急切地想瞭解孫毓修的具體情況，其求賢若渴的心態躍然紙上。這通尺牘的落款時間爲二月初七（三月二十四日），據孫毓修《起居記》所記，他在二月十八日正式入職商務印書館，這其中既可見商務印書館辦事之迅速，也可見張元濟用人之果決。

孫毓修自入職商務工作直至逝世，其長達十六年的商務生涯可分爲前期（一九〇七至一九一五）與後期（一九一六至一九二二）兩階段。前期主要從事編譯和涵芬樓圖書館管理，後期主要協助張元濟輯印《涵芬樓秘笈》和《四部叢刊》等古籍整理工作。當然，無論是前期還是後期，孫毓修在商務所從事的這些工作在張元濟尺牘中皆有大量的細節可以檢尋。如從一九〇八年開始孫毓修開始爲商務印書館編譯所圖書館購置各種圖書，其後成立涵芬樓圖書館，孫毓修任館長，其間張元濟尺牘中頗多談論收書之事，内容亦涉及涵芬樓所收古書。現摘録數通：

黟縣夙多嗜古之士，其所藏書當有可觀。樣本到後，即祈示。（十月初三）

明日擬赴蘇州顧氏看舊書。我公如願偕往，請於明晨七點三四十分鐘在車站相見。如遇陰雨，均改期。（五月初五）

奉到手示，知西史一册業經覓得，甚慰甚慰。城内舊書，今日復往觀看，頗有善本，業已購定，明日即須前往檢點。……吾兄如有暇，可否於明日上午十一點鐘前至弟處午餐，飯後即入城，想亦以先睹爲快也。（七月廿七）

① 丁小明、葉新、柳和城主編：《上海圖書館藏孫毓修友朋尺牘》，第三册，第六五—六六頁。

這幾通尺牘約寫於一九〇八年至一九〇九年。“蘇州顧氏”爲過雲樓。“城内舊書”爲太倉顧氏聞齋舊書。“西史一册”，書名不詳，但由此可知孫氏采辦的不僅是古籍，外國書也在此列。一九一〇年張元濟出國考察前，特致信繆荃孫：“明春將有環球之行，約爲半年爲限，此間購書抄補等事，均托無錫孫星如先生經理，謹爲先容。”可見對孫氏的倚重之深。

孫毓修在商務後期工作主要轉向《涵芬樓秘笈》與《四部叢刊》兩部大型古籍叢書的編印之上，特别是在《四部叢刊》的編印過程中，要大量商借各地公私藏書，廣泛聯絡諸多藏書家及學者，前及孫氏與鐵琴銅劍樓尺牘往來商討，其所涉之衆者即爲《四部叢刊》之事。而張元濟與孫毓修往來的尺牘中所涉《四部叢刊》編印事務則更爲繁細，兹舉數通尺牘爲例：

僧家詩所收獨多，而道士、閨秀、外域三者闕如，終覺不稱。擬添數種如下：

《杜光庭集》〔1〕（蜀道士，此集相傳皆鈔本，意《道藏》必收。今《石門文字禪》等書皆用釋藏本，再采《道藏》一二種，亦無不可）。

《魚玄機集》〔2〕（宋本，在丁梅軒處，連跋有數十葉，可成一本）〔3〕。

《迴文詩》〔4〕（館有鈔本）。

《桂苑筆耕集》（唐時高麗人。毓修有高麗舊刻本，比收藏家所得高麗活字本爲古）〔5〕。

〔張元濟批注〕：

〔1〕此可添。〔2〕閨秀似可不收，且已有數刻矣。〔3〕此已歸潘君明訓矣。〔4〕此似小家數，不收亦可。元濟。〔5〕此亦可添。

〔張於信端加注〕：星如先生。

〔信末加注〕元濟　8／12／29。①

一九一九年十二月，《四部叢刊》第一期書目已經基本確定，孫毓修就選目調整致信張元濟，張元濟在信中有多處批注。從後來編印出版的情況來看，基本下還是以張元濟批注的意見爲主。

再如《四部叢刊》每次出書，都附有一份題解或書録。現存張元濟致孫毓修的信中曾多次提及題解寫作事。如一九一九年十二月十一日張信云：“《四部叢刊》第二批書

① 丁小明、葉新、柳和城主編：《上海圖書館藏孫毓修友朋尺牘》，第三册，第六一頁。

請早日選定，以便繼續進行。第一批題解亦請預備。第二批書應否預告，亦乞與夢翁一商。但第二批書不能全數决定，此爲一問題。鄙意已决定者可撰題解，未定者但列書名，此亦不得已之辦法。”一九二一年五月一日張信又云：“第三期書録前示已在謄稿，想當畢矣。即乞擲下爲荷。月杪，三期書可出版矣。”這些材料不僅説明書録出於孫氏手筆，而且經張元濟審定。一九二二年底全書即將刊成，孫毓修將全部書録彙編成一册，並有“復依四部次第，以排比之。仿近代藏書志之體，述其名數、版本、收藏圖記，粗具綱領，冠以全書之首，以便稽覽”這樣的説明文字，當然，這一系列的書録類紹介應是出自孫孫毓修無疑。此外，作爲商務同仁的張元濟與孫毓修亦有頗深的私交，如張元濟尺牘中爲孫毓修家人延醫治疾，關心孫毓修子孫貴定的留學生活，孫毓修有鼓盆之戚亦殷殷勸慰。凡此種種，皆可爲孫毓修研究不可多得的第一材料，可謂彌足珍貴。

如上所論，依照親屬、學者與藏書家及商務同事的三維身份來解讀《上海圖書館藏孫毓修友朋尺牘》這一大宗文獻，從這三維身份者與孫毓修往來尺牘中摭拾相關史料，用以還原孫毓修人生與志業。當然，因篇幅所限，此處衹能擇取較重要的材料，在勾勒孫氏其人的同時，略舉其學其事之要者而已。筆者深知，此固不能以盡言孫毓修這位民國學者的風貌幽懷，而區分三重身份的維度既有視覺的便利，亦有觀看之盲區，如學者、藏書家與商務同事的維度中其實是有着重叠區域，他們志趣甚至利益實難遽分。這一維度的區分其實也涉及如何解讀友朋尺牘這一大宗文獻的問題，即所謂“重人”還是“重事”的問題，就吾國歷史研究而言，“重人”研究未必在於求得個人之真實歷史，更多則是在人物研究中樹立善惡標準，進而予以褒貶而警世。當然，從這一角度來説，友朋尺牘所能提供的細節材料或許能推動“重人”之研究向縱深發展。但筆者以爲，友朋尺牘研究更要重視“事”這一維度的拓展，就孫毓修友朋尺牘而言，如能圍繞《四部叢刊》編印這樣的大事件，充分利用這批尺牘及相關資料進行全面解讀，或許還能在商務印書館館史、現代書籍史與上海文化史這樣更大的空間中發揮這批尺牘的效用。不賢識小，此處權作抛磚之舉，期待學界有心之人繼續重視與利用這批重要的尺牘文獻。

（作者單位：華東師範大學古籍研究所）

論東晉時國家儒學教育的衰頹與世族高門教育的興盛

丁紅旗

内容摘要：東晉時期，雖然高層者如王導、戴邈等一直倡言興復國學、敦崇儒學，以有效培養國家需求的人才，但一直未能如願，甚至頑嚚學子還“焚房百餘間”，放火燒了國學的房舍。這有其背後的深層原因。在此情形下，儘管整個的士族格局未變，一直憑陵、凌駕於皇權，但具體到某一士族，還不得不爲一己的門第而努力，即充分利用一己的教育資源來教育子弟，以求光大門户。這也是東晉時士族文化興盛的根本原因。不過，在東晉末皇權力求越過士族、徐圖振興的背景下，士族在文化上的發展受到了一定的遏制。

關鍵詞：東晉國學廢止；家族教育；皇權振興

陳寅恪在《崔浩與寇謙之》中曾論：“東漢以後學術文化，其重心不在政治中心之首都，而分散於各地之名都大邑。是以地方之大族盛門乃爲學術文化之所寄托。中原經五胡之亂，而學術文化尚能保持不墜者，固由地方大族之力，而漢族之學術文化變爲地方化及家門化矣。”[①]其實，這一問題，還可以從另一個角度——東晉時國學的廢興以及士族高門的教育來窺視，而進一步明瞭其深刻的含義。對這個問題，一時未有多的深論，今試論析如下：

① 陳寅恪：《崔浩與寇謙之》，載《金明館叢稿初編》，生活·讀書·新知三聯書店，二〇〇一年，第一四七—一四八頁。

一、東晉時國學的屢興不起

對東晉一代儒學的興廢，《晉書》卷九一《儒林傳》序曾這樣概述：

> 元帝運鍾百六，光啓中興，賀、荀、刁、杜諸賢並稽古博文，財成禮度。雖尊儒勸學亟降於綸言，東序西膠未聞於弦誦。明皇聰睿，雅愛流略；簡文玄嘿，敦悦丘墳，乃招集學徒，弘獎風烈，並時艱祚促，未能詳備。
>
> 有晉始自中朝，迄於江左，莫不崇飾華競，祖述虛玄，擯闕里之典經，習正始之餘論，指禮法爲流俗，目縱誕以清高，遂使憲章弛廢，名教頹毀，五胡乘間而競逐，二京繼踵以淪胥，運極道消，可爲長嘆息者矣。

賀、荀、刁、杜諸賢分別指賀循、荀崧、刁協和杜夷。賀循，會稽（今浙江紹興市）山陰人，吴地土著高門，以《禮》學傳家，“其先慶普，漢世傳《禮》，世所謂慶氏學”，時“朝廷疑滯皆諮之於循，循輒依經禮而對，爲當世儒宗”。[①]荀崧，據《晉書》卷七五本傳，出自潁川（今河南禹州一帶）荀氏高門，魏太尉荀彧玄孫。這一家族有熟習經書的傳統，是文化士族，如荀彧的第六子荀顗“博學洽聞”，“明《三禮》，知朝廷大儀”，曾“爲魏少帝執經”。[②]荀爽的曾孫荀勗“博學，達於從政”，以撰《中經簿》、整理汲冢書著稱，是目録學史上一位重要人物。元帝踐阼，徵拜尚書僕射，使荀崧與刁協“共定中興朝儀”。刁協，渤海（今河北滄州一帶）人，《晉書》卷六九有傳。元帝初期，“於時朝廷草創，憲章未立，朝臣無習舊儀者。協久在中朝，諳練舊事，凡所制度，皆禀於協焉，深爲當時所稱許”[③]，以諳習中朝禮儀著稱。杜夷，《晉書》卷九一有傳，廬江（今安徽六安一帶）人，“世以儒學稱，爲郡著姓”，建武中任國子祭酒，皇太子曾三至其第執經問義，“國有大政，恒就夷諮訪”[④]，地位甚爲尊崇。這四人均以禮學擅長，也都參與構建了東晉初期的各種禮儀制度，因此史臣稱爲“財成禮度”，成就了東晉的各種禮儀制度。

至於“尊儒勸學”之言，東晉以來一直未絶，最早可追溯到時任驃騎將軍的王導。

---

① 《晉書》卷六八《賀循傳》，中華書局，一九七四年，第一八二四、一八三〇頁。

② 《晉書》卷三九《荀顗傳》，第一一五一、一一五〇頁。

③ 《晉書》卷六九《刁協傳》，第一八四二頁。

④ 《晉書》卷九一《杜夷傳》，第二三五三、二三五四頁。

建武元年（三一七），在兵戈紛擾、凡百草創之際，王導就建言興學：

> 自頃皇綱失統，頌聲不興，於今將二紀矣。傳曰“三年不爲禮，禮必壞；三年不爲樂，樂必崩”，而況如此之久乎！先進忘揖讓之容，後生惟金鼓是聞，干戈日尋，俎豆不設，先王之道彌遠，華僞之俗遂滋，非所以端本靖末之謂也。……誠宜經綸稽古，建明學業，以訓後生，漸之教義，使文武之道墜而復興，俎豆之儀幽而更彰。①

鑒於“皇綱失統，頌聲不興”、“俎豆不設”、禮樂荒廢日久的現實，王導提議應急切興復學校，因這是培養大批人才、治理國家的根本措施。這一點，在“干戈日尋”、立國未穩的情況下似爲不急之務，但王導還是以一位政治家的遠見和敏識，洞察到興學的深遠影響，因爲一旦“庠序設，五教明”，就能“德禮洽通，彝倫攸叙，而有耻且格，父子兄弟夫婦長幼之序順，而君臣之義固矣”，整個社會就能重新回到穩定、有序的軌道上來，重要的是還能化人至深、威德遠布。同時，散騎常侍戴邈也附議興學，其亦痛心於“目不睹揖讓升降之禮，耳不聞鐘鼓管弦之音，文章散滅胡馬之足，圖讖無復孑遺於世”，認爲衹要“明主唱之於上，宰輔篤之於下”，就能興學有望。與此同時，對立何經博士也有争議。在太常賀循、車胤等的建議下，最後立《周易》王氏，《尚書》鄭氏，《古文》孔氏，《毛詩》《周官》《禮記》《論語》《孝經》鄭氏，《春秋左傳》杜氏、服氏等各置博士一人②；其《儀禮》《公羊》《穀梁》及鄭《易》皆從省，不置博士。爲此，太常荀崧上疏，認爲應增置《儀禮》等博士，以傳其學。對王導的建言，元帝雖“深納之”，對荀崧的提議也認爲是“經國大務，爲治所由”，但終究都没有付諸任何實質性的舉措，“會王敦之難，事不施行”，一個事實是，直到二十年後袁瓌上疏時仍稱“國學索然，墳卷莫啓”。這也就是“東序西膠未聞於弦誦”的具體所指。之後，東晋一代的興學仍舊一波三折，也可説一直萎靡不振。成帝咸康三年（三三七），國子祭酒袁瓌、太常馮懷又上疏言興立國學，但仍未果。《宋書》解釋的原因是“世尚《莊》《老》，莫肯用心儒訓。穆帝永和八年，殷浩西征，以軍興罷遣，由此遂廢”。太元九年（三八四），尚書謝石又陳請興復國學，這一建議得到了孝武帝的許可，並一定程度上得到了實施，“其年，選公卿二千石子弟爲生，增造廟屋

① 參見《晋書》卷六五《王導傳》，第一七四八頁。

② 參見《通典》卷五三《禮十三》“太學”條，中華書局，二〇〇三年，第一四六五頁。

一百五十五間”，但效果遠不如人意，“品課無章，士君子耻與其列”[①]，也等於名存實亡。甚至還出現了極端的情形：“太元十正月，立國子學。學生多頑嚚，因風放火，焚房百餘間，是後考課不厲，賞黜無章。”[②]對此，近人吕思勉也止不住感慨：“風紀敗壞至此，其人尚可教乎？”[③]這也正如時人殷茂所言：“自學建彌年，而功無可名。憚業避役，就存者無幾，或假托親疾，真僞難知，聲實渾亂，莫此之甚。臣聞舊制，國子生皆冠族華胄，比列皇儲。而中者混雜蘭艾，遂令人情耻之。”對此，《梁書》卷四八《儒林傳》序亦言：“江左草創，日不暇給，以迄於宋、齊，國學時或開置，而勸課未博，建之不及十年，蓋取文具，廢之多歷世祀，其弃也忽諸。鄉里莫或開館，公卿罕通經術，朝廷大儒，獨學而弗肯養衆，後生孤陋，擁經而無所講習，三德六藝，其廢久矣。”可見是當日的公論。顯然，這種情形下想促進學術的發展，確實難乎其難。[④]太興初，元帝欲拜周顗爲太子少傅，周以“學不通一經，智不效一官”而上疏辭讓。對此，元帝却認爲其“望之儼然”，讓人不肅而敬，“斯不言之益，何學之習邪”——又要學習做什麼呢？[⑤]本來，太子少傅自需有滿腹經文以教育、誘導太子，元帝却認爲没這個必要。這雖是安慰之詞，却正見出儒學之士的匱乏，不得已而出此下策。對此衰落情形，荀崧就曾言：“自喪亂以來，儒學尤寡，今處學則闕朝廷之秀，仕朝則廢儒學之俊。”[⑥]這雖是東晋初年，但其匱乏情形仍可窺見一斑。

東晋興學一事一再不了了之，實有其不得已的、深刻的社會背景。封建時代，學校，特别是太學、國學本就是不斷爲國家治理培養、提供後備人才，其發展總是與選官制度相輔相成、息息相關。東漢初以來，隨着經學憑藉察舉制度而日益普及到社會的各個層面，經學已深深地浸入士人的血液之中，甚且成爲一種生活常識，師法也不斷向家學轉變，最終在東漢中後期促使西漢末就已出現的强梁、雄霸一方的豪强大族向道德爾雅、擁有較顯赫政治地位的世家大族的轉换，如弘農（今河南靈寶市）楊氏、汝南（今河南上蔡、平輿一帶）袁氏（均四世三公）、琅琊（今山東臨沂、青島等一帶）伏氏

① 按：謝石上疏的時間，《宋書》卷一四載爲太元九年（三八四）（《宋書》卷一四《禮志一》，中華書局，一九七四年，第三六四頁），《通典》卷五三載爲九年。據《晋書》卷七九《謝石傳》，淝水戰後，謝石始遷中軍將軍、尚書令，而《宋書》明言“尚書謝石”，則當在九年。《宋書》卷三二《五行志三》亦明言建議的結果，“太元十年正月，立國子學”。劉汝霖《東晋南北朝學術編年》列爲元年，失考。

② 《宋書》卷三二《五行志三》，第九三五頁。

③ 吕思勉：《兩晋南北朝史·晋南北朝學術》，上海古籍出版社，一九八三年，第一三三八頁。

④ 以上引文除另外注明，均見《宋書》卷一四《禮志一》。

⑤ 《晋書》卷六九《周顗傳》，第一八五〇頁。

⑥ 《晋書》卷七五《荀崧傳》，第一九七七頁。

等。這種世家大族，曹魏時依舊活躍在政治舞台上，特别是憑藉政府的優待，盡可能利用一己優越的家族勢位來分割權勢。這樣，奢侈享受、手持麈尾、清談玄理，就成了一種新式的文化貴族兼政治貴族。其主要憑藉，就是因“軍中倉促”，雖一時權立，後來却穩定、制度化的九品中正制，即由司徒府選授大中正（郡中正則由州中正薦舉，並上報司徒府），一般由中央官兼任。然後中正品第，評次人才高下，提供品狀（“品”，以叙德行高下；“狀”，兼叙才行所任）作爲依據，吏部再加以選用。其本意是沿襲漢時察舉制度成功的一面——“鄉論”能了解實情，“清議”甚且能“品核公卿，裁量執政”，有激濁揚清的監督、制約作用。在實際執行中却出現了變異，即這一制度的核心——中正的任職由朝官兼任，但早已出仕、遠離鄉里的朝官事實上是難以徵知地方士子的德行、才華等實情，荀勖在《讓豫州大中正表》中就直言“臣與州閭鄉黨初不相接”[①]，既不相接，自然無從準確察知。這也即劉毅所批判的“不謂一人之身，了一州之才”，其結果衹能是“既非鄉老紀行之譽”，没了“鄉議”的精神實質，“又非朝廷考績之課”，也不是對其執政能力、治理實情的考核。而且大亂後世人流徙無定，本身也難以識斷。或者説，民間的“清議”，事實上已轉變爲中正官僚個人的權力，其品第，則“隨世興衰，不顧才實，衰（指門第衰微）則削下，興則扶上”[②]，一切以門第、位勢爲轉移；他們甚至“高下任意，榮辱在手，操人主之威福，奪天朝之權勢”[③]。由此最終頽變、形成了世人熟知的“上品無寒門，下品無士族”——士族占據了選官的主流渠道。

比較一下西晋和東晋時人對選官議論的焦點能看出。西晋時，劉寔《崇讓論》“同才之人先用者，非勢家之子，則必爲有勢者之所念也”[④]，段灼“今台閣選舉，徒塞耳目，九品訪人，唯問中正。故據上品者，非公侯之子孫，則當塗之昆弟也”[⑤]，劉毅“隨世興衰，不顧才實，衰則削下，興則扶上，一人之身，旬日異狀”等，其批評的着眼點都在中正品第的不公與制度的弊端上。這種批評的聲音雖不無激烈，有時甚且有較大的影響，但已很難從根子上撼動業已膨脹、坐大的家族勢力。這樣，在曹魏末、西晋就形成了一種“清途”觀念，即能不任職事，却又能較快升遷的職位受到了青睞；這是因爲積久之下，高門子弟已不屑於由州郡掾吏一步步升遷，且又懶得治事。由此，“黄

① 《太平御覽》卷二六五《職官部·中正》引《荀勖集》，中華書局，一九六〇年，第一二四三頁。
② 《晋書》卷四五《劉毅傳》，第一二七四頁（劉毅的話均見此頁）。
③ 《晋書》卷四五《劉毅傳》，第一二七三頁。
④ 《晋書》卷四一《劉寔傳》，第一一九二頁。
⑤ 《晋書》卷四八《段灼傳》，第一三四七頁。

散”之職興起，即散騎常侍、散騎侍郎、黄門郎等既無明確職事，又不必煩勞心神的職位受到了貴勢的追捧，其員額不斷膨脹。最終，“員外侍郎及給事冗從，皆是帝室茂親，或貴游子弟”[①]成了一個特定的社會現象和事實。

到了東晋，時人批評的着眼點已完全轉變了。從齊高帝建元二年（四八〇）虞玩之上表“凡受籍，縣不加檢合，但封送州，州檢得實，方却歸縣”，“今建元元年書籍，宜更立明科，一聽首悔，迷而不反，依制必戮”[②]，到蕭子良“今左民所檢，動以萬數，漸漬之來，非復始適，一朝洗正，理致沸騰”[③]，沈約“凡粗有衣食者，莫不互相因依，競行奸貨，落除卑注，更書新籍，通官榮爵，隨意高下。以新换故，不過用一萬許錢，昨日卑微，今日仕伍”[④]，蕭衍“且夫譜牒訛誤，詐僞多緒，人物雅俗，莫肯留心。是以冒襲良家，即成冠族”，“自今選曹宜精隱括，依舊立簿，使冠屨無爽，名實不違”[⑤]等，時人的焦點已集中在“冒籍”或“改籍”上，即着力於士族隊伍的清理，審核祖先官爵、籍注不實等方面。之所以有這種轉變，就是因爲這一時期九品中正制業已固定、僵化，“門閥專政的史實大概從漢末開始暴露，發展於魏晋而凝固於晋宋之間，以後漸趨衰落”[⑥]。東晋時期，中正定品已蜕變爲一種例行公事，祇是看你父祖的官爵，即閥閲；就是説，一旦你因祖上三代的官爵成了士族，你就自然地擁有了二品的品第，即“二品系資”，也就是沈約所説的“凡厥衣冠，莫非二品”[⑦]，中正的品第已無足輕重了。正是因爲有來自高層的優待和制度上的保障，“晋朝南渡，優借士族”[⑧]，由此直接帶來一個惡果，即士族子弟居官，大多不以事務爲重，“居官無官官之事，處事無事事之心”[⑨]，不以事務縈心。最典型的莫如《世説新語·簡傲》所載的一流高門瑯邪王徽之面對長官桓伊的質問作何公幹時，竟振振有詞地回答“不知何署，時見牽馬來，似是馬曹”“未知生，焉知死”等，全然没有一絲處理政務的觀念，並還隱然以此爲高、自傲。《梁書》卷三七《何敬容傳》所載“自晋宋以來，宰相皆以文義自逸”，“敬容獨勤庶務，爲世所嗤鄙”，也充分反映了這種情況。“嗤鄙”的背後，

---

① 《太平御覽》卷二二一《職官部·給事中》引《束皙集》，第一〇五四頁。
② 《南齊書》卷三四《虞玩之傳》，中華書局，一九七二年，第六〇九頁。
③ 《南齊書》卷四十《蕭子良傳》，第六九五頁。
④ 《通典》卷三《鄉黨》，中華書局，二〇〇三年，第五九—六〇頁。
⑤ 《梁書》卷一《武帝紀》，中華書局，一九七三年，第二二—二三頁。
⑥ 唐長孺：《九品中正制試釋》，載《魏晋南北朝史論叢》，河北教育出版社，二〇〇〇年，第一一四頁。
⑦ 《宋書》卷九四《恩幸傳序》，第二三〇二頁。
⑧ 顔之推撰，王利器集解：《顔氏家訓集解》卷四《涉務》，中華書局，二〇一一年，第三一七頁。
⑨ 《晋書》卷七五《劉惔傳》第一九九二頁。

正看出時人對“庶務”的不屑一顧。士族子弟能平流進取，甚且坐致公卿（當然還享有其他的利益，如按官品占田蔭客、免除徭役等），這種情形下，又有誰還會去絞盡腦汁、耗費時日苦讀經書呢？至於出現頑嚚之徒因風放火，焚燒國子學舍百餘間，也實屬正常了。

此外，國學屢興不起還有一個現實因素，即東晋政權實際上一直處於内憂外患之中，特别是内憂，一定程度上確實是無暇、無精力顧及國學的興建了，上所言的“會王敦之難，事不施行”，以及“殷浩西征，以軍興罷遣，由此遂廢”等，都道出了這一史實。永昌元年（三二二），都督江揚荆湘交廣六州軍事的王敦，隨着權力欲望的膨脹而在長江上游的武昌舉兵向闕，王敦一度攻陷了建康，並遥控朝廷，取得了主動權，但天不遂人願，於太寧二年（三二四）再次進兵建康時病死軍中。東晋政府集中對付内亂，却又導致了外患，即後趙乘隙奪取了東晋兖州、徐州和豫州的大片土地。殷浩西征一事，亦有其複雜的背景。當日權臣桓温已占據上游，擁有荆、梁等八州，意圖篡奪。爲制衡桓温，加上永和五年（三四九）後趙皇帝石虎病死，諸子争位，而致關中大亂，東晋政府决意西征，以絶桓温借口。永和八年（三五二），殷浩奉命西征，攻打許昌、洛陽。但次年即因前鋒姚襄倒戈而徹底失敗，桓温趁機上表彈劾，殷浩被廢爲庶人，流放東陽（今浙江金華、義烏一帶）。這實際上是當軸士族與皇族司馬氏争權的結果。這種紛争，終東晋一代，一直綿延不絶，前後當軸的士族琅邪王敦、流民帥高平郗鑒、潁川庾亮、譙郡桓温、陳郡謝安等，爲維持或增進家族勢力，基本上一直與晋室摩擦不斷，甚且擁兵自重，憑陵晋室。這也即田餘慶所揭示的皇權政治的變態——士族與皇權共執朝政的門閥政治。[①]這些無疑都極大地内耗了東晋的國力和經濟實力，使其没過多的精力、財力去顧及教育了。

二、東晋時士族持續的努力與厚望

既然國學無力承擔教育，其重任就不得不落到家族肩上，這是因其本身要培養人才，以增進、提升家族的地位。東晋時，固然士族制度業已固化，但這也衹是就整個士族格局而言，即士族參與、主宰當下的政治，甚至使皇權也萎靡不振。一旦具體到某一個士族，就要具體而論。以當日的當軸士族來説，如潁川庾氏，在庾亮、庾懌、庾冰、庾翼死後，家族勢力迅速削弱、式微，後經由桓温的排擠、殺戮，其家族幾盡滅絶。高

① 參見《東晋門閥政治》一書（北京大學出版社，二〇〇五年）。

平郗氏，在郗愔、郗曇死後，也迅速地退出了高層政治領域。同樣，琅邪王氏在王導、王允之死後，政治影響也一落千丈。咸康、建元之際，庾翼遺書殷浩時説：“當今江東社稷安危，内委何、褚諸君，外托庾、桓數族。”[①]估量政局時王氏不再被人提及，勢力顯然衰落了不少。陳郡謝氏，淝水戰後一度如日中天，但好景不長，當謝安、謝石、謝玄紛紛去世後，其對政局的影響力亦在急遽衰退。隆安四年（四〇〇），謝琰戰敗被殺，謝氏的門户力量就更衰了，一時間，謝家不得不韜光養晦，另尋機遇。穆帝、孝武帝時，譙郡（今安徽亳州市）桓氏勢力一度崛起，桓温以北伐赫赫聲威挾持朝廷。其後，桓玄又移晋鼎，改國號楚，但東晋末年在劉裕的攻殺下，桓氏就寂滅無聞了。這樣，即便是當軸士族，其地位也是不穩定的，也必須時刻努力維持和增進門户勢力；況且，家族的存亡興衰往往與某一傑出人物息息相關，一旦此人去世，家族門户又無人支撑，其地位就無法繼續，也勢必爲其他門户所取代。這是殘酷的現實。所以，“當軸士族在擇定其門户的繼承人時，往往是兼重人才而不專重嫡嗣，寧重長弟而不特重諸子”[②]。這樣，爲門户計，在一個家族内部，勢必要慎擇子弟，又勢必要着力培養後繼人才，這是客觀情勢所逼。正因爲此，這種對家族中某一個人特别寄予厚望（即振興家族）的記載，在整個東晋，甚至南朝，一直屢見不鮮：

及祥死之日，以刀授弟覽曰：“吾兒凡，汝後必興之，足稱此刀，故以相與。”[③]

（樂）廣時年八歲，（夏侯）玄常見廣在路，因呼與語，還謂方曰：“向見廣神姿朗徹，當爲名士。卿家雖貧，可令專學，必能興卿門户也。”[④]

（范）汪少孤貧，六歲過江，依外家新野庾氏。荆州刺史王澄見而奇之，曰：“興范族者，必是子也。”[⑤]

族叔（顧）榮雅重之（顧和），曰：“此吾家麒麟，興吾宗者，必此子也。”[⑥]

---

① 《晋書》卷七七《殷浩傳》，第二〇四四頁。

② 田餘慶：《孝武帝與皇權政治》，載《東晋門閥政治》，第二一七頁。

③ 《文選》卷四六任昉《王文憲集序》注引何法盛《晋中興書》，中華書局，二〇一九年，。

④ 《晋書》卷四三《樂廣傳》，第一二四三頁。

⑤ 《晋書》卷七五《范汪傳》，第一九八二頁。

⑥ 《晋書》卷八三《顧和傳》，第二一六三頁。

王覽、樂廣、范汪、顧和等被宗族寄予厚望，自會受到整個宗族的特别關照；夏侯玄的建議“可令專學”，也表明了這一點。而光大門第，對士族而言，至少需兩個方面的努力：一，不廢事功。東晋時，前後當軸的士族，王與馬共天下、庾亮北伐、桓温北伐、謝氏在淝水大捷後如日中天等事件，都充分説明了事功的重要。後來劉裕也是借滅南燕、後秦的赫赫威勢，纔最終取代了晋。二，作爲門閥、士族，重要的是要有文化的積澱和優勢。一個家族可能因某種際遇迅速上升，躋進權力中樞，却不一定能成爲時人公認的士族。紀僧真受寵幸於齊武帝，曾向武帝“乞作士大夫”，武帝説“由江斆、謝瀹，我不得措此意，可自詣之”。僧真造詣江斆，剛登榻坐定，江斆便命左右“移吾床讓客”，不得已，僧真喪氣而退，告訴武帝，並由此明瞭一個事實，即“士大夫故非天子所命”。[①]説穿了，士族之所以爲士族，就在於文化的優勢。前引陳寅恪在《崔浩與寇謙之》中所論，其所以推崇地方家族傳承文化，就在於此。就東晋來看，文化的優勢可以表現在儒學、玄談、書法、繪畫、文學等方面。其中，時人最高看、器重的是“清談”，這一點從《世説新語·文學》所載東晋以來依舊比比皆是的清談情形就能看出。爲此，由儒入玄甚至成了一個家族在東晋上升的必要條件之一。除了清談，重視其他藝術才能的培養，也是一個家族器重、着力的事。這裏可借王氏家族對王羲之、謝氏對家族對文學才華的刻意培養爲例説明：

（王羲之）深爲從伯敦、導所器重。時陳留阮裕有重名，爲敦主簿。敦嘗謂羲之曰：“汝是吾家佳子弟，當不減阮主簿。”[②]

羲之少朗拔，爲叔父廙所賞。[③]

王羲之書法在歷代備受推崇，其實是家族全力培養的結果。王羲之受到了長輩王導、王敦、王廙的器重、賞識，這些人都特别擅長書法：王導“甚有楷法，以師鐘鍾、衛，好愛無厭”（王僧虔《論書》），“崔瑗、張芝……王敦……千百年間得其妙者，不越此數十人。各能聲飛萬里，榮耀百代”（張懷瓘《書議》），王廙“能楷書，謹傳鍾法”（《采古來能書人名》）。因此，王羲之在書法上的造詣，就不是孤峰特出的現

① 《南史》卷三六《江斆傳》，中華書局，一九七五年，第九四三頁。

② 《晋書》卷八〇《王羲之傳》，第二〇九三頁。

③ 余嘉錫箋疏：《世説新語箋疏》卷上之上《言語》第六二條“謝太傅語王右軍”條注引《文字志》，中華書局，二〇〇七年，第一四四頁。

象。至於謝氏，在培養子侄方面，由現存的史料看，似乎更突出一些：

謝太傅寒雪日内集，與兒女講論文義。俄而雪驟，公欣然曰："白雪紛紛何所似？"兄子胡兒曰："撒鹽空中差可擬。"兄女曰："未若柳絮因風起。"公大笑樂。①

謝公因子弟集聚，問《毛詩》何句最佳？遏稱曰："昔我往矣，楊柳依依；今我來思，雨雪霏霏。"公曰："訏謨定命，遠猷辰告。"謂此句偏有雅人深致。②

謝安"於土山營墅，栖館林竹甚盛，每携中外子侄往來游集，肴饌亦屢費百金，世頗以此譏焉，而安殊不以屑意"③。"每"字、"屢"字都點明聚會歡宴的次數是相當多的。正是在宴飲歌吹之餘，謝安强化了謝氏子弟的文學才華。上兩例，編撰者都特意提到"因子弟集聚""寒日内集"，當不是無意的巧合，而是因冬日内閑暇時間多；再結合"游集""宴集"字句，正可説明謝安有意在閑暇時，如宴飲歌吹後，集聚子弟、磨礪其文學才華。《詩經》自漢以來一直被推崇的是温柔敦厚、"雅正"的詩風，但謝玄的回答已明顯脱離傳統詩教，傾向於作品中濃厚的文學色彩。謝道韞的咏雪詩句，風姿綽約，意境高遠，更給人一種風神空靈的美感。這種摘句賞析是一種頗爲有效的提高方式，特别是賞析"片言""警策"，"一字之書，必共咏讀；一句之文，無不研讀"④。在精細的切磋、賞析中，謝氏子弟的文學才華無疑得到了砥礪而迅速提升。這時節出現的謝氏子弟謝朗與司馬道子的論辯，就足以佐證這種賞析的效果：司馬道子以"月夜明净"爲佳，謝重則脱口而出："意謂乃不如微雲點綴。"⑤"微雲點綴"就是一種别致的極富審美藴涵的意境。晋安帝隆安後，謝混是謝家的頂梁柱，在不遺餘力地培養子侄方面充當了謝安的角色。《南史》卷二〇《謝弘微傳》載：

混風格高峻，少所交納，唯與族子靈運、瞻、晦、曜、弘微以文義賞會，常共宴處，居在烏衣巷，故謂之烏衣之游。混詩所言"昔爲烏衣游，戚戚皆親姓"者也。

① 《世説新語箋疏》卷上之上《言語》第七一條"謝太傅寒雪日内集"條，中華書局，二〇〇七年，第一五五頁。

② 《世説新語箋疏》卷上之下《文學》第五二條"謝公因子弟集聚"條，第二七八頁。

③ 《晋書》卷七九《謝安傳》，第二〇七五—二〇七六頁。

④ 《宋書》卷六二《王微傳》，第一六七〇頁。

⑤ 《晋書》卷七九《謝朗傳》，第二〇八八頁。

謝混所自豪的“烏衣之游”，本質上正是對謝安重視“文義賞會”的繼承；“常共宴處”，也説明多在宴飲之餘進行。劉師培先生也曾説：“自江左以來，其文學之士，大抵出於世族，而世族之中，父子兄弟各以能文擅名。”[①]

整體上看，這種對家族子侄的刻意培養，東晉中後期纔較爲明顯，這一定程度上也是南渡士人漸安於明麗的江南以及經濟繁興的結果。不過孝武帝時特定的政治環境也不可忽視。這一時節，當軸士族後繼乏人，正是皇權振興的一個大好時節。寧康元年（三七三），桓温死；太元九年，繼任者桓衝死；太元十年（三八五），謝安死；太元十三年（三八八），謝玄、謝石相繼去世，當軸士族已無突出人物來控制政局。這一時節崛起的太原王氏，因無特出的人才與事功，亦衹能依附於皇權，而不能超越。這樣，孝武帝就有足够的力量來支配、把控政局。這是因爲門閥勢力雖是其統治的根基，但在門閥士族過多地壟斷、侵蝕，甚至左右皇權、損害君主權威時，皇帝也勢必會采取種種措施，如振興察舉、興復學校等，以一種公平與理性，從制度上充分發揮賢才的作用，以此構成對士族的牽絆或限制。

三、東晉末皇權的復興

太元十六年（三九一），范弘之與會稽王司馬道子箋云：“晉自中興以來，號令威權多出强臣，中宗、肅祖斂衽於王敦，先皇受屈於桓氏。今主上親覽萬機，明公光贊百揆，政出王室，人無異望，復不於今大明國典，作制百代，不審復欲待誰？”[②]“今主上親覽萬機”“政出王室”就充分説明了不同於昔日的政治格局——皇權在日漸復興、崛起。孝武帝要振興皇權，一個最直接有效的措施就是振興儒學，重用儒生而爲己所用——使權力向更廣泛的人群開放，以此確保政權的良性、有序與高效運行。這也是宋齊以來察舉制度再度興起的一個主要原因和背景。[③]

① 劉師培：《宋齊梁陳文學總論》，載《中國中古文學史講義》，岳麓書社，二〇一一年，第八三頁。

② 《晉書》卷九一《范弘傳》，第二三六五頁。

③ 閻步克《察舉制度變遷史稿》第十章《南朝察舉之復興及其士族化》第一節《察舉與學校的復興》，其據正史排比晉、宋、南齊、梁時察舉的人數，以此考見變遷，可參考（遼寧大學出版社，一九九七年，第一九九—二〇四頁）。這一歷程持續發展，到劉宋中期，就出現了“主威獨運”的情形，“孝建、泰始，主威獨運，官置百司，權不外假”（《宋書》卷九四《恩倖傳論》，第二三〇一—二三〇二頁）。

及孝武帝始覽典籍，招延儒學之士，邈既東州儒素，太傅謝安舉以應選。……初，范寧與邈皆爲帝所任使，共補朝廷之闕。①

孝武甚親敬王國寶、王雅。雅薦王珣於帝，帝欲見之。嘗夜與國寶及雅相對，帝微有酒色，令唤珣。②

范寧、徐邈、王雅都非一流高門，但都以儒學事孝武帝；特别是范寧，更以崇儒、興學著稱。范氏認爲，當日浮虚相扇，儒雅日替，根源在於王弼、何晏等興起的玄談，“二人之罪深於桀紂”，爲此著論“崇儒仰俗”。“（桓）温薨之後，始解褐爲餘杭令，在縣興學校，養生徒，潔己脩禮，志行之士莫不宗之。期年之後，風化大行。自中興已來，崇學敦教，未有如寧者也。”③這也似可説明，孝武帝有意對一流高門戒備或排斥的心理，以此徐圖皇權振興。又，《儒林傳》序所説的“簡文玄嘿，敦悦丘墳，乃招集學徒，弘奬風烈”，據《晋書》卷九《簡文帝紀》，其確實比較重視儒學，“留心典籍，不以居處爲意，凝塵滿席，湛如也”。這方面的記載，《世説新語》中也有較多。這本能大有作爲，較好地促進學術的發展，但遺憾的是其繼帝位僅一年，便因桓温的擅權、威逼憂憤而卒，也即《儒林傳》序所感慨、惋惜的“時艱祚促，未能詳備”。顯然，伴隨着皇權的復興，一定會對這種不勞而食、鄙夷庶務的現象改弦更張，這也就是劉宋以來“寒人掌機要”出現的真實背景，世家大族的勢力受到了一定遏制；這也體現在文化上，因其没了閑逸的心態、悠游的物質基礎，也自是在藝術的塗路上漸行漸窄。

東晋一代的學術、文化就藴育、發展在這個特定的環境和氛圍中。

（作者單位：華東師範大學古籍研究所）

① 《晋書》卷九一《徐邈傳》，第二三五六、二三五七頁。

② 余嘉錫箋疏《世説新語箋疏》卷下之下《讒險》第三條劉注引《雅别傳》曰：“雅字茂建，東海沂人，少知名。《晋安帝紀》曰：‘雅之爲侍中，孝武甚信而重之。王珣、王恭特以地望見禮，至於親幸，莫及雅者。上每置酒燕集，或召雅未至，上不先舉觴。時議謂珣、恭宜傅東宫，而雅以寵倖，超授太傅、尚書左僕射。’”（中華書局，二〇〇七年，第一〇四五頁）

③ 《晋書》卷七五《范寧傳》，第一九八五頁。

李密《陳情表》“外無期功强近之親”舊解發覆

李慧玲

内容摘要：西晋李密的《陳情表》以情文並茂的“至性之言”流傳後世，旋有多種注本和教材收録此篇。表中“外無期功强近之親”一句，各本注“期功”爲“服喪一年的齊衰和大功、小功”，注“强近”爲“比較親近”或“强爲親近”，均失作者本義。以上誤解蓋分别源自《六臣注文選》和吴楚材、吴調侯《古文觀止》之誤導，後人失察，遂成歧説。本文通過考核《三禮》及古代法律文獻，認爲“期功”爲“服齊衰一年和大功九月喪服”之義，不包括“小功”服；“强近”爲“既有能力又血緣親近”之意。

關鍵詞：李密；陳情表；大功；小功；强近

西晋李密的《陳情表》是一篇膾炙人口的古文，從古至今，注本很多。其中唐人的《六臣注文選》與清人吴楚材、吴調侯的《古文觀止》是最有影響的兩個注本。而近數十年，《古文觀止》流行尤盛，管見所及，其注本、譯本就有十一種之多。另外，王力先生主編的《古代漢語》作爲全國高等學校文科的核心教材也選有此篇，普通高中課程標準實驗教科書《語文5（必修）》也選有此篇。《三國志·蜀書·楊戲傳》裴松之注有李密《陳情表》，楊耀坤、揭克倫《今注本二十四史·三國志》有此篇之注；《晋書·李密傳》收録此篇，許嘉璐先生《二十四史全譯·晋書》亦有此篇譯文。《陳情表》一文中有“外無期功强近之親”一句，上文提到的十七家古今學者的注釋、譯文，對此句均有注譯，現摘録如下：

（一）唐《六臣注文選》卷三七李密《陳情表》吕向注曰：“期功，謂大功、小功之親。”①

（二）清吴楚材、吴調侯《古文觀止》卷七李密《陳情表》注：“期，周年服也。功，大功、小功。强近，强爲親近也。”②

（三）王文濡《精校評注古文觀止》的注文與吴楚材等《古文觀止》的注文全同，此略。③

（四）陰法魯主編《古文觀止譯注》（修訂本）注云：“期（jī）：服喪一年。功：服喪九個月叫‘大功’，服喪五個月叫‘小功’。期、功，均指近門親屬。强（qiǎng）近：比較親近。”④

（五）闞勳吾等《古文觀止》注云：‘期（jī基）功：古代喪禮，凡爲祖父母、伯叔父母、兄弟姐妹、妻子服喪一年，叫‘期服’；凡爲堂伯叔、堂兄弟等服喪九個月或五個月，叫‘功服’。因此，這裏以‘期功’代指伯叔兄弟姐妹以及堂伯叔、堂兄弟姐妹等比較近的親屬。强（qiǎng）近：比較近。”⑤

（六）中華書局編輯部編《名家精譯古文觀止》注云：“期（jī）：周年。功：服喪的期限，九個月叫‘大功’，五個月叫‘小功’。古代以親屬關係遠近來規定服喪的期限。强（qiǎng）近：勉强説得上近的。”⑥

（七）楊寶發《古文觀止點睛》的注釋與吴楚材等《古文觀止》注文全同。⑦

（八）孟慶文主編《新古文觀止賞析》注云：“古時以喪服輕重區分親疏關係的遠近。期：當爲其穿一年孝服的親屬。功：有大功、小功之分。大功穿九個月孝服，小功穿五個月孝服。强近：勉强算得上的近親。”⑧

（九）冉萬里《古文觀止》校注云：“期：服喪一年。功：服喪九月稱大功，服喪五月稱小功。服期、功之喪者爲近門親屬。强近：比較親近。”⑨

（十）曹道衡《古文觀止》評注云：“期（jī）功之親：指五服之内的較爲親近的親戚。期，指喪事時需要服喪一年的親屬。功，大功與小功，分别指喪事時需

① 蕭統編，李善等注：《六臣注文選》，中華書局，一九八七年，第六九六頁。
② 吴楚材、吴調侯：《古文觀止》上册，中華書局，一九五九年，第二八三頁。
③ 王文濡校勘：《精校評注古文觀止》下册，中華書局，一九三七年，第一頁。
④ 陰法魯主編：《古文觀止譯注》（修訂本），北京大學出版社，一九九七年，第四一八頁。
⑤ 闞勳吾等：《古文觀止》（言文對照），岳麓書社，一九八二年，第三三三頁。
⑥ 中華書局編輯部編：《名家精譯古文觀止》，中華書局，一九九三年，第二六五頁。
⑦ 楊寶發：《古文觀止點睛》，光明日報出版社，一九九五年，第四六頁。
⑧ 孟慶文主編：《新古文觀止賞析》，南海出版公司，一九九七年，第一八八頁。
⑨ 冉萬里校注：《古文觀止》，甘肅民族出版社，一九九八年，第二二六頁。

要服喪九個月或五個月的親屬。强，勉强。”[①]

（十一）殷義祥《古文觀止新注》注云：“期功强近之親：指近親。期，喪禮名，服喪一年。喪禮，祖父母死，伯叔父母死，服期服，守喪一年。功，喪禮名，分大功、小功。曾祖父母、叔伯祖父母死，服小功服，守喪五個月；叔伯兄弟、姊妹死，服大功服，守喪九個月。强近，比較親近。”[②]

（十二）洪本健等《解題彙評古文觀止》注云：“期，周年服也。功，大功、小功也。强近，强爲親近也。”[③]

（十三）鍾基、李先銀、王身剛《古文觀止》譯注云：“期（jī）：是‘期服’的簡稱。功：喪服有大功、小功，爲不同親疏的死者穿不同的喪服，服喪時間也分九個月、八個月或三個月不等。强近之親：比較親近的親屬。”[④]

（十四）王力《古代漢語》李密《陳情表》注云：“期（jī）功，都是古代喪服名稱。期，服喪一年。功，指大功、小功。大功服喪九個月，小功服喪五個月。古代服喪的不同，是按親屬關係的遠近來規定的。强（qiǎng）近，勉强接近。”[⑤]

（十五）人民教育出版社課程教材研究所等編著《普通高中課程標準實驗教科書》之《語文5（必修）》“外無期（jī）功强近之親”注云：“没有什麼近親。外，指自己一房之外的親族。古代以親屬關係的遠近制定喪服的輕重。期，穿一周年孝服的人。功，穿大功服（九個月）、小功服（五個月）的親族。這都指關係比較近的親屬。强近，勉强算是接近的。”[⑥]

（十六）《三國志·蜀書·楊戲傳》裴松之注有李密《陳情表》，楊耀坤、揭克倫《今注本二十四史·三國志》注云：“期功：古代喪服的名稱。期，服喪一年。大功服喪九月，小功服喪五月。”[⑦]

（十七）《二十四史全譯·晋書》卷八八《孝友傳》有李密傳，《李密傳》載有李密《陳情表》一文，其中的“外無期功强近之親”一句，許嘉璐《二十四史全

① 曹道衡評注：《古文觀止》，吉林文史出版社，二〇〇一年，第三五〇頁。
② 殷義祥注：《古文觀止新注》，人民文學出版社，二〇〇一年，第三四六頁。
③ 洪本健等：《解題彙評古文觀止》，華東師範大學出版社，二〇〇二年，第三七三頁。
④ 鍾基、李先銀、王身剛譯注：《古文觀止》，中華書局，二〇一一年，第四六四頁。
⑤ 王力主編：《古代漢語》，中華書局，一九九九年，第九二九頁。
⑥ 人民教育出版社課程教材研究所等編著：《普通高中課程標準實驗教科書》之《語文5（必修）》，人民教育出版社，二〇〇六年，第三六頁。
⑦ 楊耀坤、揭克倫：《今注本二十四史·三國志》，巴蜀書社，二〇一三年，第二八三三頁。

譯・晋書》譯作“外面没有服喪相同的近親”。[①]

除以上筆者所見十七種古今注譯，《漢語大詞典》也收有“期功”“强近”二詞，它們的第一書證也是李密《陳情表》：

《漢語大詞典》【期功】：亦作“朞功”：古代喪服的名稱。期，服喪一年。功，按關係親疏分大功和小功，大功服喪九月，小功服喪五月。亦用以指五服之内的宗親。晋李密《陳情表》：“外無朞功强近之親，内無應門五尺之僮，煢煢獨立，形影相吊。”[②]

《漢語大詞典》【强近】：謂較爲親近。晋李密《陳情表》：“外無朞功强近之親，内無應門五尺之僮。”[③]

上述十八家著作中，就“期功”一詞的注釋、譯文而言，唐代吕向首次把“期功”注作“謂大功、小功之親”，義有不妥，後來諸家的注譯，未加審視，盲目跟進，以至於一千三百年來迄無確詁。[④]就“强近”一詞的注釋、譯文而言，清人吴楚材、吴調侯《古文觀止》釋作“强爲親近也”，義有不妥，對後來學者錯誤導向，以至於三百年來迄無確詁。[⑤]具體來説，“期功”一詞，吕向“期功，謂大功、小功之親”之注，實際上衹注了“功”字，没有注“期”字。吴楚材、吴調侯《古文觀止》補其罅漏，注作“期，周年服也。功，大功、小功”。此後的注家譯家，措辭雖略有不同，要之，皆遵循吕向與二吴注釋之思路，把“功”字解釋成“大功、小功”，其錯誤之處是直接把“小功”也硬填了進來，這個解釋是錯誤的。《儀禮・喪服》根據人們與死者血緣及社會關係的遠近，將喪服由重至輕分爲五等，即斬衰、齊衰、大功、小功和緦麻。就血緣關係來説，其中的“大功”以上三種喪服，是近親之服，服者與死者是親屬，符合《陳情表》中“强近”之“近”；而“小功”以下喪服是遠親之服，服者與死者是疏屬，並不符合“强近”之“近”字。以上問題，本文擬從“三禮”文獻和古代法律文獻兩方面的相關記載試加辨析。

---

① 許嘉璐主編：《二十四史全譯・晋書》，漢語大詞典出版社，二〇〇四年，第一九四六頁。
② 羅竹風主編：《漢語大詞典》第六卷，漢語大詞典出版社，一九九〇年，第一三〇六頁。
③ 羅竹風主編：《漢語大詞典》第四卷，第一三七頁。
④ 《新唐書・藝文志》載：“《五臣注文選》三十卷，開元六年（七一八）工部侍郎吕延祚上之。”《新唐書》卷六〇，中華書局，一九七五年，第一六二二頁。
⑤ 《古文觀止》吴興祚序作於康熙三十四年（一六九五）。

一、“三禮”文獻的相關記載

（一）《禮記·檀弓上》：“曾子曰：‘小功不税（按：税，謂追服喪服）。’”鄭玄注：“據禮而言也。日月已過，乃聞喪而服曰税。大功以上然，小功輕，不服。”[①] 鄭注之意，追服喪服者僅限於大功以上，小功因爲親疏服輕，就不追服喪服了。

（二）《禮記·雜記上》：“其始麻，散帶絰。未服麻而奔喪，及主人之未成絰也，疏者與主人皆成之，親者終其麻帶絰之日數。”鄭玄注：“疏者，謂小功以下也。親者，大功以上也。”[②] 根據此處鄭注，明確可以看出喪服的親疏界限。

（三）《禮記·曲禮上》：“夫禮者，所以定親疏，决嫌疑，别同異，明是非也。”孔穎達疏：“‘夫禮者，所以定親疏’者，五服之内，大功已上服粗者爲親，小功已下服精者爲疏。”[③] 此處孔疏對喪服類别中的親疏關係也説得非常明白。

（四）《周禮·春官·大宗伯之職》：“以飲食之禮親宗族、兄弟。”《欽定周官義疏》云：“曰‘宗族’則無不包矣，而又曰‘兄弟’，何也？古者大功以上同財，朝夕相見，無所用合食，故特標‘兄弟’，以示惟小功以下及宗族，乃有合食之禮也。蓋勢散而情疏，非合食則情意不通，憂喜不聞。小功以下謂之兄弟。”[④]此節文字對大功以上親屬之所以親、小功以下親屬之所以疏的道理進行了詳細解釋。

（五）《儀禮·喪服》：“傳曰：夫死，妻稚，子幼，子無大功之親，與之適人。”鄭玄注：“子幼，謂年十五已下。子無大功之親，謂同財者也。”賈公彦疏：“云‘大功之親，謂同財’者，下《記》云‘小功已下爲兄弟’，則小功已下疏，故得‘兄弟’之稱，則大功之親容同財共活可知。”[⑤] 此條賈疏所謂“同財共活”，指的是親屬之間還没有分家，仍在一起生活。

（六）《儀禮·喪服》：“兄弟皆在他邦，加一等。”傳曰：“何如則可謂之兄弟？”傳曰：“小功以下爲兄弟。”清盛世佐《儀禮集編》卷一七：“世佐案：云‘何如則可謂之兄弟’者，問此兄弟是何等親也。答云‘小功以下爲兄弟’，明其本疏屬，故有加爾，

---

① 鄭玄注，孔穎達疏，吕友仁整理：《禮記正義》，上海古籍出版社，二〇〇八年，第二六八頁。

② 鄭玄注，孔穎達疏，吕友仁整理：《禮記正義》，第一一五八頁。

③ 鄭玄注，孔穎達疏，吕友仁整理：《禮記正義》，第一三頁。

④ 乾隆敕修《欽定周官義疏》，《景印文淵閣四庫全書》，第九八册，臺灣商務印書館，一九八六年，第四八五頁。

⑤ 鄭玄注，賈公彦疏，彭林整理：《儀禮注疏》，北京大學出版社，二〇〇〇年，第六七四—六七五頁。

非親者之比也。”[①] 盛世佐也説得很明白。

（七）《儀禮・士喪禮》："親者在室。" 鄭玄注："謂大功以上父兄、姑姊妹、子姓在此者。" 賈公彦疏："知'親者謂大功以上'者，以大功以上有同財之義，相親昵之理。下有'衆婦人户外'，據小功以下疏者，故知此爲大功以上也。"[②] 據此處的鄭注、賈疏，"親者"當指"大功以上"親屬，"小功以下"則是"疏者"。

二、古代法律文獻的相關記載

（一）唐長孫無忌等《唐律疏義》卷六《名例》"同居相爲隱"："諸同居，若大功以上親及外祖父母、外孫若孫之婦、夫之兄弟及兄弟妻，有罪相爲隱……皆勿論。……其小功以下相隱，減凡人三等。"《疏義》曰："同居，謂同財共居。"[③]

（二）《宋刑統》卷六《名例》"有罪相容隱"："諸同居，若大功以上親及外祖父母、外孫若孫之婦、夫之兄弟及兄弟妻，有罪相爲隱……皆勿論。……其小功以下相隱，減凡人三等。"[④]

（三）《明會典》卷一二七"親屬相爲容隱"："凡同居，若大功以上親及外祖父母、外孫、妻之父母、女婿若孫之婦、夫之兄弟及兄弟妻有罪，相爲容隱，皆勿論。其小功以下相容隱者，減凡人三等。"[⑤]

（四）《大清律例》卷五"親屬相爲容隱"："凡同居，若大功以上親及外祖父母、外孫、妻之父母、女婿若孫之婦、夫之兄弟及兄弟妻有罪，相爲容隱，皆勿論。其小功以下相容隱者，減凡人三等。"[⑥]

以上四部法典，都有"同居相爲隱"的條款，其文字表述可能小有不同，但基本内容完全一致，即如果親屬犯罪，而自己與嫌犯是大功以上親屬，就可以爲之隱瞞，不必向官府舉報，法律對這種情况也不追究責任。反之，如果與嫌犯是小功以下親屬，就不可以隱瞞，應該舉報，否則，就以"減凡人三等"論處。

總之，根據上述兩類文獻的記載，可以得出如下結論：在五種喪服中，大功以上是

① 盛世佐：《儀禮集編》，《景印文淵閣四庫全書》，第一一一册，第二三四頁。
② 鄭玄注，賈公彦疏，彭林整理：《儀禮注疏》，第七六六頁。
③ 長孫無忌等：《唐律疏義》，中華書局，一九八三年，第一三〇頁。
④ 竇儀等：《宋刑統》，中華書局，一九八四年，第九五頁。
⑤ 申時行等：《明會典》，《景印文淵閣四庫全書》，第六一八册，第二九五頁。
⑥ 順治御製《大清律例》卷五，《景印文淵閣四庫全書》，第六七二册，第四七三頁。

親屬，小功以下是疏屬，二者有質的區别，不能相提並論。具體到李密《陳情表》的“期功”一詞，指的是服齊衰一年和大功九月的親屬。把小功五月的疏屬也拉進來是錯誤的。通過以上對“期功”一詞的正確解讀，將有助於我們對“强近”之“近”含義的正確認識。

吴楚材、吴調侯《古文觀止》“强近，强爲親近也”的注釋，是把“强近”一詞作爲偏正結構來理解的，這個理解思路是錯誤的，但後人習焉不察，馴致失誤。實際上，“强近”一詞是並列結構。“强”是“强”，“近”是“近”，各自獨立。當然，這個“强”字，不應讀作qiǎng，而應讀作qiáng，乃“强大”之“强”，非“勉强”之“强”。在這一點上，《六臣注文選》吕向的注釋倒是一語中的：“强，盛也。”[①]但後來注家對吕氏之説都没有加以注意，失之眉睫，令人嘆惋。

如上所述，無論是從禮的角度，還是從法的角度，大功以上的親屬纔是名副其實的“親”屬。而大功以上的親屬之所以被古人定性爲名副其實的親屬，從表像上來看是“同門同財”，而從本質上來看則是血緣關係的親近。上文在論證“期功”的確切含義時，實際上也同時論證了强近”的“近”字的含義：所謂近者，指的是血緣關係親近。具體到《陳情表》中的“期功强近”四字，暫時撇開“强”字不説，“期功近”三字的意思就是“期”“功”的兩種喪服，是血緣關係親近的親屬。

至於“强”字的含義，需要放在傳統的宗法社會背景下進行考慮。在傳統的中國社會中，當人們遇到困難需要求助時，首先想到的，就是家族中的親人，且血緣關係越親越好。邏輯雖如此，但衹符合“親人”的條件還往往不够，如果此親人或者是一貧如洗，或者是一介平民，經濟條件差，社會地位低，對求助者而言也是於事無補。這就要求被求助的親人需要滿足這樣的條件：或者經濟上比較富裕，或者社會上有一定地位，或者兼而有之。這就是所謂的“强”，也就是吕向所説的“盛”。李密《陳情表》中的無“强近之親”，意思是説自己没有既富且貴的親屬，這與上文的“門衰祚薄”也合若符契。關於這個問題，我們還可以從其他古書中找出若干同類的例子：

（一）《梁書》卷三三《王僧孺傳》：“外無奔走之友，内乏强近之親。”[②]

（二）《舊唐書》卷一四一《張茂宗傳》：“臣聞近日人家有不甚知禮教者，或女居父母服，家既貧乏，且無强近至親。”[③]

---

① 蕭統編，李善等注：《六臣注文選》，第六九六頁。

② 《梁書》，中華書局，一九七三年，第四七三頁。

③ 《舊唐書》，中華書局，一九七五年，第三八六〇頁。

（三）唐劉禹錫《劉賓客文集》卷一八《上中書李相公啓》："嗟哉小生，有足悲者，内無手足之助，外乏强近之親。"①

（四）宋楊億《武夷新集》卷七《送倚序》："太常府君博涉藝文，尤深《左氏》，終鮮兄弟。不遑充賦，未及中壽。遘兹大禍，家無擔石之蓄，門無强近之親。"②

（五）宋吴泳《鶴林集》卷二四《知温州丐祠奏狀》："臣少自鞠苦，連遭閔凶。始生三年，母也見背。外傅十載，父兮不存。豈無鄉閭强近之親，寧若天分怡偲之愛。"③

（六）元虞集《道園學古録》卷九《高氏貞節堂記》："（高母）鄧夫人年二十有九，其子四歲耳。遭時亂離，守節自誓，皎如冰霜，躬自織緝，以具衣食。又撙節盈餘，以資其子從師取友。既而所居毁於火，無强近之親可依托，屏居陋巷，家徒壁立，幾無以爲生。"④

細味上述六例，可知所謂"强近之親"，乃謂既有勢力又血緣關係親密之親屬，所以，上文所列的後人所解的"强爲親近""勉强親近"是不準確的。下面更有一例，可以覆按此判斷：

吕祖謙《宋文鑒》卷六五孫沔《服闋謝復官表》："苴麻之服方爾外除，綸綍之言驟然下及。伏念臣出自單緒，偶階盛時，無近强之依以進身，惟清素之業以自立。"⑤其"無近强之依以進身"句之"强"，絶對不能解釋作"强爲""勉强"，正因爲"强近"是並列結構，各自獨立，所以"强近"也可以寫作"近强"，意思是一樣的。

（作者單位：華東師範大學古籍所）

① 劉禹錫：《劉賓客文集》，《景印文淵閣四庫全書》，第一〇七七册，第三三一頁。
② 楊億：《武夷新集》，《景印文淵閣四庫全書》，第一〇八六册，第四三九頁。
③ 吴泳：《鶴林集》，《景印文淵閣四庫全書》，第一一七六册，第三二九頁。
④ 虞集：《道園學古録》，《景印文淵閣四庫全書》，第一二〇七册，第一四五—一四六頁。
⑤ 吕祖謙：《宋文鑒》，《景印文淵閣四庫全書》，第一三五〇册，第六八九頁。

《張元濟書札》（增訂本）未收葉德輝往復書札考釋

任莉莉

内容摘要：張元濟與葉德輝是壬辰同年、學術友好，過從甚密，合作多多，爲當時學界及後來學人所共同推重。整理本《張元濟書札》中竟未收録一封張元濟與葉德輝的往復書札，於情於理，似有不通。而對於兩先生的書信來往，在《張元濟日記》和《葉德輝年譜》等著作中俱有諸多記載。這一現象值得整理本《張元濟書札》的修訂者予以關注，重新審視兩先生的交誼，實事求是地還原他們的書信往來情況。這對於瞭解和研治二十世紀前二三十年中國學術思想和出版文化的狀況亦有所裨益。

關鍵字：張元濟書札；葉德輝；四部叢刊

張元濟（號菊生、鞠生）和葉德輝（字焕彬、奂彬）均爲中國近代史上古典文獻領域和出版領域的一流專家。他們以傳古尚文爲志事，在刻書、出版、傳播中國古代典籍方面做出了卓越貢獻，各自在學界占有一席之地。張元濟、葉德輝兩先生交往甚密、合作頗多，實在是同年至交［筆者按：二人爲壬辰（一八九二）同年］，志同道合。從一些資料記載和書信往復來看，尤以葉德輝贊助、支持張元濟爲多爲重，特别是在《四部叢刊》這部大型叢書的推出過程中，葉德輝在選題策劃、綱目勒定、底本遴選、古書借閱、典籍校勘、成書宣傳、市場營銷等方面，充分發揮自己的學術積累優勢、人脉資源優勢，以及運用自己的典籍刊刻經驗積極主動地與商務印書館及張元濟合作，不遺餘力地支持該出版計劃的落實和推進，體現出豐厚的學養和深厚的友情。葉德輝力助《四部叢刊》成編，此舉有功前籍、津逮後人。這一合作、這份厚誼，在業界也被傳爲佳話，譽滿天下。一九九七年由張元濟先生之子張樹年、裔孫張人鳳二先生共同編纂，在商務印書館出版的《張元濟書札》（增訂本），分爲上、中、下三册，共收入張元濟友朋書札三千二百一十一通，版權頁上著録字數爲一千零一十九千字。但是，在這部洋洋灑灑的大作中，獨不見曾與張元濟過從甚密的中國近代史上著名版本目録學家葉德輝的往復書札，連一封葉氏書信也没有（或拒絶）收入。遥想百年前後，張元濟、葉德輝兩先生在學術出版工作中的互動交游盛況，與此種著録情況形成鮮明對比，不能不令人扼腕嘆息。《張元濟書札》（增訂本）中未能查到表徵他們學術思想碰撞、互爲推重、互相補益的來往書信，這樣的反差，不能不引起我們的思考。

一

葉德輝是中國近代歷史舞臺上十分引人注目的一位傳奇性人物。他是清末民初的藏書家、刻書家、版本目録學家，凡四部要籍無不搜羅宏富，堪稱碩學通儒，一時“名動天下”。葉德輝以目録、版本、校讎之學最足名家，精研經義、文字、輿地、詞章之學，旁及星命、醫術、堪輿，成績斐然，著述等身，於我國古籍版本學頗有開創之功，其讀書叙録、藏書題跋，爲讀書者指示了治學法門，爲今人留下了一筆豐富的文化遺産；校刻書籍數十種，在保存、整理、出版古籍方面有不小貢獻。他的學術成果帶來了極大的影響，故而交游甚多。葉德輝與當時學術界、政界往來甚密，與王先謙、繆荃孫、傅增湘、張元濟、沈曾植、夏敬觀、瞿啓甲等名家有諸多交集，在藏書治學方面的交流探討很多，或聚會面談，或書信往來，交誼不淺。

關於張元濟與葉德輝之間的交往，如果今人因爲時過境遷不瞭解的話，那麽我們不妨順着相關文獻中的記録作一梳理，還原和再現其中的部分鏡頭，如此便可想見當時兩先生交游的盛況。查閲張人鳳先生整理的《張元濟日記》（該書於二〇〇一年由河北教育出版社出版），從中我們可以獲取諸多張元濟的交游情況。這裏，筆者以其交游對象之一的葉德輝爲例，專門摘出其中提及葉焕彬的内容，計涉及三十七條（四十五處），由兹可以管窺一二。《張元濟日記》中著録的有關内容具體如次（各條末括號中的内容係筆者根據《張元濟日記》中的實際頁碼予以記録）：

一九一六年十一月十三日　星期一　應酬　葉焕彬來談，云現住蘇州曹家巷泰仁里六號。在滬住三洋涇橋臨江里同孚棧。（見頁一八一—一八二）

一九一九年五月十八日　星期三　用人　葉焕彬言，有朱梁任名錫梁者，校勘學

頗佳，可聘用。（見頁七八〇）

一九一九年六月二日　星期一　收信　葉焕彬。（見頁七八四）

一九一九年六月五日　星期四　發信　繆小山、還《存復齋集》一本。焕彬、沅叔。（見頁七八七）

一九一九年七月八日　星期二　天頭　……又至曹家巷泰仁里訪葉焕彬，亦不遇。（見頁八一〇）

一九一九年七月二十八日　星期一　應酬　昨午約葉焕彬、王佩初、文博亭、夏劍丞、孫星如在一枝香午酌。（見頁八二二）

一九一六年七月三十一日　星期四　雜記　購進明正德《歐陽圭齋集》一部，價一百元，交葉焕彬轉付。（見頁八二五）

一九一九年九月二十九日　星期一　應酬　晚約葉焕彬、左臺生、李振康在一枝香晚餐。（見頁八七三）

一九一九年十月十三日　星期一　天頭　十月九日偕孫君星如赴常熟罟里瞿氏看書，並商借印。九點十五分登車，到昆山知葉焕彬同年已到。……復至常熟，偕焕彬、星如詣顧蘭澤家看書。又邀至山景園晚飯，並有龐君名超，字北海，同作主人，皆焕彬之友也。晚飯後出城。十三早開船，午刻至昆山。遂乘車返上海。焕彬則回蘇州。（見頁八百一—八八二）

一九一九年十月二十七日　星期一　財政　……葉焕彬擬借二百元，爲返湘之用。

雜記　午後葉焕彬來，偕往看書。（見頁八九〇—八九一）

一九一九年十月二十九日　星期三　應酬　本日宴焕彬、佩初及羅伯滄諸人於一枝香。余未去。由拔、劍招待。（見頁八九二）

一九一九年十一月二十七日　星期四　應酬　晚約白岩龍平……葉焕彬在寓便酌。商借岩崎所購皕宋樓書事。（見頁九〇七）

一九一九年十二月六日　星期六　收信　葉焕彬。

發信　焕彬、長沙館轉，直寄快信。……（見頁九一二）

一九一九年十二月十九日　星期五　收信　焕彬。（見頁九二一）

一九一九年十二月二十五日　星期四　雜記　連日收到長沙分館寄來葉彬所借書。計有《儀禮鄭注》、《古列女傳》、《新語》、《石門文字禪》、正平本《論語》，計五種。本日又到《越絶書》《吴越春秋》《楊仲宏集》三種。（見頁九二四）

一九二〇年二月九日 星期一 收信 鶴廎、焕彬、少勳。（見頁九四七）

一九二〇年二月十日 星期一 發信 葉焕彬、少勳。（見頁九四七）

一九二〇年三月三十一日 星期四 發信 沅叔、瞿良士、白岩、金佑之、葉焕彬、伯恒。廎訪陳、王兩集缺頁。（見頁九六〇）

一九二〇年四月八日 星期四 發信 葉焕彬。發去李、吴收條二百元二張。（見頁九七二）

一九二〇年四月十五日 星期四 發信 白岩、葉焕彬、伯恒、乾三、廷桂。留稿。（見頁九七五）

一九二〇年四月二十一日 星期三（“星期三”係筆者所補） 發信 嚴又陵、附柯君信。葉焕彬。留稿。（見頁九七七）

一九二〇年五月三日 星期二 收信 焕彬、書衡。

發信 任公、書衡、焕彬。（見頁九八一）

一九二〇年六月十日 星期四 發信 張季直、梁任公、葉焕彬。（見頁九九一）

一九二〇年六月二十一日 星期一 收信 焕彬。

發信 焕彬。（見頁九九四）

一九二〇年七月五日 星期一 發信 孟蒓孫、焕彬、三日。陳小莊、三。族人。公函、留稿。（見頁九九五）

一九二〇年七月七日 星期三 收信 焕彬。

發信 趙學南、仲友、葉焕彬。八日再啓。（見頁九九五）

一九二〇年七月十二日 星期一 收信 焕彬。（見頁九九六）

一九二〇年七月二十六日 星期一 發信 高子約、葉焕彬、勞敬修、送泰和轉。鮑子剛。（見頁一〇〇一）

一九二〇年八月二日 星期一 發信 傅沅叔、昨寄。葉彬。（見頁一〇〇四）

一九二〇年十二月三日 星期五 收信 葉焕彬。（見頁一〇四一）

一九二〇年十二月八日 星期三 發信 伯恒、快。陶約庵、沅叔、焕彬、蘭泉、附預約券六張。仲良、富慶、仲友。（見頁一〇四二）

一九二一年二月十二日 星期六 發信 鮑子剛信、葉焕彬信。（見頁一〇五二）

一九二一年三月一日 星期二 收信 葉焕彬。（見頁一〇五三）

一九二一年三月三日 星期四 發信 羅志希、葉焕彬。（見頁一〇五三）

一九二一年四月二十二日 星期五 發信 葉焕彬。（見頁一〇五六）

一九二一年九月十五日 星期四 應酬 葉焕彬住廣寧伯街半截胡同一號蔡宅。（見頁一〇五七）

一九二一年十月八日 星期五 應酬 ……胡適之來。葉焕彬來。（見頁一〇六七）

由上述記載可知，張元濟與葉德輝交往頻繁，關係密切。單以書信往復來看，僅《張元濟日記》中提到的，收葉德輝信十通，發葉德輝信十八通。

二

上述清單，是從張元濟這一邊説明了張元濟、葉德輝之間有交集，而且關係非同尋常。下面，我們再换個角度，從葉德輝一邊來看，也可尋出諸多綫索，證明兩先生有來往，特别是有書信來往。

翻看《葉德輝集》和《葉德輝年譜》，我們可以尋到張元濟與葉德輝交往的綫索。這裏列舉數例，以俾讀者參考。

一九一九年四月六日 葉德輝致夏敬觀信，“自此葉始參與《四部叢刊》策劃事。……此後，葉於致《四部叢刊》主辦者（筆者按：此當指張元濟）諸信，勸其改變初衷，《四部叢刊》最初是爲配合《書目答問》而編。力主重版本，取市利。張元濟等從之”[①]。

一九一九年四月十四日 葉德輝致夏敬觀信，“就《四部叢刊》選書原則與夏敬觀、張元濟等討論，長達六千字，爲編輯《四部叢刊》之要件。核之《四部叢刊》，葉氏意見如《十三經》用武英殿本，其他書儘量用古本，爲求獲利而廣泛宣傳等，多爲張元濟等采納”[②]。

一九一九年五月四日 葉德輝致張元濟信，爲言《四部叢刊》選書版本事，詳

---

① 王逸明、李璞編著：《葉德輝年譜》，學苑出版社，二〇一二年，第二五八頁。

② 王逸明、李璞編著：《葉德輝年譜》，第二五九頁。

見《與張鞠生同年論借印四部叢刊書》[①]，後文有録。

一九一九年七月十四日　“再回蘇州。張元濟到蘇州接葉至上海，住三洋涇橋臨江裏同孚棧。”[②]

一九一九年七月二十一日　葉德輝致夏敬觀信，提到“連日接菊翁、星翁書，於《四部叢刊》又有變更，以沈乙庵建議以往經、史、子三部未收國朝人書，集部多收國朝人書，於全書體例不合。……擬加之唐人集，已詳復菊翁書，擬加之宋人集，……請執事與菊翁、星翁商定，究竟近年來何種書行消，一決從違，正不必人人作主也”[③]。

一九一九年閏七月十一日　葉德輝致夏敬觀信，提到“初九到蘇，即有書畣張、孫二君並閣下，計早邀臺覽矣。……張菊生同年來書云，近得萬曆本，豈即此本乎？此本固未盡善也”[④]。

…………

《葉德輝年譜》中引用《張元濟日記》版本與上述版本可能不同：一是著録時間爲農曆，二是關於葉、張往來書信比前文所列清單多出不少。這些綫索也可供《張元濟書札》增補時參考。

此外，從葉德輝的有關書信和著述中，我們也能感知到他與張元濟交往甚深。《書林餘話》卷下云：“江陰繆藝風荃孫、華陽王息塵秉恩兩先生，慫恿張菊生同年元濟以商務别舍涵芬樓徵集海内藏書家之四部舊本，擇其要者，爲《四部叢刊》，即以石印法印之。”[⑤]葉德輝一直視此爲己業，從策劃到鑒别、編目、求書、出售等，可謂對《四部叢刊》的出版奉獻了才智與物力。

葉德輝致瞿啓甲信札又云：“此次《四部叢刊》之印，發端於鄙人，而玉成於閣下，吾輩本非股東之例，不過借用商館機石，流傳世間未見之奇書。張君菊生，同年至交，志同道合，復得繆藝風老人、傅沅叔、張季直、沈子培三同年各出所藏，爲之襄助！”[⑥]此信係葉德輝爲張元濟牽綫搭橋，幫助張元濟從瞿啓甲處借書所做的鋪墊和引薦。一九一九

① 王逸明主編：《葉德輝集》第二册，學苑出版社，二〇〇七年，第一二一頁。
② 王逸明、李璞編著：《葉德輝年譜》，第二六四頁。
③ 王逸明主編：《葉德輝集》第四册，第四〇一頁。
④ 王逸明主編：《葉德輝集》第四册，第四〇六頁。
⑤ 葉德輝：《書林清話·書林餘話》卷下，中華書局，一九五七年，第三七—三八頁。
⑥ 王逸明主編：《葉德輝集》第四册，第四一六頁。

年夏，瞿啓甲接到葉德輝信後，即請張元濟等來常熟接洽，商談有關事宜。這些信息也使我們確信，張元濟與葉德輝之間的交集是很多的，這一點是毋庸置疑的。

三

前面所述的現象，令筆者百思不得其解，《張元濟書札》中何以獨不收葉氏來往信件？該書的編纂者究竟出於何種原因，有何特殊考慮、顧慮或隱衷？筆者不揣譾陋，妄加猜測，是否有如下幾種可能：

其一，客觀上，由於年代久遠，資料的收藏傳遞過程中，或許會造成遺失，以致整理者在編纂《張元濟書札》時未能及時地收集到與葉氏互通音問的資料，所以不能悉數收入，造成缺憾。這是整理文獻中經常會碰到的現象。但是需要説明的是，前文已提及，《張元濟日記》中在個别發信的記録中專門注明"留稿"字樣，凡三處，起碼這三封信應該是可以覓到的，亦未予收録。當然，因爲收録的諸名家信札多，材料來之不易，保存也不易，偶有未收者也無足爲奇，祇要將來增訂時收入即可。

其二，主觀上，數十年來，國内學界對葉氏其人有一些認知，誠如陳祖武先生在《葉德輝集》序中所講的那樣："在過去較長一段時間，由於認識上的局限，學術與政治每每糾纏不清，以致妨礙了對葉先生學術業績研究的深入。"[①]這一判斷，揭示了學界研究葉氏的一種極爲普遍的現象。對於葉氏其人，研究者多采取貼標籤法，"歷數劣迹"，强化其劣紳、惡霸及頑固守舊的一面，人們對其認知始終停留在表面，無法深入其内心。二十世紀九十年代以後，"其人固不足取，其學實有可傳"成爲人們研究葉氏的指導思想。葉氏在近代學術領域中"用力之勤、沾溉之廣、惠人之多"，則未能得到公允的評價和足够的重視，因此"學界之冷漠，對葉氏而言甚爲不公"。不知道這一大的時代風尚和學術背景，是否對張樹年、張人鳳先生編纂《張元濟書札》（增訂本）有過一些影響：考慮到葉氏的聲名不佳，故而在爲自己的先人編纂文獻時，不能輕易地采入葉氏的書信，以免給書主照成不必要的負面影響。但願此種臆測是小人之心度君子之腹了。

其三，如果上述兩種原因都不能成立的話，那麼筆者祇能得出一種結論：編纂者根本不了解張元濟、葉德輝之間交往甚密，不知道他們有筆墨來往。但是仔細考察，這一結論似乎又是站不住脚的。因爲《張元濟日記》係張人鳳先生參與編纂的，他不可能不

① 陳祖武：《葉德輝集序》，載王逸明主編《葉德輝集》。

知道其祖父與葉氏有交集，單從前述二十八通張元濟、葉德輝往復書札來看，在張人鳳和張樹年二先生合編的《張元濟書札》中，似乎不應該遺漏的，可是通觀全書，竟未能檢到一封。

鑒於這種情况，筆者感覺，學人的作述編抄，包括寫名人傳記、編名人年譜、纂名人書札等，均應秉持實事求是的學風，按照科學的歷史觀、史料觀，真正以實録的精神來安排和組織材料，既不以人廢言，也不以言廢人，讓歷史之實物，交由未來做裁判。這既是對當事人的一種尊重，也是對後來人治學負責任的態度。

四

因此，筆者特意查找了一些資料，希望能够爲《張元濟書札》（增訂本）一書的後續增訂盡綿薄之力。由於屬於歷史文獻，因而所能做的，其實也衹是提供一些綫索而已。

下面，摘引數封葉氏信札，宜補入《張元濟書札》（增訂本）中。

第一封：

與張鞠生同年論借印四部叢刊書[①]

連日晤談極快。回蘇後，即將致瞿良士書封寄，並寄《四部叢刊目録》一本，亦經弟校改一過者，書稿別録奉覽。今日海内藏書家固以江南之瞿、山左之楊爲南北兩大國，然其他藏書之人所藏，亦有出於二家之外者。此次匯印板本，則取異不取同，徵求則就近不就遠。一則利在保留古本，一則利在易借荆州。蓋必如此，始足達吾輩流通古書之素心，而其途亦較有歸宿也。

經書决用單注本。《瞿目》有宋刊本《周易》十卷、宋刊巾箱本《毛詩》二十卷、宋淳熙阮仲猷本《春秋經傳集解》三十卷、宋余仁仲本《春秋公羊經傳解詁》十二卷、影宋相臺岳氏《孝經》一卷、宋刊本《爾雅》三卷，凡六種。其纂圖互注諸經及宋刊殘本均不適用。《穀梁傳》有余仁仲本殘本六卷，似可取黎刻《古逸叢書》本補之。《孟子》宋本既向北京内府借影，則弟前恨孔、韓兩刻失宋本原式不能配入者，今已成爲全璧矣。惟《三禮》《論語》頗難遇。《瞿目》有《周禮》，無《儀禮》《禮記》。《周禮》，一爲纂圖互注本，一爲殘宋本，均不可用。《禮

① 引自《郋園山居文録》，見王逸明主編《葉德輝集》第二册，第一二一頁。

記》，傅沅叔同年得天一閣藏宋阮仲猷本，可以向其借印。《周禮》，弟有明嘉靖兩刻本，一仿宋相臺岳氏本，一重刻宋相臺岳氏本，二本行格字數同，八行十七字。惟仿刻本字體端勁似顔書，重刻本字體方板近俗耳。《儀禮》，弟有明嘉靖中徐氏翻宋本，行格字數與岳本同，但不附“釋音”爲異。《論語》，弟有日本文化十年覆元正平本，即《古逸叢書》之祖本，爲顧澗蘋舊藏。此皆可以配入，雖爲明刻、外藩刻，固不下宋本一等也。《孝經》，别有宋小字本，極精，楊守敬《留真譜》全刻之，亦可重印。

子部《鬼穀子》用秦氏石研齋本，但石研齋有兩本：一乾隆己卯刻《道藏》本，用宋體字；一嘉慶十年刻述古堂影宋本，用元體字。元體字本常見，擬用宋體字本。

集部唐《駱賓王集》原用石研齋本，不如用《丁志》所載之元刊本。江南圖書館藏書當有之。《元人集》，范、揭、虞、楊爲四大家，目中止有虞、揭二家，范、楊似當補入。《范集》，《瞿目》《丁志》均有元刊本；《楊仲弘集》，弟有明嘉靖丙辰刻本。此皆遠勝汲古閣刻元人四家也。

又前長沙書客帶來之《韓詩外傳》，非通津草堂本，即非野竹齋本。前此恍惚看過，頻日記憶，灼知其非矣，此亦嘉靖時刻。但視通津、野竹優劣如何，則須取兩本比勘，方明曉也。《文心雕龍》刻入《兩京遺編》，曾爲《四庫》存目所譏，然其刻本，前人甚貴重之。《孫祠書目》載有影寫本二三種，則其刻本希見可知矣。弟家藏五六種，中有《新語》，取校天一閣本，並無異同。天一閣本乃范欽之子所刊，不在《二十種奇書》之内。《二十種》刻於嘉靖年間，此則萬曆年間所刻者，而《兩京遺編》刻於萬曆十年，略先於范刻，惟范刻字體較《兩京遺編》端整，故《叢刊目》中取范刻也。

筆者按：上則書信，原文係一完整段落，篇幅較大，爲便於閱覽，特按照所述主題進行分段處理，特此説明。

第二封：

致夏敬觀[1]

鞠生同年、劍丞仁兄同鑒。頃間暢談極快。明晨仍回蘇，節後再來。《四部叢

① 王逸明主編：《葉德輝集》第四册，第三九九頁。

刊目》，乞再寄二三分，以例分致各處。此事公等求速，弟更求速也。又長沙書客帶來之《韓詩外傳》，似非通津草堂本，亦非轉售野竹齋印本，此疑別一刻本。弟於二書審考在十年前，家藏本形狀頗難記憶，車中細思，殊恍惚，然其本當亦明板中佳本。此頌撰安。年世愚弟葉德輝頓首。己未四月小盡。

筆者按：此信係一文二發，並致張元濟和夏敬觀兩位，故而可以收入《張元濟書札》（增訂本）中。

第三封：

致夏敬觀[①]

鞠生同年、劍丞仁兄同鑒。昨初三日奉上一函，計已早邀台鑒矣。今日收到《書目》兩份，上印"闕"字爲弟所有者，一一注明，繳上存記。此事總以借得瞿書爲功之半，江南圖書館次之。弟書遠在湘中，郵寄究多不便，苟非瞿、丁及涵芬樓所無，餘皆盡就近易借者借之，較簡便，亦較迅速也。其中有三書，若能動手整理之，尤爲人人快意之事。一、《經典釋文》。先祖石君校本爲乾嘉諸儒衆口推重者，何幸其書尚存，安得不急急傳布。所恨闕《老》《莊》二卷，雖無關經訓，却不能付之闕如，故姑以盧校補之。所謂宜動手者其一。一、《齊民要術》。《瞿目》校宋本如允借，則其未校完之數卷當設法爲之校完。所謂宜動手者又其一。一、《意林》。自以武英殿聚珍本爲善，所缺第六卷別下齋刻《斠補隅録》有之，應取以襄配。所謂宜動手又其一。然着手皆不甚難，但必弟參與斯役，以平日於此類書別有一種校法，即別有一種辦法也。節後來滬，再當與兩兄面談。又弟藏沈南蘋《百獸圖卷》全是一種怪獸，惜是熟絹所畫，裱褙時有走絲攲斜之處。弟考其八十餘種，尚有不知其名者，古人博物勝於今人，於此可見。此種動物西人最喜研求，若以珂羅五色版印之，必爲中外共賞之物。弟又有唐人寫經，乃《滋蕙堂帖》所刻之原本，但帖衹刻其四分之一，又出剪裁，不如此首尾完好。又有宋拓《晉唐小楷八種》，爲明人章簡甫舊藏，名藻，即刻《玉池堂帖》者，章自有跋。較臨川李氏《十二種》精神更爲完足。"曄曄之姿"《曹娥碑》下"曄"，他帖皆作"、、"（筆者按：此二點係上下排，下點略左，若"头"字左上方兩點布局），不重"曄"，此種"曄"字體並不雷同，可見古人作書之妙。又"偏其反而"之

① 王逸明主編：《葉德輝集》第四册，第三九九—四〇〇頁。

"偏"，其人旁一撇起處輕，落處重，有鍾隸遺意，皆與各集帖及李氏宋本不同。又有舊拓《淳化》，非明人顧、潘兩刻，張叔未《清儀閣題跋》衹見其下五卷，此則十卷皆全，皆可照印，惟帶滬極難，不知商務印書館有便使可帶否？蘇州大批舊書已來，今日略一往閲，中有一弘治本《元遺山集》，已爲陶銀行所知，價亦太貴，要四百元。又有一《蛟川集》，御兒李氏舊藏。弟衹取得惠周惕《詩文集》，似亦少見者。明日後日再往，如有《四部叢刊》須用之書，當暗中記出。人有不如自有，樂得收之。向瞿良士借書，不知可托藝風加一函否？乞酌之。此須撰安。孫星翁均此。弟德輝頓首。己未端四日。

筆者按：此信係一文二發，並致張元濟和夏敬觀兩位，故而可以收録入《張元濟書札》（增訂本）中。

第四封：

致夏敬觀[1]

劍丞仁兄先生執事。初四日有書致執事與鞠生同年，又寄轉《四部叢刊目》一本，想已謄收。此次印書，弟固可以出所藏以相助，唯所闕有瞿、丁《目》《志》及弟藏亦未有者，則當求助於傅沅叔、董授經，始能成功。又套印太多，成本加重，亦不可不先事籌畫，但約計删去之注本，兩抵或者相當，未可知也。此次來青閣收有大批舊書，因貲本向陶銀行墊借，凡明印白棉紙本必盡陶先挑。中有弘治本《元遺山集》，弟極喜之而不能想讓。又有黄梨洲《明文案》二百十七卷，實止二百六卷。共四十八本，每本多者二百頁，少者百五六十至七八十。爲先生門人陳言揚鈔藏，後有吴兔床跋數行，其書爲康熙時龔氏群玉山房舊藏。又有明嘉靖徐焴仿宋刻《唐文粹》，較弟藏本印頗早，然尚非初印。均屬其送至尊處，並屬其携全部來看。此二書正在需用之時。如《明文衡》不可得，則可以《文案》代之，一則書無刻本，一則浙鄉賢之書尤可寶也。弟書除蘇寓易取外，若湖南之書能在湖南照印，即可省運載之勞。李義山無注本，不僅錢牧翁批校本，亦有明十行本六卷，均可摘其一印之。鞠生同年、星如先生均此致意。敬頌撰安。世小弟葉德輝頓首。端六日。

① 王逸明主編：《葉德輝集》第四册，第四〇〇頁。

筆者按：此信雖致夏敬觀，而信末所附“鞠生同年、星如先生均此致意”，可知葉德輝亦同致意於張元濟、孫星如。故而此件亦可作向張元濟所發信札看待。

令我們欣慰的是，二〇〇四年十二月，《書簡》第三期刊載《向張元濟書札收藏者的呼籲——關於張元濟的故事》一文，介紹了張元濟書札的徵集情況。張人鳳先生説了幾個數字：一九八一年六月商務印書館版《張元濟書札》一册，收六百三十九封，二十二萬字；一九九七年十二月由張樹年、張人鳳編的《張元濟書札》（增訂本）三册，收録三千二百一十一封，一百零一點九萬字；在增訂本基礎上，目前收集到的張元濟書札已達四千三百零八封，字數約一百三十萬字。這樣，我們將可以閱讀到一部更爲完整的《張元濟書札》，透過歷史文獻，能够回眸和把握二十世紀的學術風雲和潮流，實爲學界一大幸事。但願本文所列出的數通書札以及更多的張、葉兩先生的書札，在《張元濟書札》修訂時能有所體現，真正彌補讀者心中的缺憾。

（作者單位：華東師範大學古籍研究所）

南宋前期的詩話編撰與“詩學教材”的雛形 *

唐　玲

内容摘要： 南宋前期，詩話發展日漸成熟，不僅數量增多，且呈現出前所未有的新趨勢，即從具有普遍意義的“論詩的話”，朝着指向性明確的“教材”“法門”型的詩學專著轉型。此時之作，率皆刻意爲“學詩者”指明途徑。①具體方法則包括作詩過程中所涉及的取法、體格、用字、押韵、對仗、詩忌等諸層面，進而以理論結合案例的形式，爲學詩者揭示何謂好詩，如何作出好詩的真諦。在一定程度上形成了“詩學教材”的雛形。

關鍵詞： 南宋前期；詩話；詩學教材；雛形

經過北宋百餘年的發展，“詩話”這一體裁已從最初“以資閑談”的文學筆記，發展成爲考論專精、評鑒模式豐富的專門著述。南渡之際，許顗在《彦周詩話》中明確提出“辨句法、備古今、紀盛德、録異事、正訛誤”的編撰原則，使其進一步朝着學術性、嚴謹性、體系性發展。到了南宋前期，詩話創作依然繁榮，所呈現出的新特徵亦爲此前詩話所未有。其中較爲突出的一點，即詩話作者從多個層面爲“學詩者”指明作詩途徑，在無形當中形成“詩學教材”的雛形。值得注意的是，此“教材”的含義與“詩格”“詩式”“句圖”等已自成一體的純詩法類作品不同，而是運用理論闡述結合詩例分析的方式，隨機地分布於各詩話中，以供學詩者參考借鑒之用，故曰“詩學教材”的雛形。

---

*　本文爲國家社科基金年度項目“《詩人玉屑》校箋與研究”（19BZW070）的階段性成果。

①　按：諸詩話中提到“學詩者”“學者”處頗多，如楊萬里《誠齋詩話》云：“七言長韵古詩，如杜少陵《丹青引》《曹將軍畫馬》《奉先縣劉少府山水障歌》等篇，皆雄偉宏放，不可捕捉。學詩者於李、杜、蘇、黄詩中求此等類，誦讀沉酣，深得其意味，則落筆自絶矣。”曾季貍《艇齋詩話》云：“東萊論詩，嘗引《孫子》‘始如處女，終如脱兔’之論，亦甚有意味，學詩者不可不知此理。”吴可《藏海詩話》云：“東坡詩：‘已有小舟來賣餅。’曾公卷：‘已有小舟來賣魚。’學者當試商略，看優劣如何。”

一、詩法

南渡詩話大多着力於談論詩藝、品賞詩作、考證詩語等方面，從編撰動機看，似無“爲學詩者立法”之意。到了高宗紹興以後，詩話中越來越多地展示出“教材”的特性，姜夔《白石道人詩説》就明確説道：“《詩説》之作，非爲能詩者作也，爲不能詩者作，而使之能詩；能詩而後能盡吾之説，是亦爲能詩者作也。”[①]在同期詩話中，無論是高屋建瓴的指導，還是細緻入微的講解，皆隨處可見。前者如曾季貍《艇齋詩話》云：“後山論詩説换骨，東湖論詩説中的，東萊論詩説活法，子蒼論詩説飽參，入處雖不同，然其實皆一關捩，要知非悟入不可。”[②]此條揭示陳師道、徐俯、吕本中、韓駒四人的詩學觀，概括其共性爲“悟入”，進而教人以此爲作詩要領。後者如吴可《藏海詩話》云：“老杜詩：‘本賣文爲活，翻令室倒懸。荆扉深蔓草，土銼冷疏烟。’此言貧不露筋骨。如杜荀鶴‘時挑野菜和根煮，旋斫青柴帶葉燒’，蓋不忌當頭，直言窮愁之迹，所以鄙陋也。切忌當頭，要影落出。”[③]此則從詩病入手，以正、反詩例告誡學者作詩切忌直露，應寄深意於含蓄之中。當然，不同的詩話作者對於詩法的理解與傳授自是不同，有的重在遣詞造句，有的好引“名人名言”；有的采取“比喻法”，有的使用“歸納法”。然而，講求“取法乎上”“轉益多師”則是其共通之處。

（一）來歷

北宋後期到南宋前期，江西詩派長期雄踞詩壇，詩人們大多以黄庭堅詩論爲金科玉律，故而“無一字無來處”也成爲這一時期詩人的取法準則。甚至連“中興四大家”之一的楊萬里早期也是“論詩寧下涪翁拜”的，他在《誠齋詩話》中以蘇、黄名篇爲例，教初學者如何遣詞造句，化前人詩爲己出：

> 初學詩者須學古人好語，或兩字，或三字。如山谷《猩猩毛筆》：“平生幾兩屐，身後五車書。”“平生”二字出《論語》，“身後”二字，晋張翰云：“使我有身後名。”“幾兩屐”阮孚語。“五車書”莊子言惠施。此兩句乃四處合來。

---

① 姜夔：《白石道人詩説》，載何文焕輯《歷代詩話》，中華書局，二〇〇九年，第六八三頁。

② 曾季貍：《艇齋詩話》，載丁福保輯《歷代詩話續編》，中華書局，二〇一〇年，第二九六頁。

③ 吴可：《藏海詩話》，載丁福保輯《歷代詩話續編》，中華書局，二〇一〇年，第三三一——三三二頁。

又“春風春雨花經眼，江北江南水拍天”，春風春雨，江北江南，詩家常用。杜云“且看欲盡花經眼”，退之云“海氣昏昏水拍天”，此以四字合三字，入口便成詩句，不至生硬。要誦詩之多，擇字之精，始乎摘用，久而自出肺腑，縱橫出没，用亦可，不用亦可。

詩家用古人語，而不用其意，最爲妙法。如山谷《猩猩毛筆》是也。猩猩喜着屐，故用阮孚事。其毛作筆，用之鈔書，故用惠施事。二事皆借人以咏物，初非猩猩毛筆事也。《左傳》云：“深山大澤，實生龍蛇。”而山谷《中秋月》詩云：“寒藤老木被光景，深山大澤皆龍蛇。”《周禮·考工記》云：“車人蓋圜以象天，軫方以象地。”而山谷云：“丈夫要弘毅，天地一蓋軫。”孟子云：“《武成》取二三策。”而山谷稱東坡云：“平生五車書，未吐二三策。”孔子、老子相見傾蓋，鄒陽云：“傾蓋如故。”孫倖與東坡不識，乃以詩寄坡，坡和云：“與君蓋亦不須傾。”劉寬爲吏，以蒲爲鞭，寬厚至矣。東坡云：“有鞭不使安用蒲。”杜詩云：“忽憶往時秋井塌，古人白骨生蒼苔，如何不飲令心哀。”東坡則云：“何須更待秋井塌，見人白骨方銜杯。”此皆翻案法也。余友人安福劉浚字景明，《重陽詩》云：“不用茱萸仔細看，管取明年各强健。”得此法也。①

從《詩經》到唐詩，人類喜怒哀樂的各種情感體驗早被前人道盡，宋詩要想有自己的特色，衹能另闢蹊徑。對於詩歌創作而言，“創意”實難，而“創表達”尚可爲之。所謂“表達”，指的是詩歌的遣詞造句、結構安排。作爲詩歌構成的“最小零件”——語詞，是初學者面臨的第一關。所以，楊萬里不惜筆墨，在相連的兩條中皆以黄庭堅《猩猩毛筆》爲範例，指出化用古人詩語的原則、方法及其最高境界，即“要誦詩之多，擇字之精，始乎摘用，久而自出肺腑，縱横出没，用亦可，不用亦可”。在做到“無一字無來處”後，第二步便是“師其詞而不師其意”了。後一條材料中，作者大量列舉了蘇、黄詩句及其來歷出處，通過兩相對比，意在使學者直觀地感知“翻案法”，即語出有自而意義相反，由此也呈現出宋詩獨特的審美趣味。應該説，楊萬里是較早的以教人作詩爲主要目的的詩話作者，在他的推動下，正規的詩學教材類專書在南宋中後期開始蓬勃發展。

① 楊萬里：《誠齋詩話》，載丁福保輯《歷代詩話續編》，中華書局，二〇一〇年，第一四〇—一四一頁。

（二）徵引

引用“權威人物”的詩論、文論，在北宋後期的《後山詩話》《王直方詩話》中便已出現，彼時的重點在於闡釋詩學理論或記載人物言談。到了南宋前期，詩話中開始大規模地引用詩家的論詩之語，目的則是爲學詩者提供理論指導。其中，蘇軾便是詩話作者最爲關注的對象，無論是其談詩的吉光片羽，還是其與友人的書信往還，都被用作了絶好的“教材”。曾季貍《艇齋詩話》載：

> 東坡《與王郎書》云：“少年爲學者，每一書皆作數次讀。書之富，如入海，百貨皆有，人之精力不能兼收盡取，但得其所欲求者爾。故願學者每次作一意求之，如欲求古今興亡治亂聖賢作用，且祇作此意求之，勿生餘念。又別作一次求事迹文物之類，亦如之。他皆仿此。若學成，八面受敵，與涉獵者不可同日而語。”以上皆東坡尺牘中語，此最是爲學下工夫捷徑。予少時亦頗窺此術，然不能以此告人。及見東坡所言，犂然當人心，善爲學者不可不知也。[①]

王郎即蘇轍之婿王庠，此乃東坡教導後輩之語。雖然並非專就學詩而言，但“八面受敵”確實是積累詩材、提高識見的好方法。難怪曾季貍看後心有戚戚，深深嘆服，進而推崇爲“善學者不可不知”的良方。他還在另外一條材料中明確指出：“東坡論作詩，喜對景能賦，必有是景，然後有是句。若無是景而作，即謂之‘脱空’詩，不足貴也。”[②]在詩話中引入名家言論，自然能使“教材”更具備説服力。

（三）比喻

詩話作者在教人學詩上可謂煞費苦心，每家都有自己的獨門“教法”。例如擅長“以禪喻詩”的吴可，除了發明學詩與參禪的關係，還將此“喻”拓展到了治經層面。他説：

> 凡作詩如參禪，須有悟門。少從榮天和學，嘗不解其詩云：“多謝喧喧雀，時來破寂寥。”一日於竹亭中坐，忽有群雀飛鳴而下，頓悟前語。自爾看詩，無

① 曾季貍：《艇齋詩話》，載丁福保輯《歷代詩話續編》，第二九一頁。
② 曾季貍：《艇齋詩話》，載丁福保輯《歷代詩話續編》，第二八四頁。

不通者。[①]

看詩且以數家爲率，以杜爲正經，餘爲兼經也。如小杜韋蘇州王維太白退之子厚坡谷“四學士”之類也。如貫穿出入諸家之詩，與諸體俱化，便自成一家，而諸體俱備。若祇守一家，則無變態，雖千百首，皆祇一體也。[②]

吴可論詩貴頓悟，屢用禪家機鋒解之，所謂“凡作詩如參禪，須有悟門”便是其切身體會。他甚至認爲以參禪頓悟之法來學詩、解詩，可達無所不通之境。然而，無論其言在當時是否引起反響，至少進一步闡明了“禪”與“詩”的關係，突出了“喻”的學詩思維，進而推動着嚴羽“以禪喻詩”理論體系的成型。此外，吴可還爲詩找到了新的比喻對象，即以杜詩爲正經，王、韋、李、韓諸人之詩爲兼經。這一比喻無疑是新穎形象的，更利於科舉社會的讀書人理解掌握。

（四）取法

宋人論學詩，尤其看重師法對象，正如嚴羽所説：“學其上，僅得其中；學其中，斯爲下矣。”在宋人心目中，被公認值得全民取法的有且僅有老杜一人，即使文壇領袖東坡、山谷，在杜甫面前也終下一等。《藏海詩話》云：“學詩當以杜爲體，以蘇黄爲用，拂拭之則自然波峻，讀之鏗鏘。蓋杜之妙處藏於内，蘇黄之妙發於外。用工夫體學杜之妙處恐難到，用功多而效少。”[③]一内一外，高低乃現，這便是學詩當以杜爲體的根本原因。

其實尊杜、學杜的傾向早在北宋中後期就已經開始席卷整個詩壇，以蘇、黄爲首的詩人，皆爲老杜之擁躉。蘇過就説道：“東坡嘗語後輩，作古詩當以老杜《北征》爲法。”[④]而在曾季貍看來，杜詩之所以精妙絶倫，堪爲典範，是因爲杜甫對古人的尊重、取法時的謙虚。他説：

古人於前輩未嘗敢忽，雖不逮於己者，亦不敢少忽也。以韓退之之於文，杜子美之於詩，視王楊盧駱之文，不啻如俳優。而王績之文於退之，猶土苴爾。然退之於王勃《滕王閣記》、王績《醉鄉記》，方且有歆艷不及之語。子美於王楊盧駱

① 吴可：《藏海詩話》，載丁福保輯《歷代詩話續編》，第三四〇—三四一頁。
② 吴可：《藏海詩話》，載丁福保輯《歷代詩話續編》，第三三三頁。
③ 吴可：《藏海詩話》，載丁福保輯《歷代詩話續編》，第三三一頁。
④ 吴可：《藏海詩話》，載丁福保輯《歷代詩話續編》，第三四〇頁。

之文，又以爲時體而不敢輕議。古人用心忠厚如此，異乎今人露才揚己，未有寸長者，已譏議前輩，此皇甫持正所以有衙官老兵之論。[①]

韓愈作《送王含秀才序》《新修滕王閣記》，對王績、王勃多有贊譽。杜甫作《戲爲六絶句》其二稱："王楊盧駱當時體，輕薄爲文哂未休。爾曹身與名俱滅，不廢江河萬古流！"皇甫湜作《答李生第二書》批評時人"詩未有劉長卿一句，已呼阮籍爲老兵矣；筆語未有駱賓王一字，已罵宋玉爲罪人矣"。由此可以想見三人之"用心忠厚"，從不輕議前輩。在曾季貍看來，宋人要學的不僅僅是杜詩韓文的技巧，更重要的是"轉益多師是汝師"的謙遜態度。

除了集體尊杜，此一時期的詩話作者會結合親身經歷，記載自己的師承和取法。如曾季貍云："予幼學爲詩，未嘗經先達改抹，惟年十四時有《寄空青叔祖》古詩，得吕東萊爲予全改四句。其詞云：'悠悠造物何所爲，賢愚共滯令人悲。男兒不恨功名晚，功名必在老大時。'予至今記憶。是時空青將漕江西，得詩喜甚，報書云極有家法，恨予先君不見也。其帖至今尚存。"[②]作者的詩經吕祖謙修改，被其叔祖譽爲"極有家法"，以至於多年後仍然記憶猶新。這也從側面反映出了取法名師的重要性。

得到名師指點，自是人生幸事，而没有這樣機遇的人，就難免遭人諷刺了。《藏海詩話》載："何頡嘗見陳無已，李廌嘗見東坡，二人文字，所以過人。若崔德符、陳叔易，恐無師法也。"[③]李廌是蘇門六君子，親得蘇軾傳授。何頡也一度從蘇、黄游學，陳師道有《次韵答學者四首》，題注云"黄州何郎兄弟"。於是乎，何、李二人師承陳、蘇，而文字大進；想必崔德符、陳叔易二人文字平平，纔會被作者譏爲"恐無師法"。由此可見，詩話中反復强調的取法與師承，不但是"教材"的重要組成部分，也是學詩者的必須重視之處。

二、技巧

如果説"詩法"屬於"方法論"層面的話，那麽，接下來要傳授的就是"技巧論"了，具體包括平仄、押韵、對仗、隸事、用字等多方面。衆所周知，近體詩形制在"初

① 曾季貍：《艇齋詩話》，載丁福保輯《歷代詩話續編》，第二八七頁。
② 曾季貍：《艇齋詩話》，載丁福保輯《歷代詩話續編》，第二九九—三〇〇頁。
③ 吴可：《藏海詩話》，載丁福保輯《歷代詩話續編》，第三三八頁。

唐四傑”筆下初步定型，後經老杜調節格律，終於成爲成熟的詩體，也最爲後世文人所鍾愛。而平仄、押韵、對仗更是寫作律詩必須嚴格遵守的三要素。詩話作者在談論作詩技巧時，往往格外關注格律方面的特殊情況，將自己的心得體會與讀者分享。

（一）平仄

老杜五、七言律詩的成就可謂登峰造極，其“沉鬱頓挫”的風格更爲世人所公認。這裏所説的“頓挫”，就是指音調起伏迭變，節奏抑揚跌宕，即平仄聲調運用得巧奪天工。雖然律詩的基本格式衹有四種，掌握起來並不困難，但若遇到拗體的話，稍微掉以輕心，就有可能失律。《藏海詩話》特地拈出一例，以告誡學詩者拗救之法。

> 蘇州常熟縣破頭山有唐常建詩刻，乃是“一徑遇幽處”。蓋唐人作拗句，上句既拗，下句亦拗，所以對“禪房花木深”。“遇”與“花”皆拗故也。其詩近刻，時人常見之。[①]

常建此詩最爲常見的版本是“曲徑通幽處，禪房花木深”，如此，上句是合乎格律的句子，不涉及拗救的問題。而吴可看到的石刻作“一徑遇幽處”，格律由正體的“仄仄平平仄”變作“仄仄仄平仄”，第三字“遇”出律而爲拗句；而下句本該用“平平仄仄平”的格式來對，此處也衹得在相應的第三字的位置上换用平聲“花”，形成“平平平仄平”的句式來救上句。看上去雖是小問題，却包含了對拗體的認識和實踐，初學者不可不知。

作詩時，爲了調平仄而改用意義相同的字，此種現象較爲常見。如吴聿《觀林詩話》載：“東坡《王平父哀詞》（“王平父”當作“王中父”，疑吴聿誤記。——撰者注）云：‘已知毅豹爲均死，未識荆凡定孰存。’雖拘詩律，易楚爲荆。然古人多以荆楚二字互用。如後漢《臧洪論》云：‘可謂懷哭秦之節，存荆則未也。’亦不云楚而云荆也。”[②]蘇詩上句平仄爲“仄平仄仄平平仄”，下句爲“仄仄平平仄仄平”。“荆”“楚”雖同義，但根據平仄的規定，衹能作“荆凡”，指楚國和凡國。這也培養了學詩者换字作詩的思維意識。

---

① 吴可：《藏海詩話》，載丁福保輯《歷代詩話續編》，第三二九頁。

② 吴聿：《觀林詩話》，載丁福保輯《歷代詩話續編》，第一三〇頁。

（二）押韵

相比起平仄格式的複雜多變，押韵更爲有迹可循。唐人作詩可依《切韵》，宋人則從《廣韵》《集韵》等，作詩時衹要肯翻閲韵書，一般不太容易出韵。至於如何選字押韵使詩作新奇，不落俗套，就需要學詩者細細琢磨推敲了。《藏海詩話》提到了一個原則，即“和平常韵要奇特押之，則不與衆人同。如險韵，當要穩順押之方妙”[①]。此處把韵分爲常、險兩類，對於前者要選韵中之奇特字，後者則以穩當爲主。這一總結還是很有見地的。例如南朝劉宋曹景宗詩：“去時兒女悲，歸來笳鼓競。借問行路人，何如霍去病。”所押“競”“病”二字便是險韵。景宗用來極爲妥帖，没有絲毫趁韵之嫌，故爲時人所稱羡。再如蘇軾《水龍吟·似花還似非花》，雖是次韵友人章楶之作，然不僅未受原韵所限，反而聲韵清婉，王國維譽之爲“和韵而似原唱”。可見，詩詞的好壞和押韵技巧的高低是密切相關的。

押韵和遣詞造句一樣，也須講求來歷出處。葛立方《韵語陽秋》云：“《劉禹錫嘉話録》云：‘作詩押韵，須要有出處。近欲押一‘餳’字，六經中無此字，唯《周禮》‘吹簫處’注有此一字，終不敢押。’予按禹錫《歷陽書事》詩云：‘湖魚香勝肉，官酒重於餳。’則何嘗按六經所出耶？”[②]雖然劉禹錫詩最終還是押了“餳”字，然他所提出的觀點却可視爲押韵的原則，故而葛立方特意拈出，以示學詩者。

也有在同一首詩中，兩次押韵用同一個字的現象，這並非作者才低，而是有意爲之。當然，要想如此“簡單”地押韵，必須有前提條件。《觀林詩話》載：

> 沈休文《鍾山應西陽王教》一首五章，第四章用兩足字韵。上云：“多值息心侣，結架山之足。”下云：“所願從之游，寸心於此足。”一章纔四韵，而兩韵同一字。又陸士衡《擬古》一篇，用兩音字。前云：“思君徽與音。”後云“歸雲難寄音。”東坡一詩用兩耳字。云：“二義不同，故得重用。”又涪翁有一詩押兩朋字，云：“大府佳友朋。”“歸鳥求其朋。”又有一詩用兩扁字韵：“責任媿和扁。”“持斫問輪扁。”自注云：“復有此一韵，事異。”似不類出此也。[③]

在同一首詩中，沈約兩用“足”字，陸機兩用“音”字，蘇軾兩用“耳”字，黄

---

① 吴可：《藏海詩話》，載丁福保輯《歷代詩話續編》，第三三〇頁。

② 葛立方：《韵語陽秋》卷五，上海古籍出版社，一九八四年，第六四頁。

③ 吴聿：《觀林詩話》，載丁福保輯《歷代詩話續編》，第一二七頁。

庭堅兩用"朋"字、"扁"字，皆是字同而義異之故。換言之，若兩用某字且不變其義，雖於格律無礙，但似乎也預示了自己才學有限，無用韵之能。所以，黄庭堅在兩用"扁"字後，還特地自注説明二處意義不同，猶恐爲世人所笑。

（三）對仗

對仗是律詩、駢文等文體的必備要素，對仗精工與否直接反映了作者的才情與學識。對仗種類頗多，除了常見的工對，還有假對、自對、扇對、流水對、無情對等，着實令詩人費盡心力。這一時期的詩話有意識地對前人詩作中的對仗技巧進行總結與分析，使學詩者有迹可循。如《艇齋詩話》就開宗明義地介紹了對仗的原則："荆公詩及四六，法度甚嚴。湯進之丞相嘗云：'經對經，史對史，釋氏事對釋氏事，道家事對道家事。'此説甚然。"[①]這是針對内容層面的總結，言簡意賅，新手較爲容易掌握。而涉及具體的創作實踐，還需用前人詩爲例加以引導。

> 韓子蒼云："老杜'兩個黄鸝鳴翠柳，一行白鷺上青天'。古人用顔色字亦須匹配得相當方用，翠上方見得黄，青上方見得白。"此説有理。[②]

此言工對之法。通常認爲，詩句的上下聯衹要詞性、句式相對即可稱爲對仗了，也稱"寬對"。而所謂"工對"，指除了詞性、句式相對，名詞還要同類相對。一般來説，如果上下聯在顔色、數目、形體、方位上對得工了，這一聯就屬工對，頗可見詩人功力。杜詩中出現了黄、翠、白、青四種顔色，不但對仗精工，聲調抑揚，更巧妙的是，色彩搭配得也天衣無縫，即文中所謂"翠上方見得黄，青上方見得白"。

假對也是詩人常用的對仗手法，其義有二：一類是借音相對，即以一句中某字的同音字與另一句中的字相對。如劉禹錫《陋室銘》："談笑有鴻儒，往來無白丁。""鴻"音同"紅"，藉以與"白"相對。還有一類是借義相對，利用的就是詞彙的多義性，如杜甫《北鄰》："愛酒晋山簡，能詩何水曹。"借"山水"之"山"爲"山簡"之"山"，以與"水"字相對。[③]《觀林詩話》中也記載了假對的技巧：

---

① 曾季貍：《艇齋詩話》，載丁福保輯《歷代詩話續編》，第三一〇頁。

② 曾季貍：《艇齋詩話》，載丁福保輯《歷代詩話續編》，第三〇三頁。

③ 唐玲：《詩律傷嚴近寡恩——論"小東坡"唐庚律詩之工》，《華東師範大學學報》（哲學社會科學版）二〇一四年第三期。

杜牧之云："杜若芳洲翠，嚴光釣瀨喧。"此以杜與嚴爲人姓相對也。又有"當時物議朱雲小，後代聲名白日懸"，此乃以朱雲對白日，皆爲假對，雖以人名姓偶物，不爲偏枯，反爲工也。如涪翁"世上豈無千里馬，人中難待九方皋"，尤爲工致。[1]

杜牧詩中，"杜若"之"杜"因其多義性，借作姓氏之意與"嚴"相對。同樣地，"朱雲"之"朱"，借作紅色之意與"白"相對。所以看上去像寬對，實際却藴含了詩人的匠心獨運。至於黄庭堅詩中"千里馬""九方皋"一聯，除了借"九方"之複姓爲方位之義與"千里"相對，其字面本身就是數目、方位相對的工對，更爲難得的是二語同出一典，故而被作者譽爲"尤爲工致"，值得學者取法。

對仗精工往往和隸事貼切相提並論，也就是説，除了文字層面相對，用典隸事也要妥帖契合，《文心雕龍》中將其稱爲"言對"和"事對"。[2]事對即用典故相對，比起單純的詞性對仗要高明得多。《觀林詩話》載：

半山詩有用蔡澤事云："安排壽考無三甲。"又用退之語對云："收拾文章有六丁。"東坡詩有用屈原事云："豈意日斜庚子後。"又用鄭康成夢對云："忽驚歲在巳辰年。"皆天設對也。[3]

王安石詩上句典出《三國志・魏書・管輅傳》："輅曰：'吾額上無生骨，眼中無守精，鼻無梁柱，脚無天根，背無三甲，腹無三壬，此皆不壽之驗。'"[4]下句出自韓愈《調張籍》："仙官敕六丁，雷電下取將。"注曰："道書：陽官六甲，陰官六丁。六丁者，六甲中丁神也。"[5]蘇軾詩上句典出賈誼《鵩鳥賦》："單閼之歲兮，四月孟夏，庚子日施兮，服集予舍。"[6]下句語本《後漢書・張曹鄭列傳》："五年春，夢孔子告之曰：'起，起，今年歲在辰，來年歲在巳。'既寤，以讖合之，知命當終。有頃

① 吴聿：《觀林詩話》，載丁福保輯《歷代詩話續編》，第一一八頁。
② 范文瀾：《文心雕龍注・麗辭》，人民文學出版社，一九八一年，第三八四頁。
③ 吴聿：《觀林詩話》，載丁福保輯《歷代詩話續編》，第一二〇—一二一頁。
④ 《三國志》卷二九《管輅傳》，中華書局，二〇一六年，第八二六頁。
⑤ 《五百家集注昌黎集》卷五《調張籍》，《影印文淵閣四庫全書》本。
⑥ 《史記》卷八四《屈原賈生列傳》，中華書局，二〇一四年，第三〇二七頁。

寢疾。”[①]以上二詩皆兼顧了言對與事對，既避免了偏枯，又顯示出詩人高超的技巧和淵博的學識。故而吴聿感嘆道，此非人力所及，反似天設之對！

在事對之中，還有一些常識性的技巧，初學者亦不可不知。《觀林詩話》和《艇齋詩話》皆有所論及。前者記載較爲詳細，其文云：“贈人詩多用同姓事。如東坡贈鄭户曹云：‘公業有田常乏食，廣文好客竟無氈。’又贈蔡子華云：‘莫尋唐舉問封侯，但遣麻姑爲爬背。’涪翁和東坡詩云：‘人間化鶴三千歲，海上看羊十九年。’陳無己贈何郎中云：‘已度城陰先得句，不應從俗未忘葷。’唯徐師川贈張仁云：‘詩如雲態度，人似柳風流。’尤爲工也。又半山與劉發詩云：‘何妨過我論奇字，亦復令公見異書。’則又用彼我兩姓事。”[②]古人贈人詩喜用同姓事，而宋人尤甚，這也是“以文字爲詩”的表現之一。蘇軾贈鄭堯卿詩，用東漢鄭泰、唐鄭虔事；贈蔡子華（褎）詩，用秦蔡澤、東漢蔡經事。黄庭堅贈東坡詩，用西漢蘇仙公、蘇武事。陳師道贈何郎中詩，上句化用何遜詩，下句用何胤事。而被作者稱爲“尤工”的徐俯贈張仁詩，上句出韓愈《醉贈張秘書》“君詩多態度，藹藹春空雲”，下句出《南史·張緒傳》“此楊柳風流可愛，似張緒當年”，比起單純地引用同姓古人之事更加别出心裁，做到了用典於無形。至於王安石贈劉發詩，上句用劉棻從揚雄學作奇字事，下句用蔡邕得王充《論衡》恒秘玩以爲談助事。劉棻、王充正切合詩人與贈者之姓，結合得天衣無縫。

（四）用字

在掌握了詩律的基本格式與技法之後，下一步就是要在用字上下工夫了。一句詩不求字字皆奇，但總要有令人耳目一新之處，即論詩家所謂的“詩眼”。好比王國維評宋祁名句“紅杏枝頭春意鬧”，他説：“著一‘鬧’字，而境界全出。”[③]宋人對字詞的揣摩十分用心，對前人的用字法也多有研究。楊萬里《誠齋詩話》就總結了杜詩善用字的例子：

> 詩有實字而善用之者，以實爲虚。杜云：“弟子貧原憲，諸生老伏虔。”“老”字蓋用“趙充國請行，上老之”。[④]

---

① 《後漢書》卷三五，中華書局，一九七三年，第一二一一頁。
② 吴聿：《觀林詩話》，載丁福保輯《歷代詩話續編》，第一二九頁。
③ 王國維：《人間詞話》卷上，上海古籍出版社，一九九八年，第二頁。
④ 楊萬里：《誠齋詩話》，載丁福保輯《歷代詩話續編》，第一四八頁。

杜詩中“貧”與“老”是實字虛用（即類似今所謂“意動用法”）的典型例子，引起了後世杜詩注者的重視。仇兆鰲《杜詩詳注》云：“《莊子》：天地豈私貧我哉。此貧字活用。《趙充國傳》：充國請行，上老之。此老字活用。楊誠齋謂實字而虛用，是也。”①

在討論用字方面，吴可《藏海詩話》的解析最爲細緻，幾乎把一句中的七個字都“剥皮拆骨”了一遍。他説：

> “便可披襟度鬱蒸。”“度”字又曰“掃”，不如“掃”字奇健。蓋“便可”二字少意思，“披襟”與“鬱蒸”是衆人語，“掃”字是自家語，自家語最要下得穩當。韓退之所謂“六字尋常一字奇”是也。②

“便可披襟度鬱蒸”一句，“度”字又曰“掃”，出處未詳。作者認爲“便可”“披襟”“鬱蒸”皆爲常語，了無新意；衹有“掃”字是獨出機杼的自家語，達到了韓愈所説“六字尋常一字奇”的境界。由此也得出結論：“自家語最要下得穩當。”此番見解確實高明，陸游詩中寫到同一場景時用的正是這個奇健的“掃”字。其詩云：“清吹南來掃鬱蒸。”③此外，吴可在詩話中還談到了練字的問題。他以曾幾詩爲正面典型，向初學者説明了何謂“字不閑道”：

> 曾吉父詩云：“金馬門深曾草制，水精宫冷近題詩。”“深”“冷”二字不閑道。若言“金馬門中”“水精宫裏”，則閑了“中”“裏”二字也。此詩全篇無病，大勝《與疏山》詩。④

初看之下，“金馬門中”和“金馬門深”、“水精宫裏”和“水精宫冷”，僅一字之别，似無甚緊要。然而，下字之妙正在於此。用“深”“冷”則覺“中”“裏”多餘，不但門、宫之性狀得以形容，且避免了“中”“裏”二字的合掌。作詩者用字便當如此。

① 仇兆鰲：《杜詩詳注》卷八《寄岳州賈司馬六丈巴州嚴八使君兩閣老五十韻》，中華書局，一九七九年，第六五一頁。

② 吴可：《藏海詩話》，載丁福保輯《歷代詩話續編》，第三二八—三二九頁。

③ 陸游：《劍南詩稿》卷一二《日暮南窗納凉》，汲古閣刻《陸放翁全集》本。

④ 吴可：《藏海詩話》，載丁福保輯《歷代詩話續編》，第三三七頁。

三、教學案例

元遺山《論詩》云：“鴛鴦綉了從教看，莫把金針度與人。”原意是指衹教人欣賞華美的詩文，並不把其中的秘要對外傳授。而南宋前期的詩話却反其道而行之，常常以原詩作者自居，將創作的技法、心得悉數授予初學者。相比起以前詩話就理論談理論的模式，此一時期對於理論談得更爲微觀、細緻，往往結合了典型的案例進行分析，從多角度多層面展示出了“好詩何以爲好也”，供學者揣摩研習。

（一）案例分析

詩話論詩精當與否，在很大程度上取决於作者的識見與眼光。楊萬里早年出入江西詩派，晚年提倡“活法”，開啓後世“性靈詩”先河，其詩成就有目共睹，也成爲“中興四大家”之一。對於作詩之甘苦得失，他比其他詩話作者有着更加深刻的認識。在《誠齋詩話》中，他總結道：

> 詩有一句七言而三意者。杜云：“對食暫餐還不能。”退之云：“欲去未到先思回。”有一句五言而兩意者。陳後山云：“更病可無醉，猶寒已自知。”詩有句中無其辭，而句外有其意者。《巷伯》之詩，蘇氏刺暴公之譖己，而曰：“二人同行，誰爲此禍？”杜云：“遣人向市賒香粳，唤婦出房親自饌。”上言其力窮，故曰賒；下言其無使令，故曰親。又：“東歸貧路自覺難，欲别上馬身無力。”上有相干之意而不言，下有戀别之意而不忍。又：“朋酒日歡會，老夫今始知。”嘲其獨遺己而不招也。又夏日不赴而云：“夜雪興難乘。”此不言熱而反言之也。[1]

對於七言詩，如杜甫“對食暫餐還不能”，語本蔡琰《胡笳十八拍》：“饑當餐食兮不能飡。”其中包含了“對食”“暫餐”“不能”三重意思，句法謹嚴，無一閑字。對於五言詩，陳師道“更病可無醉，猶寒已自知”，上句含“病”“醉”意，下句含“寒”“知”意，皆精煉含蓄。更爲高超的技法便是“句中無其辭，而句外有其意”，如對杜詩“賒”“親”二字的分析，可謂深得老杜之用心。作爲學詩者，不僅僅能瞭解何謂好詩，更能明白其中的奥妙與精髓。如此到位的案例分析，當然是多多益善的。又如：

---

① 楊萬里：《誠齋詩話》，載丁福保輯《歷代詩話續編》，第一三八頁。

> 東坡《煎茶》詩云："活水還將活火烹，自臨釣石汲深清。"第二句七字而具五意：水清，一也；深處清者，二也；石下之水，非有泥土，三也；石乃釣石，非尋常之石，四也；東坡自汲，非遣卒奴，五也。"大瓢貯月歸春瓮，小杓分江入夜瓶。"其狀水之清美極矣。"分江"二字，此尤難下。"雪乳已翻煎處脚，松風仍作瀉時聲。"此倒語也，尤爲詩家妙法，即少陵"紅稻啄餘鸚鵡粒，碧梧栖老鳳凰枝"也。"枯腸未易禁三椀，卧聽山城長短更"，又翻却盧仝公案。仝吃到七椀，坡不禁三椀。山城更漏無定，"長短"二字，有無窮之味。[①]

"文本細讀"是當下學術研究中的重點、難點，此處對蘇詩的分析可謂導夫先路。文中"第二句七字而具五意"是針對句法而言，"'分江'二字，此尤難下"是針對用字而言，"此倒語也"是針對修辭而言，"又翻却盧仝公案"是針對用典而言，"'長短'二字，有無窮之味"是針對韵味而言，幾乎囊括了詩法技巧的主要方面。尤其是作者指出"雪乳已翻煎處脚，松風仍作瀉時聲"取法老杜"紅稻啄餘鸚鵡粒，碧梧栖老鳳皇枝"，用倒裝修辭手法故意打亂正常的語序，營造出更有新意的表達，故被稱爲"詩家妙法"。

詩話作者除了分析"正面典型"，當然也會關注"反面案例"，以便初學者及時避免。《觀林詩話》云："昔人有言，人有三百四病，馬有三百八病，詩病多於馬病，信哉。高子勉能詩，涪翁與之詩云：'更能識詩家病，方是我眼中人。'此亦苦口也。"[②]此雖未列舉詩病之種類，但從山谷詩可知，祇有擯除詩病，纔可能成爲真正意義上的詩人。《藏海詩話》中便以李光遠詩爲例，苦口婆心地指出了其詩病所在：

> 李光遠《觀潮》詩云："默運乾坤不暫停，東西雲海焠陽精。連山高浪俄兼涌，赴壑奔流爲逆行。""默運乾坤"四字重濁不成詩，語雖有出處，亦不當用，須點化成詩家材料方可入用。如詩家論翰墨氣骨頭重，乃此類也。如杜牧之作《李長吉詩序》云："絶去筆墨畦畛[③]，斯得之矣。"又如"焠"字亦非詩中字；第二聯對句太粗生，少鍛煉。

---

① 楊萬里：《誠齋詩話》，載丁福保輯《歷代詩話續編》，第一四〇頁。
② 吴聿：《觀林詩話》，載丁福保輯《歷代詩話續編》，第一二四頁。
③ 吴可：《藏海詩話》，載丁福保輯《歷代詩話續編》，第三三四頁。

李詩弊病之一在於語詞重濁，未經點化便入詩；其二在於“焠”字祇出現於文中，與詩境不協，不當用；其三在於“連山”“赴壑”一聯於古人句生吞活剥，缺乏鍛煉。

（二）“作品選”的進一步發展

作爲“教材”雛形，在介紹完詩法、技巧，結合案例分析以後，詩文作品選録便是不可或缺的組成部分。縱觀各種詩話的選詩特色，此一時期的選録標準不外乎兩條，首先是聚焦於當世大家文集，其次是收録與作者本人有一定淵源的作品。《誠齋詩話》録詩最多，其中還保存了不少今天已亡佚的詩作零句，頗具文獻價值。如楊萬里歷數當世名家名作云：

自隆興以來，以詩名者，林謙之、范致能、陸務觀、尤延之、蕭東夫，近時後進有張鎡功父、趙蕃昌父、劉翰武子、黄景説巖老、徐似道淵子、項安世平甫、鞏豐仲至、姜夔堯章、徐賀恭仲、汪經仲權，前五人皆有詩集傳世。謙之常稱重其友方翥次雲詩云：“秋明河漢外，月近斗牛旁。”延之有云：“去年江南荒，趁逐過江北。江北不可住，江南歸未得。”有《寄友人》云：“胸中襞積千般事，到得相逢一語無。”又《台州秩滿歸》云：“送客漸稀城漸遠，歸途應減兩三程。”東夫《飲酒》云：“信脚到太古，又登岳陽樓。不作蒼茫去，真成浪蕩游。三年夜郎客，一柂洞庭秋。得句鷺飛處，看山天盡頭。猶嫌未奇絶，更上岳陽樓。”又：“荒村三月不肉味，並與瓜茄倚閣休。造物於人相補報，問天賒得一山秋。”致能有云：“月從雪後皆奇夜，天到梅邊有别春。”功父云：“斷橋斜取路，古寺未關門。”絶似晚唐人。《咏金林禽花》云：“梨花風骨杏花妝。”《咏黄薔薇》云：“已從槐借葉，更染菊爲裳。”寫物之工如此。予歸自金陵，功父送之，末章云：“何時重來桂隱軒，爲我醉倒春風前。看人唤作詩中仙，看人唤作飲中仙。”此詩超然矣。昌父云：“紅葉連村雨，黄花獨徑秋。詩窮真得瘦，酒薄不禁愁。”武子云：“自鋤明月種梅花。”又云：“吹入征鴻數字秋。”淵子云：“暖分煨芋火，明借績麻燈。”又：“客路二千年五十，向人猶自説歸耕。”平甫《題釣臺》：“醉中偶爾閑伸脚，便被劉郎責作名。”恭仲云：“碎斫生柴爛煮詩。”又有姚宋佐輔之一絶句云：“梅花得月太清生，月到梅花越様明。梅月蕭疏兩奇絶，有人踏月繞花行。”僧顯萬亦能詩：“萬松嶺上一間屋，老僧半間雲半間。三更雲去作行雨，回頭方羡老僧閑。”又《梅》詩：“探支春色墻頭朵，闌入風光竹外梢。”

又："河横星斗三更後，月過梧桐一丈高。"又有龐右甫者，《使虜過汴京》云："蒼龍觀闕東風外，黄道星辰北斗邊。月照九衢平似水，胡兒吹笛内門前。"①

此條以較長的篇幅羅列了近世名家及其作品，提綱挈領，間有品評，可視爲南宋初期的詩學"小史"。其中，尤袤《寄友人》《台州秩滿歸》二詩，蕭德藻《飲酒》、《登岳陽樓》、"荒村三月不肉味"三詩，張鎡《咏金林禽花》《咏黄薔薇》等四詩，劉翰"吹入"句，徐賀"碎斫"句，今皆亡軼，全賴《誠齋詩話》得以保存。楊萬里嘗作《進退格寄張功父姜堯章》云："尤蕭范陸四詩翁，此後誰當第一功？新拜南湖爲上將，更差白石作先鋒。"詩中稱張鎡、姜夔是繼尤袤、蕭德藻、范成大、陸游之後最爲優秀的詩人，正與詩話中的論述相一致。由此也可以看出作者具有較高的文學敏感性，他所提到的人物確實是後世所公認的名家，所選録的詩作也正適合初學者去研習。

在《庚溪詩話》中，選録詩作的現象也很突出，但與《誠齋詩話》不同的是，被選作品往往會伴隨着本事、評價、技法等内容出現，不是單純的"詩選體"。例如從"周少隱紫芝"條至卷末，就分别記載了劉君《路中遇雪詩》、某太守因旱祈雨詩、關壽卿耆孫送劉朝美詩、林懿成送虞仲琳詩、嚴陵無名氏零句等十餘首作者眼中的好詩。②這樣的詩選作品雖然主要取材於身邊人、耳聞事，不具備名家詩作的示範意義，不過好在作者或多或少都會有評論分析，也不失爲另一種簡易上手的詩學教材。

南宋前期的詩話作者從取法、體格、用字、押韵、對仗、詩忌等方面，結合前人詩作，全方位、多層次地爲學詩者指明了學詩的法門、路徑。雖然並非體系完善、層次分明的編撰模式，亦可視爲"詩學教材"的雛形。從而體現出此一時期詩話編撰的針對性、專門性、實用性，也爲南宋中後期集大成之作《滄浪詩話》《後村詩話》的出現奠定了基礎。

（作者單位：華東師範大學古籍研究所）

① 楊萬里：《誠齋詩話》，《影印文淵閣四庫叢書》本。

② 參見陳岩肖：《庚溪詩話》卷下，載丁福保輯《歷代詩話續編》，第一八八——一九一頁。

《論語》“束脩”釋義考辨 *

張　文

内容摘要：《論語》“束脩”之義，自古以來説解紛歧，根據清代學者歸納，主要有三種解釋：束帶修飾、年齡標志、束脯之贄。束脯之贄是傳統主流的解釋，在後來却受到懷疑和否定。另外兩説因被認爲出自孔安國、鄭玄，且在漢代文獻中有具體用例，故自宋代以來漸有影響，迄今已被很多學者接受。其實束帶修飾源自《尚書正義》的臆測誤解，年齡標志起於《後漢書》注的斷章取義，皆非孔、鄭注説的本來面目。東漢時期“束脩”一詞的流行，與《論語》的廣泛傳誦密切相關，但其用法屬於引申和象徵意義，不能當作《論語》本文的注解。結合文字本義、語言環境、先秦禮制及漢儒古訓來看，束脯之贄的解釋都確切無疑。依據現有文獻資料，可以澄清基本事實，糾正前人相沿之謬。

關鍵詞：《論語》；束脩；釋義；考辨

《論語·述而》載孔子曰：“自行束脩以上，吾未嘗無誨焉。”關於“束脩”的含義，自古以來説解紛歧，依據清代學者武億、黄式三等人歸納，主要有三種解釋：（一）束帶修飾，如孔穎達《尚書正義》謂孔安國注《論語》“以束脩爲束帶修飾”；（二）年齡標志，如《後漢書》“自束脩已來”，李賢注引鄭玄注《論語》曰“謂年十五已上”；（三）束脯之贄，如朱子《論語集注》云：“脩，脯也，十脡爲束。古者相見，必執贄以爲禮。”①其中束脯之贄，俗稱爲“十條干肉”，這是傳統主流的解

*　本文爲二〇一九年九月北京大學儒藏編纂與研究中心“儒學研究範式的歷史與展望”學術研討會參會論文，主要觀點曾以《説〈論語〉“束脩”》爲題刊發於《光明日報》二〇一九年十一月十六日。現將全文發表，敬祈批評指正。

①　參見武億：《群經義證》，清嘉慶二年（一七九七）授經堂刻本；黄式三：《論語後案》，清道光二十四年（一八四四）活字本。

釋，除了朱子《集注》，皇侃《論語義疏》、邢昺《論語疏》、劉寶楠《論語正義》亦用此義。但另外兩種解釋因被認爲出自孔安國、鄭玄，且在《後漢書》等文獻中有具體用例，故自宋代以來漸有學者信從，並在清代和近現代産生重要影響。如康有爲《論語注》云："束，約也。修，治也。束身修行。"[①]李澤厚先生《論語今讀》，則將此句譯爲"凡十五歲以上，我没有不收教的"[②]。近年來《論語》的注釋新作不斷涌現，專門討論"束脩"之義的文章也層出不窮，其中大多主張束帶修飾或年齡標志。如《咬文嚼字》在二〇一三年、二〇一四年先後刊發《"束脩"是年齡標志》《也説"束脩"》，前文主張束脩是年齡標志，後文認爲應指束身自修。[③]高尚榘先生主編的《論語歧解輯録》，彙集古今學者對於《論語》語句的歧解，其中關於"束脩"的論説多達二十餘種。據之可知，傳統的主流解釋已備受質疑，另外兩種解釋則被廣泛接受。[④]我們認爲，關於"束脩"之義迄今還留有疑問，囿於文獻資料和時代觀念等因素，前人的認識存在局限和誤解，一些重要問題尚未徹底解決。有鑒於此，本文基於前人論説，系統梳理相關文獻，參考敦煌寫本等出土資料，主要針對上述幾種解釋分析考辨，力求得出較爲圓融通達的結論。

一、《尚書正義》引孔安國注《論語》不足爲據

現存《論語》的注解，以何晏《論語集解》所載孔安國注最古。孔安國注此句云："言人能奉禮，自行束脩以上，則皆教誨之。"孔注衹是順經文"自行束脩以上，吾未嘗無誨焉"爲解，並未具體解釋"束脩"的含義。後來皇侃依據何晏《論語集解》而撰《論語義疏》，則將"束脩"解釋爲"十束脯"，認爲："古以贄見。脩，脯也。孔注雖不云脩是脯，而意亦不得離脯也。"[⑤]北宋邢昺撰《論語疏》，疏解孔注也釋爲"十脡脯"，並廣徵經傳之文，指出"古者持束脩以爲禮"[⑥]。可見孔注之義不甚明確，若依皇侃、邢昺的疏解，則其仍當指束脯而言。《尚書正義》亦引述孔安國注《論語》，

① 康有爲：《論語注》卷七，中華書局，一九八四年，第九〇頁。
② 李澤厚：《論語今讀》，生活・讀書・新知三聯書店，二〇〇八年，第二一〇頁。
③ 參見李秀山：《"束脩"是年齡標志》，《咬文嚼字》二〇一三年第九期；牛致遠、温中陽：《也説"束脩"》，《咬文嚼字》二〇一四年第五期。
④ 參見高尚榘：《論語歧解輯録》，中華書局，二〇一一年，第三五〇—三五二頁。
⑤ 皇侃：《論語義疏》卷四，中華書局，二〇一三年，第一五七頁。
⑥《論語注疏》卷七，《十三經注疏》，清嘉慶二十年（一八一五）南昌府學刊本。

見於《尚書·秦誓》篇，經文“如有一介臣”，僞孔傳釋爲“如有束脩一介臣”，孔穎達疏云：

> 孔注《論語》以束脩爲束帶修飾，此亦當然。[①]

值得注意的是，此疏所謂孔注《論語》，與何晏《集解》所載不甚符合，和皇侃等人的疏解也大相徑庭，綜合相關文獻來看，非常可疑。

《論語》在漢代有齊、魯、古三家，孔注《論語》屬於《古論》，在漢代就已流傳不廣，故何晏云“《古論》唯博士孔安國爲之訓解，而世不傳”。所謂“不傳”並非指没有傳本，而是無人傳授其學，否則何晏也無從引用。皇侃説“《古論》爲孔安國所注，無其傳學者”，解釋較爲清楚明白。在何晏《集解》載録之後，孔注《論語》未有流傳迹象，隋唐史志皆不見著録，大概很早就已亡佚，孔穎達之時已無原書。但《五經正義》皆以前人舊疏爲藍本，其中《尚書》主要依據劉焯、劉炫兩家義疏，如果此處孔疏是沿用二劉之義，那麽二劉是否依據原書？我們認爲也没有這種可能。二劉的時代與陸德明相當，陸德明《經典釋文序録》詳載當時所見《論語》注家，以鄭玄注居首，而没有孔安國注。從其他文獻的徵引情况來看，較早的裴駰《史記集解》、劉孝標《世説新語注》等，稍後的李善《文選注》、釋慧琳《一切經音義》等，這些文獻大量徵引孔注《論語》，但都確切無疑源於何晏《集解》。就孔穎達撰修《五經正義》來看，也有多處引及孔注《論語》，除了此條，都見於何晏《集解》。清人馬國翰所輯《論語孔氏訓解》十一卷，也不出何晏《集解》之範圍。可以就此作出論斷，後世文獻所載孔注《論語》皆源自何晏《集解》，孔穎達等人都不可能直接依據孔安國原書。

《尚書正義》引述孔注衹能依據何晏《集解》，但今本《集解》並無“束帶修飾”之文，劉寶楠以爲此四字當是脱文。[②]我們認爲劉氏之説不確，因爲早在《尚書正義》成書之前，南朝梁時皇侃撰著《義疏》，其所見《集解》已無此四字，不然何以言：“孔注雖不云脩是脯，而意亦不得離脯也？”皇侃《義疏》兼采江熙所集晋人十三家論説，觀其引江熙云“見其翹然向善思益也”，以佐證所持束脯之説，可見魏晋以來對此並無異議。[③]敦煌文獻中的唐寫本和日本流傳的古鈔本《集解》，也都没有此四字。無

---

① 《尚書注疏》卷二〇，《十三經注疏》，清嘉慶二十年（一八一五）南昌府學刊本。

② 參見劉寶楠：《論語正義》卷八，中華書局，一九九〇年，第二五九頁。

③ 參見皇侃：《論語義疏》卷四，第一五七頁。

論傳世版本還是出土文獻，這條注文大致相同，文本形態較爲穩定。我們無妨作退一步假設，如果此四字是脱文，詳繹孔注的文義和語氣，也很難有合適的位置來安放。《尚書正義》所引孔注的歧異，既非文本異同或傳寫脱漏所致，那麽究竟是什麽原因引起的呢？或許可以通過探究孔疏的内容特點尋找綫索。

孔穎達等撰修《五經正義》，有其大致遵行的疏解原則，即專主一家之注，以正面疏通爲主，不能輕易駁注，後人將此總結爲"疏不破注"。吕友仁先生曾對此問題有深入探討，指出"疏不破注"不僅限於某經之注，而且涵蓋他經之注，重視維護一家之學。[①]就《尚書正義》而論，依照當時的經學觀念，《尚書傳》出於孔安國之手，與孔注《論語》同爲一家之學，則《尚書傳》中"束脩"之義，理應與孔注《論語》相同。孔穎達等人並非不曉束脯之義，據《禮記・曲禮》"凡摯，天子鬯，諸侯圭，卿羔，大夫雁，士雉，庶人之摯匹，童子委摯而退"，孔疏云："童子之摯悉用束脩，故《論語》云'孔子自行束脩以上，則吾未嘗無誨焉'，是謂童子也。"[②]知其仍以束脩爲贄見之物，這與皇侃《義疏》並無區别。但《尚書傳》"如有束脩一介臣"，根據文意當取束帶修飾或約束修治之義，如果釋爲束脯則齟齬不通。孔穎達等撰疏者應該是基於《尚書傳》來理解孔注《論語》，轉而又引據孔注《論語》來疏解《尚書傳》，意圖將兩者牽合爲一，這其實屬於循環論證。當然這也是因为孔注《論語》並不明確，本身存在發揮理解的空間。由此可見，"束帶修飾"並非孔注原文，而是孔穎達等人的推論之辭。詳味疏文"孔注《論語》以……爲……"，而不言"孔注《論語》云"或"孔注《論語》謂"，似可窺見其中端倪。

根據前人的考訂，《尚書傳》非孔安國之作，其出於僞托已成定讞。由於受《尚書》辨僞的影響，清代學者開始懷疑孔注《論語》，如丁晏《論語孔注證僞》認定是王肅僞托，沈濤《論語孔注辨僞》則指爲何晏僞作，劉寶楠《論語正義》贊同丁氏之説，但都缺乏堅實充分的證據。就目前學界的研究而言，在没有確切依據的前提下，應該堅持傳統的看法，孔注《論語》不能當作僞書。[③]如果孔注《論語》真僞没有問題，面對文獻記載及解説歧異的情況，毋庸置疑應相信何晏《集解》、皇侃《義疏》等時代更早且更爲專門的注釋之作，而非時代較晚且牽合僞孔傳的《尚書正義》。關於孔注《論

① 參見吕友仁：《禮記研究四題》，中華書局，二〇一四年，第二二二頁。

② 《禮記注疏》卷五，《十三經注疏》，清嘉慶二十年（一八一五）南昌府學刊本。

③ 參見王素：《唐寫本〈論語鄭氏注〉校讀札記》，載王素編著《唐寫本論語鄭氏注及其研究》，文物出版社，一九九一年，第二五〇頁；陳以鳳：《孔安國學術研究》，山東人民出版社，二〇一三年，第九〇—一〇五頁。

語》的迷霧迄今尚未廓清，很多學者對此未經辨析就盲目引據，不知《尚書正義》所論出於孔穎達等人的臆測，既非孔注的本來面目和真實含義，也不代表孔穎達等人對《論語》的實際理解。孔注云“言人能奉禮”，“奉禮”當爲關鍵所在。“奉”字本義爲“捧持”，《儀禮》凡進獻幣帛贄物皆言“奉”。《禮記·表記》“無禮不相見也”，鄭注云：“禮，謂贄也。”孔注“奉禮”，與“束脩”語義相承，當有具體所指。皇侃、邢昺釋爲束脯之贄，與漢儒經注較爲契合。

二、《後漢書注》所引鄭玄注《論語》斷章取義

鄭玄遍注群經，在經學史上有深遠影響。據何晏《論語集解序》記載：“鄭玄就《魯論》篇章，考之齊、古，以爲之注。”[①]自魏晋以降，迄於隋唐，鄭玄《論語注》與何晏《集解》長期並行，是當時流傳最廣的注本。大約到唐末五代時期，鄭玄《論語注》逐漸亡佚，宋代以來未見原本，所幸傳世文獻存其佚文。《後漢書·延篤傳》“且吾自束脩已來，爲人臣不陷於不忠，爲人子不陷於不孝”，李賢注云：

> 束脩謂束帶修飾。鄭玄注《論語》曰“謂年十五已上”也。[②]

此注首句所言“束帶修飾”，劉寶楠以爲本於上述《尚書正義》之文，下句所引“謂年十五已上”則是《論語》“束脩”章的注文。《後漢書·伏湛傳》“自行束脩，訖無毀玷”，李賢注亦云“自行束脩，謂年十五以上”，應該也是本於鄭注《論語》。這條佚注在宋代就已引起關注，至清代隨着經籍考證的興盛和漢學典範的確立，鄭玄《論語注》受到前所未有的重視，衆多輯佚之作皆據《後漢書注》輯録這條注文。

清代學者探討“束脩”之義，都依據這條佚文來認識鄭注。但輯佚文獻本身具有先天的缺陷，即古人擷取部分文字的引用方法，往往根據自己所需截取摘録，極易產生一種斷章取義的結果。由於佚文脱離原書的完整語境，是否符合作者原意存在疑問，對於這條鄭注佚文，清代學者就有不同理解，並因此引發争論。如陳鱣所撰《論語古訓》，謂“束脩爲十五以上之稱，漢猶有是語，鄭據時驗也”[③]；臧庸所輯《鄭氏論語注》，

① 《論語注疏》卷首，《十三經注疏》，清嘉慶二十年（一八一五）南昌府學刊本。
② 《後漢書》卷六四《吴延史盧趙列傳》，中華書局，一九六五年，第二一〇六頁。
③ 陳鱣：《論語古訓》卷四，清嘉慶元年（一七九六）刻本。

認爲“束帶修飾”也是鄭注之説，以十五爲“自行束帶修飾”之年；[①]洪亮吉反駁臧庸之説，認爲束脩即脩脯之贄，鄭注以十五爲成童之歲，“始可以執束脩之禮見於先生長者”[②]；盧文弨與洪亮吉持論大致相同，而顧明、趙懷玉等人則左袒臧庸，他們之間曾往復論辯，趙懷玉據此輯成《論語束脩説》。[③]如果没有其他文獻佐證，鄭注面目終究是模糊不清，這種争議也很難判定是非。

非常幸運的是，在二十世紀出土的敦煌文獻及吐魯番文書中，發現不少唐寫本鄭玄《論語注》殘卷，這是鄭注沉霾千載之後重見天日，雖然篇章殘闕無法恢復原貌，但對於認識理解鄭注而言，無疑是最爲珍貴的第一手資料。根據許建平先生所撰《敦煌經部文獻合集》，保存《述而》篇“束脩”章注文的敦煌寫本共有兩件。其中俄羅斯科學院東方研究所聖彼得堡分所藏敦煌寫本（Дx.05919）殘存注文爲：

始行束脩，謂年十五之時。……〔傳〕及《孝經説》曰：臣無境外之交。弟……[④]

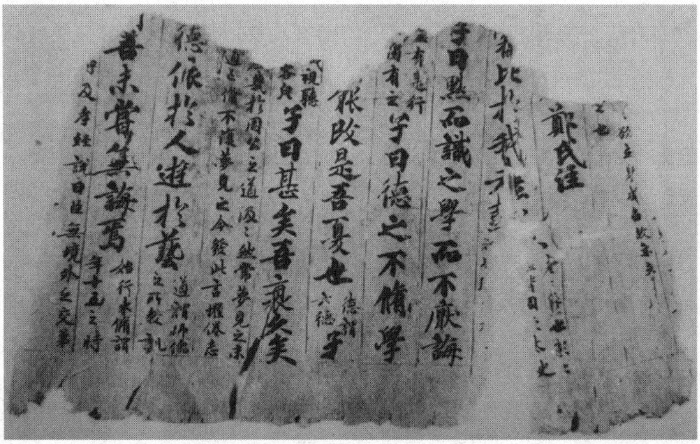

圖一 俄羅斯科學院東方研究所聖彼得堡分所藏敦煌文獻Дx05919[⑤]

英國國家圖書館藏敦煌寫本（S.11910）殘存注文爲：

① 臧庸：《拜經堂文集》卷二《答洪稚存太史書》，民國十九年（一九三〇）宗氏石印本。

② 洪亮吉：《卷施閣文甲集》卷八《與盧學士文弨論束脩書》，載《洪亮吉集》，中華書局，二〇〇一年，第一八五頁。

③ 參見趙懷玉：《亦有生齋文集》卷二《論語束脩説序》，清道光元年（一八二一）刻本。

④ 許建平：《敦煌經部文獻合集》第四册，中華書局，二〇〇八年，第一四七八頁。

⑤ 孟列夫、錢伯城主編：《俄藏敦煌文獻》第十二册，上海古籍出版社，二〇〇〇年，第二七六頁。

……有恩好者以施遺焉。詩〔傳〕……曰常有所教誨忠信之道。魯讀……①

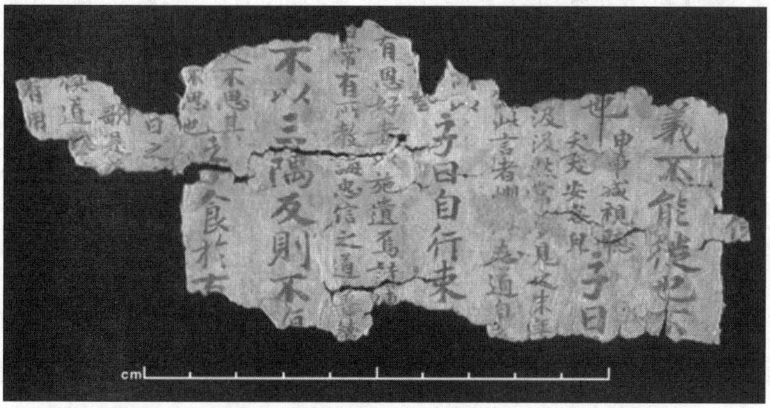

圖二 英國國家圖書館藏敦煌文獻Or.8210/S.11910②

吐魯番文書也有兩種，王素先生已經釋讀整理。其中吐魯番阿斯塔那184號墓18/7（b）、18/8（b）號寫本之二殘存注文爲：

自……酒脯，十五已上有……經説曰：臣〔無竟外〕之交。弟子有束……與人交者，〔當〕有所教誨以忠信之道也。③

吐魯番阿斯塔那27號墓38（b）號寫本殘存注文爲：

自行束脩……施遺焉，諸……〔脩〕之好孔子……④

需要説明的是，上述注文中“……”表示字數不詳的缺文，“〔 〕”表示筆劃殘缺但可推斷的字。俄藏Дx.05919寫本注首四字爲“始行束脩”，吐魯番阿斯塔那27號墓38（b）號寫本作“自行束脩”，這可能是傳抄中産生的異文。英藏S.11910寫本“魯讀”之後，據《經典釋文》可補“誨爲悔字今從古”七字。依據這幾種殘卷的行款格式，估計鄭注不下七八十字，注文内容應該較爲豐富。

① 許建平：《敦煌經部文獻合集》第四册，第一四七八頁。

② http://idp.bl.uk/database/search_results.a4d?uid=463644205;random=22948.

③ 王素編著：《唐寫本論語鄭氏注及其研究》，第八二頁。按：“竟外”之“竟”，原本筆劃殘闕，王素先生釋讀爲“意”，疑抄寫有誤，今據文義校作“竟”。

④ 王素編著：《唐寫本論語鄭氏注及其研究》，第八二頁。

鄭注文字雖然殘闕不全，但其論説大致可以推考。如注中所引《孝經説》，實即《孝經緯》文，當時朝廷禁絶緯候，故諱言其書而爲此稱。[①]《孝經緯》雖亡佚無徵，但“臣無境外之交”是重要的經學觀念，在諸經注疏中常見引述，《禮記·郊特牲》亦言“爲人臣者無外交”。蓋以孔子弟子多來自列國，似有境外之交的嫌疑，故鄭玄進行辨解説明。《禮記·檀弓》云“古之大夫束脩之問不出竟”，也與此關係密切，其所指顯然是用於饋問的肉脯之物，“酒脯”“施遺”等文正可與此互相印證。至於“年十五”之文，也有内在的經學依據。《論語·爲政》孔子自言“吾十有五而志於學”，故以十五爲從學之年。《禮記·内則》“成童舞象，學射御”，鄭注云：“成童，十五以上。”這兩處注文彼此呼應。據《禮記·曲禮》“童子委摯而退”，鄭注云：“童子委摯而退，不與成人爲禮也。”是十五爲成童之歲，至此可與成人爲禮，故能以束脩之贄從學於先生。日本學者金谷治先生揭示鄭注《論語》的内容特點，“就是按照最具體地顯示孔子日常情況的《論語》的性格，盡可能地實踐性地理解孔子，並附加鄭玄自身實踐的立場”[②]。喬秀岩先生分析比較鄭注《論語》與何晏《集解》，指出鄭注每據經書爲解，注釋皆能貫穿群經，經學内涵極爲豐富，具有精密複雜的理論體系。[③]從此章殘存的注文來看，這些特色也顯而易見。鄭玄通過貫穿群經的注釋方法，側重實踐性地理解經文所涉具體問題，從而完成對經義的深度詮釋和理論建構。如果對此詮釋特色稍有認識，有助於準確地把握鄭注的具體内涵。

至此，鄭注之義已瞭然明白，雖然未見直接注釋“束脩”，但鄭玄確切無疑取用束脯之義，絶非以其作爲年齡之稱。李賢截取摘録鄭注之文，用以解釋《後漢書》中“束脩”，屬於典型的斷章取義。清代學者既不能見到原書，僅據此片言隻語理解鄭注，難免産生種種誤會和錯訛。今有唐寫本鄭注作爲依據，陳鱣、臧庸等人的謬誤已不攻自破，洪亮吉、盧文弨等人所論則確切無疑。這些寫本殘卷出土問世時日已久，都有全面系統的釋讀整理成果，但現在很多學者未曾參考利用，對鄭注的認識還停留在過去，仍然沿襲着前人的謬誤。

---

① 按：《周禮·春官·大司樂》鄭注引《孝經説》，賈公彦疏云：“云‘孝經説’者，説即緯也，時禁緯，故云説。”

② 金谷治：《鄭玄與〈論語〉》，載王素編著《唐寫本論語鄭氏注及其研究》，第二三七頁。

③ 參見喬秀岩：《鄭、何注〈論語〉的比較分析》，《北京大學學報》（哲學社會科學版），二〇〇九年第二期。

三、關於“束脩”的本義、引申義和象徵意義

從字義訓詁來看，根據許慎《説文》的解釋，“束”字本訓爲“束縛”，“脩”字本訓爲“脩脯”。與“束脩”結構相似之詞，在先秦典籍中有很多，如《毛詩》有“束薪”“束楚”“束蒲”，《儀禮》有“束錦”“束帛”“束紡”，都是束縛起來的物品，鄭注《儀禮》“凡物十曰束”，這是就其數量而言，十脡脯之説與此相合。從實際使用情况來看，束脩在先秦皆指肉脯之物，除了前面已提到的《禮記・檀弓》之文，還有《禮記・少儀》“其以乘壺酒、束脩、一犬賜人”，《穀梁傳》隱公元年“束脩之肉不行竟中”。這種義項在漢代仍然沿用，如《説苑・修文》親迎之禮“庶人以屨二兩，加束脩二”，《漢書・循吏傳》“亡疆外之交，束脩之餽”，《孔叢子・公儀》“子思居貧，或獻樽酒、束脩”。至於後來如《北史・儒林傳》謂馮偉“門徒束脩，一毫不受”，《隋書・儒林傳》言劉焯“懷抱不曠，又嗇於財，不行束脩者，未嘗有所教誨”，則專指爲從學之贄。後世以束脩指稱老師薪俸，就是源自《論語》的影響。

束脩用於肉脯之外的意義，先秦典籍中未見其例，直到漢代纔開始出現，在東漢時期最爲流行。根據我們梳理統計，《鹽鐵論》有一處，《漢書》有一處，東漢碑志有七處，《後漢書》則有九處。《後漢書》雖然成書於劉宋，但其史料以《東觀漢記》等爲基本依據，故可視同東漢史籍。漢代尤其是東漢爲“經學極盛時代”，《論語》因記孔子之言而受重視，可謂家傳户誦、人人共習，在諸經傳記中最爲普及，故有“傳莫大於《論語》”[①]的説法。“束脩”在當時流行似非偶然，當與《論語》有非常密切的關聯。如《後漢書・伏湛傳》“自行束脩，訖無毀玷”，禰衡《顔子碑》“在束脩之齒，入宣尼之室”，前者援引“自行束脩”之文，後者叙述孔門從學之事，都與《論語》直接相關。此外如《漢書》“自初束脩”，《後漢書》“自束脩以來”，也都與“自行束脩”文句相似。漢代承接先秦經傳餘緒，還在繼續沿用肉脯之義，但此義項後來逐漸式微，隨着《論語》的廣泛傳誦，“束脩”成爲家喻户曉的典故，在肉脯本義之外還被賦予特殊含義，主要體現在如下兩個層面。

第一，緣於《論語・述而》的記載，使得作爲肉脯的束脩，成爲拜師學藝的贄物，由此引申出從學事師之義。前文分析鄭注“謂年十五已上”，出於對經義的推衍和建構，是指到此年齡纔能以束脩爲贄拜見先生，並非將束脩作爲年齡之稱。以往視爲年

① 《漢書》卷八七《揚雄傳》，中華書局，一九六二年，第三五八三頁。

齡標志的例證，作爲從學之稱可能更爲切當。如《鹽鐵論》桑弘羊謂“余結髮束脩，年十三，幸得宿衛”，對照其他史籍的類似記載，如《史記》主父偃自言“臣結髮游學”，《漢書》施讎“結髮事師”，顔師古注云“言從結髮爲童丱，即從師學，著其早也”[①]，可知此所謂“束脩”，相當於“游學”“事師”，蓋言自幼即從學於師。王利器引清人嚴元照之説云：“此言結髮入學官，年十三而得宿衛，束脩非十五歲之名又明矣。”[②]其説甚是。《漢書》“安漢公自初束脩，值世俗隆奢麗之時”，顔師古注云“束脩，謂初學官之時”[③]，也釋爲從學之義。《大戴禮記·保傅》“古者年八歲而出就外舍，學小藝焉，履小節焉；束髮而就大學，學大藝焉，履大節焉”，漢代文獻中也有類似記載，作爲從學事師之義與此契合。至於《後漢書·延篤傳》“吾自束脩已來”，《伏湛傳》“自行束脩，訖無毁玷”，李賢引據鄭注以爲“年十五以上”，禰衡《顔子碑》“在束脩之齒，入宣尼之室”，前人亦附會鄭注視爲行年之稱，其實作爲從學之稱可能更爲通暢。

第二，在漢代人的經學觀念中，贄見之物皆有象徵取義，承載着“叙情配志”的交際功能。用贄的品級因人而異，如《尚書·堯典》已有“五玉三帛二生一死贄”之説，《周禮·大宗伯》有所謂“六贄”，即“孤執皮帛，卿執羔，大夫執雁，士執雉，庶人執鶩，工商執鷄”，《儀禮·士相見》《禮記·曲禮》等也有類似記載。按照鄭玄的注解，“羔取其群而不失其類，雁取其候時而行，雉取其守介而死不失其節，鶩取其不飛遷，鷄取其守時而動”[④]。而在鄭玄之前，如《春秋繁露》《説苑》《白虎通義》相關篇章中，就已有大致相似的解釋，可知這是漢儒經説的通義。束脩作爲贄見之物，也應當有象徵意義，在經傳中不乏其例。《春秋》莊公二十四年，從齊國迎娶夫人姜氏歸，宗婦拜見用幣爲贄。《公羊傳》“用幣，非禮也。然則曷用？棗栗云乎，腶脩云乎”，何休《解詁》云：“棗栗取其早自謹敬，腶脩取其斷斷自修正。”[⑤]杜預注《左氏傳》、范寧注《穀梁傳》皆同此義，故孔穎達謂“先儒以爲，栗取其戰栗也，棗取其早起也，脩取其自修也”[⑥]。腶脩之物，據《周禮·腊人》鄭注云“薄析曰脯，捶之而

① 《漢書》卷八八《儒林傳》，第三五九八頁。
② 王利器：《鹽鐵論校注》卷四《貧富》，中華書局，一九九二年，第二二二頁。
③ 《漢書》卷九九《王莽傳》，第四〇五四頁。
④ 《周禮注疏》卷一八，《十三經注疏》，清嘉慶二十年（一八一五）南昌府學刊本。
⑤ 《春秋公羊注疏》卷八，《十三經注疏》，清嘉慶二十年（一八一五）南昌府學刊本。
⑥ 《春秋左傳注疏》卷十，《十三經注疏》，清嘉慶二十年（一八一五）南昌府學刊本。

施董桂曰腶脩”[①]。《儀禮》今文作“斷脩”，或疑《公羊》本字亦當作“斷脩”[②]。斷脩取義“斷斷自修正”，這是以同聲之字相訓，在漢人訓詁中較爲常見。束脩之物與此相同，循文比義，自然可取約束自修之義，這在漢代文獻中尚存確切佐證。如《東觀漢記》載馮衍諫鄧禹曰：“大將軍之事，豈得圭璧其行、束脩其心而已哉？”[③]圭璧是諸侯朝聘所用玉器，根據《春秋繁露》的解説，“君子比之玉，玉潤而不污，……廉而不殺，……故公侯以爲贄”[④]。此以束脩與圭璧對舉成文，詞彙用法、句式結構完全相同，則束脩顯然也是贄見之物，在這裏却用其象徵意義。

與“束脩其心”類似的用法很多，主要見於《後漢書》中。如《和帝紀》“束脩良吏，進仕路狹”，《皇后紀》“故能束脩，不觸羅網”，《鄭均傳》“束脩安貧，恭儉節整”，《劉般傳》“束脩至行，爲諸侯師”，《胡廣傳》“使束脩守善，有所勸仰”，《王龔傳》“束脩厲節，敦樂藝文”，李賢注釋爲約束修整、約束修身、謹束修絜等義。東漢碑志之文也有很多，如《謁者景君墓表》“惟君束脩仁知”，《幽州刺史朱龜碑》“仁義成於束脩，孝弟根其本性”，《相府小史夏堪碑》“□□束脩，操絜冰雪”，《金恭碑》“束脩聰□”，[⑤]《冀州從事郭君碑》“束脩勤恪”[⑥]。再回頭看《尚書傳》“如有束脩一介臣”，用法和意義與上述文獻相似，估計産生於相同時代。《尚書正義》解釋爲束帶修飾，偏重於外在的儀表，不如解釋爲約束自修，注重内在品行更爲妥帖。

在此還需説明的是，“脩”“修”字形字義有别。《説文解字》云：“脩，脯也，從肉攸聲。修，飾也，從彡攸聲。”肉脯之字當作脩，修飾之字當作修，但是因爲同聲相訓，兩字通用由來已久。有些學者試圖分辨字形，如王鳴盛本於束帶修飾之説，以爲“此字本當作‘修’，唐石經作‘脩’，則解爲脯矣，疑後人所改”[⑦]。但鄭注《論語》、皇侃《義疏》既解爲肉脯，則其所據經文已皆作“脩”，並非出於後人臆改。王氏所據資料有限，完全依憑先入之見，勘改經文以從己意。事實上，不僅《論語》經文當作“束脩”，即如上述漢代碑志文字，雖然用作約束自修之義，然無一例外皆作“束

① 《周禮注疏》卷四，《十三經注疏》，清嘉慶二十年（一八一五）南昌府學刊本。

② 胡承珙：《儀禮古今文疏義》卷一七，清道光五年（一八二五）求是堂刻本。

③ 劉珍：《東觀漢記》卷一四《馮衍傳》，清武英殿聚珍版叢書本。按：《後漢書》亦有此文，但爲馮衍説鮑永之辭。

④ 蘇輿：《春秋繁露義證》卷一六《執贄》，中華書局，一九九二年，第四二一頁。

⑤ 洪适：《隸釋》卷六、十、十二、十三，中華書局，一九八六年，第六八、一二一、一四三、一四八頁。

⑥ 洪适：《隸續》卷一九，第四三八頁。

⑦ 王鳴盛：《蛾術編》卷八二，上海書店出版社，二〇一二年，第一一八九頁。

脩”，正可佐證此義項與束脯本義關係密切。

餘　論

關於《論語》“束脩”解説的紛歧，是否出於漢代魯、齊、古三家之别呢？目前無法確認這種聯繫。《經典釋文》引鄭注“魯讀誨爲悔字，今從古”，保存了《魯論》的異文。清人孔廣森據此指出，約束修飾之意與《魯論》“悔”字相合，“是子自言從能束修以來，内省常若不足，故所行未嘗無悔”[①]。包慎言也認爲依據《魯論》則束修不是脯脡，“聖人戒慎恐懼，省察維嚴，故時覺其有悔。自行束修以上，謂自知謹飭砥礪，而學日以漸進也。恐人以束修即可無悔，故言‘未嘗無悔’以曉之”。但這種解説受到劉寶楠駁斥，他説：“《魯論》義不著，包説但以意測。《易繫辭傳》‘慢藏誨盜’，《釋文》引虞作‘悔’，二字同音假借。疑《魯論》義與古同，假‘悔’字爲之，鄭以《古論》義明，故定從‘誨’也。”[②]近見周遠斌先生《論語校釋辨正》，其中辨析“束脩”之義，則同孔廣森、包慎言之論，雖然也羅列了新的證據，但其實都不足徵信，對《古論》的懷疑亦不可取。[③]此二字同音可假借通用，在古代文獻中亦有其例，如果没有其他確切證據，難以論定《魯論》解説有異。

後人對於束脯之説的質疑，追根溯源起自《尚書正義》和《後漢書注》，受其影響，宋代開始出現新解異説。北宋方慤“解《禮記》‘束脩之問’，以爲與《論語》名同而實異，其説謂約治其身，則無不誨之”[④]。這是明確主張約束修治之義的較早記載，方氏屬王安石新學一脉，其所著《禮記解》亡佚不傳。南宋吴曾《能改齋漫録》、孫奕《履齋示兒編》亦申述此説，至清代遂産生重要影響。如黄式三《論語後案》云：“自行束脩以上，謂年十五以上，能行束帶修飾之禮。鄭君注如此，漢時相傳之師説也。”[⑤]實則誤會孔、鄭之注，意欲彌合兩家之説，持論根本不能成立，但很多學者深信不疑。如任銘善先生説，“大抵漢人主於束身修行一義，六朝以後纔有脩脯之説”[⑥]。而高尚榘先生《論語歧解輯録》，在所引二十多家之説中唯獨推崇黄氏，並進

① 孔廣森：《經學卮言》卷四，華東師範大學出版社，二〇一〇年，第一〇四頁。
② 劉寶楠：《論語正義》卷八，第二五八頁。
③ 參見周遠斌：《論語校釋辨正》，人民出版社，二〇一四年，第一二一—一二八頁。
④ 孫奕：《履齋示兒編》卷五，元劉氏學禮堂刻本。
⑤ 黄式三：《論語後案》，清道光二十四年（一八四四）活字本。
⑥ 任銘善：《〈論語〉“束脩”義（字義小辨之一）》，《杭州大學學報》（人文科學版），一九六二年第二期。

而申述其意，謂“凡到了一定年齡，有了生活自理能力的求學者，孔子都不拒絶”[①]。當然也有學者堅持束脯之説，但對相沿已久的訛誤没有回應，對敦煌寫本等出土文獻缺乏關注，都未能徹底從根源上解決問題。

束脯之贄的解釋，不但符合文字本義，而且符合先秦語言環境。就儒家教育傳統而言，有所謂“禮聞來學，不聞往教”的精神，依據古代的相見之禮，凡拜見所尊敬之人，必執贄以表情達意，弟子以束脩爲贄拜見先生，正是出於當時的禮儀規範。從先儒訓詁來看，孔安國之注雖不太明確，但鄭玄明顯取用束脯之義，在唐代以前未見異説。綜合上述這些因素，束脯之贄的解釋確切無疑。至於漢代文獻中的束脩，用作約束修身是後起之義，是受《論語》的影響而逐漸流行，屬於引申或象徵層面的意義，不能當作《論語》本文的注解。區分束脩的本義、引申和象徵意義，並非本文提出的新解和創見，清代學者如錢維喬、洪亮吉、宋翔鳳等人已發此論，衹是囿於當時的學術觀念和文獻資源，對於孔、鄭之注的認識還不明晰，故其論述還有不足之處，未能系統釐清相關問題。[②]在《論語》和其他先秦經典中，類似的歧解現象較爲普遍，我們應該堅持“辨章學術，考鏡源流”的宗旨，立足於古典文獻學的方法，全面掌握文獻資料，充分參考前人成果，系統分析深入考辨，去僞存真，闕疑傳信，使經典得到更好的傳承。

（作者單位：華東師範大學古籍研究所）

① 高尚榘：《論語歧解輯録》，第三五二頁。

② 參見錢維喬：《竹初詩文鈔》卷四《跋臧在東秀才束脩説》，清嘉慶刻本；洪亮吉：《卷施閣文甲集》卷八《與盧學士文弨論束脩書》，載《洪亮吉集》，第一八五頁；宋翔鳳《論語説義》四，清經解續編本。

讀《中國古籍總目·經部》“四書類”札記四則

王耐剛

内容摘要：本文爲閱讀《中國古籍總目·經部》“四書類”札記四則。前三則主要就《總目》所著録的趙岐《孟子章句》的版本而論，一是區分《總目》所著録的孟子趙注的兩類版本（即《總目》的“經20909774”和“經20909775”兩個編號）；二是逐一分疏《總目》在上述兩個編號下著録的版本；三是總結《總目》這兩個編號之下的問題，並嘗試重新梳理。第四則則是針對《總目》的“四書緯之屬”這個分類而論，分析“四書緯之屬”這一分類的屬性。

關鍵詞：《中國古籍總目·經部》；四書類；版本；分類

《中國古籍總目》（以下簡稱《總目》）是近年來對中國現存古籍的數量、版本等情況進行系統摸排的最爲重要的成果，其學術價值和學術影響不言自明。但由於各種原因，《總目》也産生了一些失誤，對其進行“指瑕”“訂補”的成果很多。但應該指出的是，無論是指瑕或是訂補，當然也包括本文，都没有厚誣前人和求全責備之義，其出發點是便於更多的學者利用和認識《總目》。

一

《總目》“四書類·孟子”著録趙岐《孟子章句》版本如下：

經20909774

孟子十四卷　漢趙岐注

a. 十三經古注本（崇禎刻、同治重修）

b. 清光緒三十四年問經精舍刻本　上海

c. 續古逸叢書（民國影印）

d. 天祿琳琅叢書第一集本（影印元盱郡覆宋本）

e. 關中叢書本（民國鉛印）

f. 日本慶元間活字印本　北大

g. 日本延享四年刻本　國圖　北大　中科院

h. 日本文政元年刻本　南京

經20909775

孟子十四卷　漢趙岐注　明葛鼒校　明金蟠訂

i. 清初影宋抄本（存卷一至四、七至十四）　國圖

j. 清初毛氏汲古閣影抄元盱郡重刻廖氏本　上海[①]

這裏涉及《孟子》趙岐注的兩類版本（即《總目》的兩個編號），兩者都是我們常規意義上所説的經注本，也就是包括《孟子》原文和趙岐注解的版本，而不包括托名孫奭的疏。

從《總目》的區分來看，兩類版本的區别在於後者是經過明人葛鼒、金蟠二人校訂的版本。實際上，明人葛鼒、金蟠校訂的版本，就是明崇禎間永懷堂所刻的“十三經古注”，也就是後人所説的“永懷堂本”。其版式爲四周單邊，每半葉九行，行二十五字；注文雙行，亦二十五字。上象鼻刻“孟子”二字，單魚尾，下書卷次，並以小字書篇名。書口下方鎸葉次，最下方刻“永懷堂”三字。俞樾《春在堂隨筆》卷二云：

> 永懷堂十三經注，乃明崇禎間金千仞蟠、葛靖調鼒兩人彙刻，卷首或題“明後學金蟠訂”，或題“明後學葛鼒訂”，蓋刻書之資出其人耳。今其版在浙江書局，余取觀之，其繆誤甚多。尤可笑者，《孝經》題“漢鄭氏注”，而實則唐玄宗注也，其他從可知矣。前有翰林院編修崑山朱天麟序一篇，草草下筆，不一披覽，何歟？[②]

---

① 中國古籍總目編纂委員會編：《中國古籍總目·經部》，中華書局，二〇一二年，第八一八頁。又，各個版本前的英文字母序號係引用者爲方便論述所加。

② 俞樾撰，王華寶整理：《春在堂隨筆》，鳳凰出版社，二〇二一年，第四〇頁。

嘉慶年間，阮元組織江浙學者編撰《十三經注疏校勘記》時，曾經使用過永懷堂本，《校勘記》中或稱爲“葛本”，或稱爲“永懷堂本”。如《尚書注疏校勘記》稱其爲“葛本”，云：“即永懷堂本，與閩刻注本相類，而訛字較多。”[①]《儀禮注疏校勘記》則稱其爲“明永懷堂單注本”，云：“全與閩刻注疏本同。”[②]

由上述材料可知，第一，從版本譜系上看，永懷堂本源於嘉靖時期李元陽所刻閩本《十三經注疏》。這即是説，永懷堂本是注疏合刻本删去疏文而得。而就《孟子》而言，注疏合刻本是没有所謂的“孟子章指”的。[③]從這個角度來説，《總目》將永懷堂本《孟子》作爲一類獨立出來，是正確的。第二，永懷堂的文字質量不佳，這其實也和其源自閩本有關。

永懷堂本的書版後來輾轉歸於晚清時期的浙江書局，而浙江書局在同治八年（一八六九）補刻了部分書版，加以重印。購買版片的楊昌濬在跋語中説：

> 右前明東吴金氏蟠、葛氏鼒所刊《十三經古注》，即世所稱“永懷堂本”也。版存蕭山某氏，杭州書賈印一册以視，字畫尚完整，通部闕者計止六葉，漫漶者止十數葉。昌濬遂購而補之，弆版於杭州府學尊經閣，印本以給兩浙庶士。……此十三部間恐不免訛舛，謹當遵殿版注疏本，一一核正，别刻校勘記附於後，冀以傳之永久云。同治五年十二月浙江布政使湘鄉楊昌濬。（《十三經古注》卷末）

跋文撰寫於同治五年（一八六六）十二月，版片購買當在此前一段時間。跋文中敘述了書版購藏的經過以及闕版、漫漶的情况，也説明了當時的計劃按照武英殿本《十三經注疏》附録考證的形式，撰寫校勘記。但楊氏的這一計劃並未付諸實施。一直到了同治八年纔開始重印、補刻。整個補刻的過程在當時浙江學政徐樹銘的跋文中記録得較爲詳細：

> 此本合刻十三經古注，皆從注疏所用各家注，《孝經》承用明皇御注，而誤列

① 阮元編：《十三經注疏校勘記》，《續修四庫全書》影印清文選樓本，第一八〇册，上海古籍出版社，二〇〇二年，第三六一頁。

② 阮元編：《十三經注疏校勘記》，《續修四庫全書》影印清文選樓本，第一八一册，第二八八頁。

③ 關於注疏合刻本《孟子》與單經注本《孟子》的差别，詳參拙文《宋蜀刻本〈孟子章句〉考略》，載上海交通大學經學文獻研究中心編《經學文獻研究集刊》第十七輯，上海書店出版社，二〇一七年，第一六一—一六三頁。

鄭氏，則疏於考訂也。稱葛鼒、金蟠校，然頗有脱誤，豈校者之失歟？夷考其書，大體皆與阮文達《校勘記》所引十行宋本合，每與岳本相出入，淵源亦有自也。當時葛刻盛行，坊肆必有覆刻者，此或非原版，故槧工訛誤，絶似未經讎校，第以托體葛氏，爲宋本之别子。……先是，同年馬穀山制府奏開書局於杭州，恭刊欽定七經。石泉方伯以毛鄭何范之書，士人卒業者少，即舉是書版刻付書局印行。時綜理書局爲觀察王清如前輩，孫紫珮太守，俞蔭甫、吴蓉圃兩太史，李蒓客農部，尋繹經注，病其誤文奪字，甚至脱失經文，乃屬局中分校士人。仰稽殿本注疏，旁参汲古閣注疏、秦刻九經、士禮居黄氏、福禮堂周氏經注刻本及《十三經校勘記》，斟酌文義，去泰去甚。至於苛細，不欲悉更，以存葛氏之真。……方伯書後固有撰校勘記之志，今得王、孫、俞、吴諸君子爲之，率都人士竟其業，豈非承學之士之至幸歟！校《易》者爲訓導胡培系，校《書》者爲舉人陸元鼎，校《詩》者爲貢生沈彤元，校《周禮》者爲廪生黄以周，校《儀禮》者爲教諭汪鳴皋、舉人張預，校《禮記》者爲舉人袁振蟾、廪生許誦禾，校《春秋公羊傳》者爲廪生潘鴻，校《穀梁傳》者爲生員許郊，校《左氏傳》者爲廪生陳豪，校《爾雅》者爲訓導王麟書，校《孝經》者爲訓導高驂麟，校《論語》《孟子》者爲廪生施補華，監造者爲生員朱昌壽，監生黄立彬、王維翰，並附書之。同治八年蒼龍在己巳仲秋之月，浙江學使者長沙徐樹銘跋。（《十三經古注》卷末）

徐氏跋文首先從版本源流上指出永懷堂本雖是經注本，但其文字與所謂的"宋刻十行本"更爲接近。這是因爲永懷堂本所從出的閩刻本正是據"宋刻十行本"翻刻的。這就是徐氏所説的"每與岳本相出入，淵源亦有自也"。至於爲何此本文字質量較差，徐氏認爲這大概是刻工的失誤，並猜測浙江書局所得到的書版可能是明時書坊翻刻的永懷堂本，而托名葛鼒、金蟠二人。徐氏也較爲詳細地叙述了同治年間補刻的經過，在同治五年楊昌濬購買書版並交給浙江書局。當時董理書局的有王景澄（同治八年時爲浙江書局提調）、俞樾、李慈銘等人，他們利用汲古閣所刻《十三經注疏》、明人秦鏷刻《九經》、黄丕烈士禮居所刻諸經注、嘉善周氏福禮堂所刻《周禮注》等進行校勘，同時還參考了《十三經注疏校勘記》，對永懷堂本的文字進行誤正。徐氏在跋文中還詳細記述了每經負責校勘的人員。

因此，存世的永懷堂本有崇禎本和同治補刻本。但崇禎本和同治本的版式並不完全一致。同治補版改四周單邊爲左右雙邊，書口下方所鎸"永懷堂"改爲"浙江書局補刊”。不難發現，這其實就是《總目》所著録的版本a。

永懷堂本還有不少翻刻本。例如版本g“日本延享四年刻本”。此本每卷署名皆有“明後學東吴金蟠訂”或“明後學東吴葛鼒訂”字，故知此本出自永懷堂本。從文字校勘來講，也與永懷堂本一致。但其行款與永懷堂本不同，版本g爲四周雙欄，每半葉九行，行二十字；注文小字雙行，亦二十字。又版本g扉頁自右而左分別書“延享四年丁卯五月”“須原茂兵衛”“東都書肆（崇文堂）”“前川六左衛門”等字，所記者爲刻書年月及刻書出資之人。又據長澤規矩也先生《和刻本漢籍分類目録》所載，延享四年（一七四七）刊行者，有先印、後印之分，有“崇文堂”者爲後印之本，則北大圖書館所藏者爲後印之本。[①]

又延享四年刻本而外，又有日本天明間東都淺倉屋久兵衛刻本，亦是金蟠、葛鼒校訂本，此本藏吉林省圖書館。又有明治十二年（一八七九）東京小林新造刻本，藏華東師範大學圖書館。又湖北省圖書館亦藏有日本所刻金蟠校訂本趙注《孟子》。[②]以上諸本《總目》都没有著録。

二

弄清了第二類《孟子》（經209）的版本特徵之後，我們再來看《總目》其下所著録的兩種版本。首先是版本i“清初影宋抄本”，既是影宋抄本，就與所謂“葛鼒校”“金蟠訂”相矛盾。按，此本見於《天禄琳琅書目後編》卷八《影宋鈔諸部》，云：“趙岐注，孫奭音義，見前。與上影鈔《孟子》另本，版式較闊大，鈔校工細。”[③]劉薔《天禄琳琅知見書録》叙述其版式説：

> 匡高23.6厘米，廣17.2厘米，每半葉八行，行十六字，小字雙行二十一字，白口，左右雙邊，單魚尾。卷端上書“孟子卷幾”，下書“趙氏注”，版心下書“關西”二字。《孟子音義》版心中書“孟音上”或“孟音下”及葉次，卷前有孫奭序。白棉紙。尚保留清宫舊裝，藍色織錦書衣，黄綾書籤題“趙注孟子”。[④]

---

① 参見長澤規矩也：《和刻本漢籍分類目録》，汲古書院，昭和五十一年（一九七六），第三六頁。

② 詳參王寶平主編：《中國館藏和刻本漢籍書目》，杭州大學出版社，一九九五年，第七〇—七一頁。

③ 彭元瑞等著，徐德明點校：《天禄琳琅書目後編》，上海古籍出版社，二〇〇七年，第五六五頁。

④ 劉薔：《天禄琳琅知見書録》，北京大學出版社，二〇一七年，第二七四頁。

從上面的描述不難發現，這個影宋抄本其實和《續古逸叢書》本的《孟子章句》（也就是《總目》所著録的版本c）是同源的[①]，從行款格式到刻工也是基本相同的。《總目》却分屬於不同的編號之下。

其次是版本j“清初毛氏汲古閣影抄元盱郡重刻廖氏本”，既然是據元本影鈔，顯然也與葛鼒、金蟠二人無關，因此也不能著録在此處。此本見於《天禄琳琅書目後編》卷八《影宋鈔諸部》：“趙岐注，同前。每卷末亦有‘盱郡重刊廖氏善本’各種印。琴川毛氏影鈔，商邱宋氏藏。”[②]

版本j和版本d“天禄琳琅叢書第一集本（影印元盱郡覆宋本）”同源，却也被《總目》分屬於不同的編號下。另外，需要注意的是，“盱郡”應該寫作“旴郡”，張政烺先生指出：“旴郡以旴江得名，江出江西南城縣，宋爲建昌軍治，元爲建昌路治。有旴江書院，此本或刊置書院者。陳澔《禮記集説·凡例》所列校讎經文諸本，興國于氏本之後又旴郡重刊廖氏本。（史語所藏明經廠本《禮記集説》及《禮記集説大全》‘旴’字皆誤作“盱”，同治十一年山東書局刊本同，自明以來知有旴郡覆廖本者鮮矣。）”[③]

版本i和版本j都有《音義》，但兩者的附入形式並不相同。版本i的《音義》是以獨立的形式整體附在卷一四之後，因此《總目》處理爲獨立的《孟子音義》，著録於“經20911087孟子音義二卷”下。這種整體附入音義的形式相對古舊。版本j的《音義》則是逐條附入相應文句之下，並且部分條目還根據朱熹《孟子集注》的注音進行了修改。所以，從這個角度來説，版本j當然也包括版本d，與《總目》著録的兩類其實並不完全一致。

我們注意到，版本i和版本c、版本j和版本d都是同一版本的影鈔和民國影印本的組合，《總目》却没有著録它們各自的原本。這裏有兩種不同的情形。對於版本i和版本c來説，其原本已經不存，所以《總目》並未著録。對於版本j和版本d來説，其原本今藏臺北故宫博物院，其上鈐有“毛晋私印”“子晋”“毛氏子晋”“毛褒之印”“華伯氏”“毛氏收藏子孫永保”，可見是毛氏汲古閣舊藏。版本j當是據以影鈔者。版本d即是民國二十

---

① 版本c即《續古逸叢書》本《孟子》的情況，参拙文《宋蜀刻本〈孟子章句〉考略》，載上海交通大學經學文獻研究中心編《經學文獻研究集刊》第十七輯，第一五四—一五八頁。

② 彭元瑞等著，徐德明點校：《天禄琳琅書目後編》，第五六五頁。

③ 張政烺：《讀〈相臺書塾刊正九經三傳沿革例〉》，收入氏著《文史叢考》，中華書局，二〇一二年，第三一六—三一七頁。

年（一九三一）據以影印者。後來在一九八五年，臺北故宫曾再次將其影印。

另外，這裏需要説明一下，在《天禄琳琅書目後編》卷三《宋版經部》還著録了一個版本的《孟子》："漢趙岐注，附《音義》。書十四卷。前岐《題辭》。岳珂荆溪家塾所刻。"[①]這就是學者所稱的"岳本"《孟子》。經張政烺先生考證，這個版本實際上是元代義興岳浚所刊，與岳珂並無關涉。[②]岳本行款格式到文字内容，與版本j、版本d所代表的系統都極爲相似。但《總目》並未將岳本著録在我們這裏所考察的兩類《孟子》趙注之下，而是將其著録在"經20909790孟子注疏解經"之下。但岳本並無疏文，所以顯然《總目》的著録並不恰當。

第一類《孟子》趙注共著録八種版本，其中版本a應該著録在第二類下，這一點我們在上文已經説明。

版本b其實並不是《孟子》趙注，而是《孟子音義》，所謂上圖所藏"光緒三十四年問經精舍刻本"，實際上就是孫葆田所編《山淵閣叢刊》本，刊刻於光緒十九年（一八九三），即"經20911087孟子音義二卷"下所著録的"孫氏山淵閣叢刊本（光緒刻）"。因此不應該著録於此。

版本c，與版本i同源，都源於蜀刻大字本，另外《四部叢刊》本《孟子章句》也是源於此本。

版本e，也就是《關中叢書》本，此本源於乾隆三十八年（一七七三）曲阜孔繼涵所刻《孟子趙注》十四卷，後編入《微波榭叢書》，當時學者稱爲"孔本"。但《總目》僅在"經20911087孟子音義二卷"下著録了孔本（《總目》稱爲"微波榭叢書本"）。但其實孔本不僅有《音義》二卷，還有《孟子章句》十四卷。和孔本相類似的還有乾隆四十六年（一七八一）安邱韓岱雲所刻的《孟子趙注》，也包括趙注十四卷和《音義》二卷，《總目》將韓本著録於"經20909790孟子注疏解經十四卷"和"經20911087孟子音義二卷"下，顯然没有弄清楚韓本的完整内容。

版本f"日本慶元間活字印本"，"慶元"爲"慶長"之誤。慶長活字本《孟子》有二，一種是半葉七行，一種是半葉八行。《總目》所著録的北大藏本是半葉七行，國圖也有收藏。《孟子注疏校勘記》中所引用足利本則是活字八行本，今京都大學圖書館有收藏。無論是七行本還是八行本，都與和刻本《音注孟子》有一定的關係。《音注孟子》日本多家圖書館有收藏，民國間，羅振玉《吉石盦叢書（二集）》曾據德富蘇

① 彭元瑞等著，徐德明點校：《天禄琳琅書目後編》，第四三六頁。

② 參見張政烺：《讀〈相臺書塾刊正九經三傳沿革例〉》，收入氏著《文史叢考》，第三一三—三四〇頁。

峰藏本影印。音注本有趙岐注，有逐條附入的孫奭《音義》，另外還有其他類似於“互注”“重言”的内容。

版本g“日本延享四年刻本”是永懷堂本的翻刻本，這一點我們在上文已經述及。

版本h“日本文政元年刻本”的具體情况則有待於進一步核實。

三

由以上所述，我們不妨將諸本按照《總目》的方式重新梳理一下：

Ⅰ.孟子十四卷　漢趙岐注

i. 清初影宋抄本

【微波榭叢書本】

【清乾隆四十六年韓岱雲刻本】

c. 續古逸叢書本、【四部叢刊本】

e. 關中叢書本（民國鉛印）

h. 日本文政元年刻本【？】

Ⅱ. 孟子十四卷　漢趙岐注　明葛鼒校　明金蟠訂

a. 十三經古注本

g. 日本延享四年刻本

Ⅲ. 孟子十四卷　漢趙岐注　宋孫奭音義

【元岳氏荆溪刻本】

【元盱郡重刻廖氏本】

j. 清初毛氏汲古閣影抄元盱郡重刻廖氏本

d. 天禄琳琅叢書第一集本（影印元盱郡覆宋本）

Ⅳ. 孟子十四卷　漢趙岐注　宋孫奭音義

【日本室町時代覆宋本】

【吉石盦叢書二集本】

V. 孟子十四卷　漢趙岐注

f. 日本慶長間活字印本（七行）

【日本慶長間活字印本（八行）】

以上五類《孟子》趙注在内容上的差别，我們可以用如下表格的形式來進行比較。

表一　五類《孟子》趙注内容差别表

		Ⅰ	Ⅱ	Ⅲ	Ⅳ	Ⅴ
孟子原文		√	√	√	√	√
趙岐《章句》	孟子題辭	√	×	√	√	√
	注文	√	√	√[①]	√	√
	孟子章指	√	×	√	√	√
	孟子篇叙	√	×	×	×	×
孫奭《音義》		×[②]	×	√	√	×
重言、互注		×	×	×	√	×

其中類型Ⅰ就是相對完整的趙注，包括《孟子題辭》《章指》和《篇叙》，比較典型的就是《續古逸叢書》影印蜀刻大字本（《總目》版本c），清乾隆年間的孔本和韓本。這個類型的《孟子》趙注的版本中有的雖然附録了《孟子音義》，但都保持了相對獨立的形式，可以看作是兩本著作。

類型Ⅱ就是由明人葛鼒、金蟠校訂的永懷堂本一系，它的主要特徵是從注疏合刻本剥離出來的，因此在趙岐《章句》的完整性上不及類型Ⅰ。

以上兩類是沿襲了《總目》的區分。

類型Ⅲ是從《總目》的第一類中分出來的，它與類型Ⅰ相比，逐條附入了《孟子音義》，是所謂的“經注附釋音本”。但趙注的完整性不如類型Ⅰ，一是删去了趙注的某些文段，二是没有《孟子篇叙》。

類型Ⅳ從本質上説也是一個“經注附釋音本”。作爲一個趙注的傳本，它最大的特徵就是有“重言”“重意”“互注”等内容。同時，和類型Ⅲ相比，它的完整性也好一

① 需要注意的是，這一類的趙岐注文是有删節的，周密《癸辛雜志》論爲廖瑩中所刊九經（類型Ⅲ所從出）云“然或者惜其删落諸經注爲可惜耳”就是這種情况。就《孟子》而言，主要是删去了各卷題下的注文。

② 類型Ⅰ諸本《孟子》與《孟子音義》往往相互獨立。

些，雖然也没有《孟子篇叙》，但注釋文字是完整的。

類型Ⅴ主要是兩種日本慶長年間的活字印本。從形式上看，它們和類型Ⅰ更爲接近，却没有類型Ⅰ所具有的《孟子篇叙》。從文字校勘的情况來看，二者和類型Ⅳ即音注本是存在源流關係的，却没有《音義》和重言、互注這些内容。所以考慮到上述情况，我們將其從《總目》的第一類版本中獨立出來。

回到《總目》所著録的兩個類型，共計十個版本，我們發現其問題主要有以下幾種：

第一，從著録版本類型歸屬來看，有些是有錯誤的。從《孟子》趙注的情况來看，將第一類的版本劃入第二類中，甚至是將本是《孟子音義》的問經精舍刻本著録於《孟子》趙注之下。另外，我們在上文所指出的，《總目》還將趙注的一些版本錯誤的歸於《孟子注疏解經》之下。當然《總目》涉及書籍很多，同一書籍的版本就更多了，不可避免會出現一些問題。這種情况比較嚴重，已經影響了《總目》的質量。

第二，就版本著録的範圍來説，有很多版本被遺漏，這也是編纂《總目》這樣的大型的古籍書目難以避免的情况。但著録的標準不够統一，有的叢書被收録，有的則無。例如，同源的《續古逸叢書》本《孟子》、《四部叢刊》本《孟子》，一著録，一不著録。和刻本漢籍，特别是國外藏書機構的漢籍，由於没有大規模的調查，所以有的著録，有的没有著録。

第三，從版本譜系上來看，《總目》著録了很多後來的翻刻、覆刻甚至是民國時期影印的版本，却將某一系統的祖本或者早出的版本遺漏。例如著録了毛氏汲古閣影抄的元盱郡本，甚至是民國時期據元刻本影印的《天禄琳琅叢書》本，却没有著録藏於臺北故宫博物院的元刻本。又如《總目》著録了《關中叢書》本，却没有著録其所從出的乾隆孔繼涵本。

第四，從版本著録信息來看，有些也不够準確或者完整。例如《總目》將"日本慶長間活字印本"誤作"日本慶元間活字印本"，且忽略了活字印本本身就存在兩個不同的版本的情况。又如經20909790《孟子注疏解經》下著録了藏於國圖的"宋刻元修本（繆荃孫跋）"，藏於北大和南京博物院的"宋刻元明遞修本"，北大本存卷三、四、十三、十四，南京博物院藏本存卷一至六、十一至十四。從《總目》這些著録的情况來看，似乎國圖的藏本是一個全本，且刷印和修補版的時代更早一些，而北大和南京博物院的藏本是殘本，刷印和修補版的時代更早。但實際的情况是，這三部《孟子注疏解經》都是殘本，且從目前經眼的情况來看，北大藏本和國圖藏本的補版時代是基本一致的，國圖藏本所存卷次和北大的藏本也是一致的。另外國圖藏本除了繆荃孫的跋文，尚有袁克文的跋文一篇。[①]這大概是沿襲了已有書目的著録，例如國圖所藏的這部有繆荃孫題跋的宋刻元修《孟子注疏解經》，在已經出版的《北京圖書館古籍善本書目》（書目文獻出版社）和《中國古籍善本書目》（上海古籍出版社）都衹著録了其有繆荃孫跋，但兩目都指出國圖所藏衹是殘卷。

四

《總目》的"四書類"附録部分增加了一個叫作"四書緯之屬"的分類，其下僅著録了清人常增《四書緯》四卷（編號爲"經20911140"）。

對於緯書類目的設置，《總目 · 經部》的"編纂説明"有所涉及：

> 讖緯文獻盛行於西漢至隋代，與《七經》、《論語》一一對應，唐以後逐漸散逸，明清學者大事輯佚，現存輯本多家。兹從前人之例，凡合刻各類讖緯之書，著録於"總類"中"緯書之屬"，各經及《論語》類讖緯之書，則分别著録於各類"附録"中。[②]

兩相對照，顯然《總目》的編纂者認爲《四書緯》一書就是"緯書"一類的文獻，所以和《論語》類附録了"論語緯之屬"一樣，專門有"四書緯之屬"這樣一個分類。但如《總目》所説，"緯書"一類文獻在唐以後就逐漸亡佚了，而"四書"作爲一個固定的概念是在南宋以後纔逐漸確定下來的，所以《總目》所創設的"四書緯"這一概念實在是值得懷疑。

問題的關鍵在於《總目》所著録的《四書緯》是一本什麼樣的書呢？它的内容是否和讖緯相關呢？

關於《四書緯》一書得名之由，撰者常增在自序中曾有所説明：

> 增未冠時，泛覽載籍，遇有與四子書相發明者，間録數則於《章句》之上。然性懶，多不隨時摘抄，而過眼雲烟，又不暇重搜蠹簡，雖有妙義，往往得而復失，

① 詳參李紅英輯：《寒雲藏書題跋輯釋》，中華書局，二〇一六年，第九二—九四頁。

② 《中國古籍總目 · 經部》編纂説明，第二頁。

> 故所録者卒寥寥無幾也。嘗彙爲小帙，名之曰"四書緯"。弆之篋中，蓋三十年於兹矣。昔夾漈注《爾雅》，謂名物爲經，義理爲緯，名物應釋，義理不應釋。嘗誚後之箋注家，舍經而從緯，然則從事於緯者，特其箋解虚言者耳。曩以天資迂闊，幼喜讀濂洛諸書，私幸聞道最早，獨愧於聲音訓詁之學，毫未有得，而亦非性質所近。若瑣瑣蟲魚，定非磊落所屑爲，故於夾漈之所謂緯，余則視之爲經，夾漈之所謂經，余則視之爲緯，遂覺百家之言率皆支流餘裔。凡所采輯，未敢妄参經義，此緯之所由名也。……匆匆相授，未及細校，姑以舊所録者别質卷首，而以今之管窺所及綜爲四卷。自慚新得瑣碎，不專義理，而漸及訓詁，似可逃漁仲之譏，而舍經從緯，終吾知所不辭也，爰仍其舊名云。[①]

在自序中，我們可以知道此書之所以名叫"四書緯"，主要是因爲取鄭樵"名物爲經，義理爲緯"而反其義，所謂"故於夾漈之所謂緯，余則視之爲經，夾漈之所謂經，余則視之爲緯"。所以常氏所説的"緯"並非是"讖緯"之義，而是指名物訓詁考據之説。這也和《四書緯》一書的實際内容是相應的，倫明所撰寫的提要也説《四書緯》"考據居多"[②]。

所以從上面的内容來看，《四書緯》一書的内容和《總目》所説的"緯書"是不同的。其内容和《總目》的"傳説之屬"的内容也並無不同，因此在"四書總義"之末附録"四書緯之屬"不僅毫無意義，甚至可以説是錯誤的。

（作者單位：華東師範大學古籍研究所）

① 常增：《四書緯》卷一，《續修四庫全書》影印清道光刻本，第一七〇册，第四六五頁。
② 中國科學院圖書館整理：《續修四庫全書總目》，中華書局，一九九三年，第九八三頁。

北宋宋綬、宋敏求史學撰著考述

張　雯

内容摘要：宋綬、宋敏求父子一直活躍在宋初的政治活動、文化事業中，在唐代歷史文獻的整理、宋代國史撰修以及唐宋地理學方面著述頗豐。其中，二宋父子歷二十餘年接續編纂《唐大詔令集》、參與修撰北宋國史。此外，宋敏求還參與並負責修撰《新唐書·藝文志》，以一人之力續武宗以降晚唐實録，成爲司馬光修撰《資治通鑑》晚唐部分的重要參考文獻。本文擬在結合學界最新研究成果的基礎上，對其所撰史學撰著的研究現狀及價值進行深入考述。

關鍵詞：宋綬；宋敏求；《唐大詔令集》；國史；《新唐書》

宋綬、宋敏求父子爲宋初重要的名臣。宋綬官至副宰，其子宋敏求亦久在禁垣，宋初所發生的諸多政治事件中都不乏二宋父子的身影。他們利用館閣身份，得以見到宋初所存大量唐代文獻，又加之宋氏家族自身的巨量藏書，使得二宋父子著述頗豐，其參與撰著、整理的書籍，存世如《唐大詔令集》《新唐書》《長安志》等至今都是研究唐代歷史的重要典籍。蘇頌稱二宋父子之史學貢獻曰："宋氏二公載世典領其職。起建隆訖天禧，述祖宗創制致治之美，洎真宗一朝《實録》，時則尚書令、燕國宣獻公預焉。自乾興至治平，叙二帝成功盛德之事，洎仁宗一朝《實録》，時則貳卿龍圖常山公繼焉。五朝正史，二聖編年，出於一門父子手筆，可謂家世之盛矣。"①

與其同時代的名臣的研究相比，對宋綬、宋敏求父子的研究則略顯不足。迄今爲止，有關宋敏求生平最早的編年著作是今人宋育文的《宋敏求年譜》，據《中國歷代人

① 蘇頌著，王同策、管成學、嚴中其等點校：《蘇魏公文集》卷五一《龍圖閣直學士修國史宋公神道碑》，中華書局，一九八八年，第七七一頁。

物年譜考録》載此書“稿本（見存）著者自藏”[①]，可知此年譜僅有稿本且並未刊印。張保見作《宋敏求事迹簡録》時稱宋育文《宋敏求年譜》“惜未見其流傳”[②]，故張氏所撰《宋敏求事迹簡録》是關於二宋父子至今爲止可見的最早年譜考證著作，已收入二〇〇二年四川大學出版的《宋人年譜叢刊》第三册。張氏稱其作此譜是因宋敏求之“碑、志、傳叙述敏求事迹，或失於簡，或於它史相舛，有必要予以清理”，因此“譜其行事，名爲《簡録》，示其爲初探而略之意”。張氏所撰《簡録》内容大體以正史文獻、宋敏求墓誌、神道碑爲主，並參用宋人文集。遇有文獻抵牾時，則略加考證，是研究宋敏求生平的重要參考文獻。但因其《簡録》的性質，書中幾乎不引原典，且於宋敏求之生平事迹僅略加概述。宋綬的相關研究則更少，二〇一一年復旦大學管華碩士學位論文《〈古今歲時雜咏〉研究》[③]中曾簡略梳理過《歲時雜咏》作者宋綬的生平。對二宋著作最重要的研究有張保見《常山二宋撰著考》，此文從著録與存佚的角度對二宋的撰著進行考察。[④]此外，王德毅《宋敏求的家世與史學》一文對宋敏求的家世與生平及其史學貢獻作了梳理，是對宋敏求家世與史學關係的最全面研究。[⑤]

而今存涉及二宋的相關文獻比較豐富，相關研究尚有很大的拓展空間。本文在前輩學者已有研究的基礎上，結合二宋父子生平事迹以及最新研究成果，對宋綬、宋敏求獨撰或參與撰著、編修、校勘的所有歷史著作及其價值進行詳細考證和評述。其中涉及與他人共同編纂的如正史實録、地理學圖經等，僅以二宋所參與編修的相關部分爲中心，其他不作詳述。雖然王德毅曾有專文評述宋敏求史學貢獻，對宋敏求所撰著進行了簡要介紹，但其文發表較早，近二十年學界不斷有新材料及新成果涌現，故本文在此基礎上，對宋綬、宋敏求父子二人史學撰著及成就進行更深入的討論。

宋綬曾參與編修聖祖事迹《降聖記》，真宗朝《日曆》《實録》《國史》，太祖、太宗、真宗、仁宗朝《會要》，太祖、太宗、真宗朝《寶訓》以及《祥符州縣圖經》《土訓纂録》等。此外，宋綬還曾提舉校勘《南北史》《隋書》，今存《宋天聖二年〈隋書〉刊本原跋》即宋綬所撰。其子宋敏求曾參修《新唐書》，且很可能主要負

---

① 謝巍：《中國歷代人物年譜考録》，中華書局，一九九二年，第一五六—一五七頁。
② 張保見：《宋敏求事迹簡録》，《宋人年譜叢刊》第三册，四川大學出版社，二〇〇二年，第一六二四頁。
③ 管華：《〈古今歲時雜咏〉研究》，碩士學位論文，復旦大學，二〇一一年，第十五—二一頁。
④ 張保見：《常山二宋撰著考》，載四川大學古籍整理研究所編《宋代文化研究》第十二輯，綫裝書局，二〇〇三年，第三四三—三五八頁。
⑤ 王德毅：《宋敏求的家世與史學》，《臺大歷史學報》二〇〇三年第三十一期，第一二三—一四〇頁。收入張其凡、范立舟主編《宋代歷史文化研究續編》，人民出版社，二〇〇三年，第一二〇—一三八頁。

責《藝文志》部分的撰修，還參與仁宗朝《實録》《起居注》，仁宗、英宗《兩朝國史》，續修《會要》以及《百官公卿表》，又撰唐武宗至哀帝《實録》，此外還編撰了《東京記》《河南志》《長安志》三部重要的地理學著作。故下文分别從唐代詔令的整理與編撰、北宋國史、晚唐《實録》、《新唐書》及地理學著作多個角度對二宋的史學撰著及成就進行研究。

一、唐代詔令文獻的整理與編撰

《唐大詔令集》作爲研究唐史的最重要文獻之一，其編撰者歷代著録間有不同，《玉海》及《宋志》署宋綬，而到清代的書目改題宋敏求。實際上這部書是宋綬、宋敏求父子積二十餘年之功接續編纂完成。由於宋綬參與編修《真宗實録》以及太祖、太宗、真宗《三朝國史》和《國朝會要》，從而接觸到了大量史館和三館秘閣所存的唐代原始材料，所以在景祐年間，他將唐朝歷代君王頒布的詔令册文等進行彙編，但兩年後宋綬去世，還未來得及對這些材料加以分類，而宋敏求在其父已有的基礎上將這些詔令分爲十三類，一百三十卷，在熙寧三年（一〇七〇）整理成書，故此書的編撰草創於宋綬，而成於宋敏求，是父子二人接續編撰的著作。

二宋父子之所以會編纂這部唐代詔令總集，與其家族藏書以及仕宦經歷密不可分。宋氏家族作爲北宋著名的文化家族，一直以藏書而聞名於當時。宋綬外祖父爲曾參與修撰《文苑英華》的翰林學士楊徽之，而楊徽之無子，一女嫁宋綬父宋臯。楊徽之卒後，家藏萬卷書，盡付宋氏。[①]宋綬妻子爲北宋真宗時宰相畢士安孫女，畢士安家藏書亦頗可觀，畢氏藏書最終亦歸宋氏。[②]宋臯、宋綬父子二人先後與北宋禮部侍郎楊徽之、宰相畢士安家族聯姻，故至宋綬一代，宋氏家族兼有楊、畢二家藏書，其家藏書之豐富程度，甚至有皇家藏書所不及。[③]宋敏求繼承了父親的巨量藏書，平生愛好讀書、藏書、校書。[④]宋氏家族宅居春明坊，因其藏書之豐富，吸引了大量喜愛讀書之士就近買房，

---

① 參見蘇頌著，王同策、管成學、嚴中其等點校：《蘇魏公文集》卷五一《碑銘翰林侍講學士正奉大夫尚書兵部侍郎兼秘書監上柱國江陵郡開國侯食邑一千三百户食實封二百户贈太子太師謚文莊楊公神道碑銘》，第七六四—七七〇頁。

② 參見山右歷史文化研究院編：《西臺集》（外三種）卷一六《丞相文簡公行狀》，上海古籍出版社，二〇一六年，第二四二—二四九頁；張邦基撰，孔凡禮點校：《墨莊漫録》卷五《藏書之富者》，中華書局，二〇〇二年，第一四二頁。

③ 參見張邦基撰，孔凡禮點校：《墨莊漫録》卷五《藏書之富者》，第一四二頁。

④ 參見杜大珪：《名臣碑傳琬琰集》中集卷一六《宋諫議敏求墓志銘》，宋刻元明遞修本。

導致周邊房價暴漲，成爲一時之風氣。[①]葉夢得《石林過庭録》中稱宋家不僅藏書豐富，且校讎詳審，皆勝諸家。[②]這些藏書中就收録有唐代的詔敕，宋敏求在其所撰《春明退朝録》中曾言："予家有景龍年敕，……慶曆中，予與蘇子美同在館，子美嘗携其遠祖珦唐時敕數本來觀，與予家者一同。字書不載敕字，而近世所用也。"[③]可見在北宋之時，很多士大夫可以得見前代的詔敕文書，而這些一手的詔敕文獻，也通過二宋父子的搜集和整理得以流傳。

《唐大詔令集》全書凡一百三十卷，今存一百零七卷，由於此書自成書以來均以抄本傳世，現存最早版本僅爲明抄本，存世所有版本均闕相同的二十三卷。現有商務印書館排印本、學林出版社點校本，但整理品質均不理想，學者實際利用時錯訛尤甚。點校本質量不高的主要原因是整理此書前爲時代條件所限，未能對存世版本進行系統研究，故使得點校本所據底本存在未被發現的多處問題。如商務印書館版排印本中卷八六《光啓三年七月德音》存在大量文字訛誤，文中"次第填補，……不得約勒商人，固違敕旨"近八百字，實爲同卷《咸通七年大赦》内容。由於商務印書館本所據底本存在錯簡，導致這兩篇詔令的文本存在嚴重訛誤。[④]雖然《唐大詔令集》是研究唐代的重要文獻，但在很長一段時間内，學界對其版本研究較爲忽視，導致學者在利用此書時出現諸多文本問題。近幾年來，《唐大詔令集》的研究逐漸成爲學界關注的熱點。其中，對《唐大詔令集》的專書研究首推李豪二〇一六年博士論文《〈唐大詔令集〉研究》[⑤]和陸續發表的三篇版本研究專文[⑥]。此外，中國人民大學孟憲實主持的"唐代王言制度研究"項目將此書的研究進一步向前推進，其中孟憲實對此書現存的主要問題，如王言之含義、《唐大詔令集》的意義、作者署名等問題作了提綱挈領的考察。[⑦]段真子對

---

① 參見朱弁撰，孔凡禮點校：《曲洧舊聞》卷四，中華書局，二〇〇二年，第一四一頁。

② 此段葉夢得所言，元代馬端《文獻通考》卷一七四《經籍考》總叙引"葉氏《過庭録》"，葉夢得《石林過庭録》已佚，叙藏書這部分文字完整保存在明代董斯張《吴興藝文補》卷一六所載《葉夢得〈論藏書〉三則》(明崇禎六年刻本，第五三—五五頁)。

③ 宋敏求撰，鄭世剛整理：《春明退朝録》卷下，大象出版社，二〇一九年，第二七二—二七三頁。

④ 參見張雯：《通行本〈唐大詔令集〉卷八六〈咸通七年大赦〉〈光啓三年七月德音〉錯簡考》，《中華文史論叢》二〇二一年第四期，第二四六頁。

⑤ 李豪：《〈唐大詔令集〉研究》，博士學位論文，南京大學，二〇一六年。

⑥ 李豪：《〈中國古籍總目〉"唐大詔令集"條訂補》，《圖書館研究》二〇一六年第三期，第一二一—一二四頁；《〈唐大詔令集〉顧廣圻校本獻疑》，《晋圖學刊》二〇一七年第一期，第五九—六二頁；《〈唐大詔令集〉彭元瑞校本評議》，《山東圖書館學刊》二〇一七年第二期，第九五—九八頁。

⑦ 參見孟憲實：《關於〈唐大詔令集〉的幾個問題》，載葉煒主編《唐研究》第二五卷，北京大學出版社，二〇二〇年，第二二七—二九四頁。

一九五九年商務印書館出版的排印本的出版過程、底本選擇、整理原則以及校勘存在的問題進行了梳理。[①]馬俊傑則對謙牧堂本以及國圖所藏兩部抄本作了詳細的考察。[②]趙帥淇則對臺灣所藏配補本的基本情况、吴焯校勘工作、周大輔補抄校勘工作以及此版本的價值分别進行研究。[③]對此書的史源研究有李豪《〈唐大詔令集〉史源考》。[④]《唐大詔令集》的闕卷問題及輯補一直是此書研究的重點之一，已有黄煜《〈唐大詔令集〉類目小議》[⑤]與李豪《〈唐大詔令集〉闕目初探與異文輯補》[⑥]，以上二文對《唐大詔令集》闕卷部分的類目進行了一定程度的復原。拙文《明抄本系統〈唐大詔令集〉考——兼論此書闕卷緣由及通行本之失》[⑦]對此書今存重要明抄本系統進行詳考，通過梳理版本之間的關係和遞藏，對明抄本的價值、此書在唐宋時期的面貌以及闕卷之緣由進行考察，並通過對版本之間的比對指出現今通行本存在嚴重訛誤的情况。基於《唐大詔令集》通行本存在的各種問題，現在的整理本衹可視作一個權宜之本，今後很有必要在嚴格遵循現代古籍整理規範的基礎上，充分利用明抄本重新校理，爲學界提供一部可以信賴的通行本《唐大詔令集》。

二、北宋國史

宋代國史的修撰具有嚴格的流程，每一階段文本的生成，都是文本角力下被不斷選擇、剪翳或擴充的過程，並最終成爲代表國家話語的正史。整個修撰過程主要經歷了四個最關鍵階段：第一階段是《起居注》《時政記》的修撰，第二階段是以《起居注》《時政記》等材料爲基礎的《日曆》撰修，第三階段是以《日曆》等材料爲基礎的編年

---

① 段真子：《商務印書館〈唐大詔令集〉排印本之得失》，載葉煒主編《唐研究》第二五卷，第二五九—三〇九頁。

② 馬俊傑：《"謙牧堂本"〈唐大詔令集〉研究》，載葉煒主編《唐研究》第二五卷，第三一一—三二四頁；《國家圖書館藏明抄本〈唐大詔令集〉版本考辨》，《中國典籍與文化》二〇二一年第四期，第六五—七七頁。

③ 趙帥淇：《中國臺灣"國家圖書館"藏配補本〈唐大詔令集〉考述》，《晋圖學刊》二〇二〇年第三期，第五九—六四頁。

④ 李豪：《〈唐大詔令集〉史源考》，載杜文玉主編《唐史論叢》第二十三輯，三秦出版社，二〇一六年，第三二九—三五四頁。

⑤ 黄煜：《〈唐大詔令集〉類目小議》，載程章燦主編《古典文獻研究》第八輯（上卷），鳳凰出版社，二〇一五年，第二五七—二五九頁。

⑥ 李豪：《〈唐大詔令集〉闕目初探與異文輯補》，《文獻》二〇一五年第四期，第一五〇—一五七頁。

⑦ 張雯：《明抄本系統〈唐大詔令集〉考——兼論此書闕卷緣由及通行本之失》，《文史》二〇二一年第二輯，第一二一—一四二頁。

體《實録》修撰，接下來纔是以《實録》等文獻爲基礎的紀傳體《國史》的撰修。在《國史》修成後，則以《國史》等材料繼續修撰《會要》。宋綬、宋敏求父子參與了當時從《日曆》到《實録》《起居注》再到《國史》《會要》的整個官修史書編纂過程。

宋綬於乾興元年（一〇二二）參與修撰從大中祥符元年（一〇〇八）至乾興元年正月的十三年《日曆》。[①]同年十一月，參修《真宗實録》。[②]天聖五年（一〇二七），同修《真宗國史》。[③]天聖六年（一〇二八）八月，負責《真宗國史》中《志》《傳》部分。[④]在《真宗國史》修成後，宋綬又看詳《三朝寶訓》。[⑤]明道二年（一〇三三），看詳並同提舉編修《國朝會要》。[⑥]宋綬全程參與了真宗朝從《日曆》到《實録》再到《國史》的撰修。由於宋代官修國史系列文獻除了《宋太宗實録》殘卷，幾乎全部亡佚，其他零篇殘章僅能從存世文獻的收録徵引中略窺一斑，而今存宋代國史文本主要以杜大珪《名臣碑傳琬琰集》中收録出自宋代《實録》的二十七篇人物傳記爲主。[⑦]此外，陸佃《陶山集》、歐陽修集、《孝肅包公奏議集》還存有注引《國史》《實録》的零篇殘章。胡昭曦從《續資治通鑑長編》中輯佚了逾萬字的《神宗實録》朱墨本條文。[⑧]此外，任仁仁從《誠齋集》輯佚了三篇《孝宗日曆》人物傳記。但相較於亡佚的卷帙極爲龐大的宋代官修國史，至今爲止已輯佚的國史文本依然非常少。

據最新研究發現，明代《新安文獻志》還存有史源爲宋綬所撰《真宗國史・列傳》的文本，而南宋羅願所撰《（淳熙）新安志》中還收録有史源爲宋綬所撰《真宗實録・附傳》文本，這一發現可以爲學界繼續考察已亡佚的宋代《國史》提供新的文獻材料。對《新安文獻志》中收録《國史・列傳》與存世宋代國史文獻的比對可以在一定程度上復原宋代《國史・列傳》在修撰過程中的一些動態面貌。尤其在討論元修《宋史》

① 徐松輯，劉琳等點校：《宋會要輯稿》職官一八，上海古籍出版社，二〇一四年，第三五二七頁。

② 李燾撰，上海師範大學古籍整理研究所、華東師範大學古籍整理研究所點校：《續資治通鑑長編》卷九九，中華書局，二〇〇四年，第二三〇二頁。

③《續資治通鑑長編》卷一〇五，第二四三六頁。

④ 王應麟撰，武秀成、趙庶洋校證：《玉海藝文校證》卷一二《天聖三朝國史》，鳳凰出版社，二〇一四年，第五六七頁。

⑤ 王應麟撰，武秀成、趙庶洋校證：《玉海藝文校證》卷一五《天聖三朝寶訓》，第六九八頁。

⑥ 李燾撰，上海師範大學古籍整理研究所、華東師範大學古籍整理研究所點校：《續資治通鑑長編》卷一一三、一二七，第二六四六、三〇〇六頁。

⑦ 杜大珪撰，洪業、聶崇岐、李書春、趙豐田、馬錫用編纂：《琬琰集删存》序，上海古籍出版社，一九九〇年，第一頁。

⑧ 胡昭曦：《〈宋神宗實録〉朱墨本輯佚簡論》，《四川大學學報》（哲學社會科學版），一九七九年第一期，第七一—七八頁。

對宋代國史的繼承和改寫方面，今存史源爲宋綬所撰的真宗朝《國史》《實録》的人物傳記，構建起了考察北宋官修國史從《實録・附傳》到《國史・列傳》再到《宋史・列傳》的整個修撰過程的橋梁。①

宋敏求於治平元年（一〇六四）參修仁宗朝《起居注》②，治平二年（一〇六五）參修《仁宗實録》③。熙寧二年（一〇六九），與司馬光同修《大宋百官公卿表》④，未成而卒。熙寧八年（一〇七五）宋敏求奉詔續修國朝《會要》⑤，熙寧十年（一〇七七）參修仁宗、英宗《兩朝國史》⑥。值得注意的是，今《春明退朝録》卷上所載概述宋代百官之事，詳述當時兩制至學士等人除拜之年紀，宗室、百官之謚號以及宋代職官相關之記載，很可能爲宋敏求編修《百官公卿表》之總結。

三、晚唐《實録》

晚唐《實録》自武宗以後闕落嚴重。咸通中，宰臣韋保衡與史官蔣偕、皇甫燠撰武、宣兩朝《實録》。唐昭宗光化初年，裴贄又撰懿、僖兩朝《實録》。至五代時，晚唐實録僅有《武宗實録》一卷存世。⑦北宋修《唐書》之時，武宗以下《實録》基本不存，所以宋敏求所撰《續唐録》就極爲重要，其續唐武宗至哀帝《唐録》一百卷，後又經增補與體例改换，終成一百四十八卷的規模。

《長編》卷一五七、《秘書省續到四庫書目》"編年類"以及鄭樵《通志・藝文略第三》"編年類"、《玉海》卷四八，均稱宋敏求續《唐録》一百卷，並未稱唐《實録》，且《秘書省續到四庫書目》及《通志・藝文略》均把此書分在"編年類"下，未擊於"實録類"下。《秘書省續到四庫書目》是南宋紹興中實存之書目，當時人是可得見此書體例進行分類的。《秘書省續到四庫書目》"編年類"中所載有陳彭年《唐

① 張雯：《北宋〈國史・列傳〉的文本生成——以〈新安文獻志〉收録〈國史・列傳〉爲中心》（待刊稿）。
② 李燾撰，上海師範大學古籍整理研究所、華東師範大學古籍整理研究所點校：《續資治通鑑長編》卷二〇三，第四九二七頁。
③ 李燾撰，上海師範大學古籍整理研究所、華東師範大學古籍整理研究所點校：《續資治通鑑長編》卷二〇三，第四九二七頁。
④ 李燾撰，上海師範大學古籍整理研究所、華東師範大學古籍整理研究所點校：《續資治通鑑長編》卷二〇三六，第四九九五頁。
⑤ 司馬光著，李之亮箋注：《司馬温公集編年箋注》附録卷二《日録》，巴蜀書社，二〇〇九年，第一一三頁。
⑥ 李燾撰，上海師範大學古籍整理研究所、華東師範大學古籍整理研究所點校：《續資治通鑑長編》卷二六一，第六三六五頁。
⑦ 王應麟撰，武秀成、趙庶洋校證：《玉海藝文校證》卷一四《宋朝續唐録・唐朝補遺録》，第六五二頁。

紀》、劉軻《唐年曆》等書籍，可知宋敏求所撰《續唐録》一百卷實際爲一部私撰編年體史書，嚴格劃分的話，並非實録性質。《直齊書録解題》引《兩朝史志》稱此書“初爲一百卷，其後增益爲一百四十八卷”[①]。《宋敏求墓誌》《神道碑》及《宋史》本傳均作《實録》一百四十八卷。一百四十八卷的《實録》實爲宋敏求從一百卷《續唐録》增補而來。但增補的同時，此書的體例發生了變化，故《通志・藝文略第三》把一百四十八卷的《唐實録》置於“實録類”目下。

由於晚唐史料的闕落，生活在北宋時期的宋敏求所撰寫的唐代《實録》就成爲後來撰寫這段歷史的重要史源。司馬光所撰《資治通鑑》晚唐部分亦多次引用宋敏求所撰晚唐《實録》，所以宋敏求所續《唐實録》雖已不存，但還能從《資治通鑑考異》中見其大略。熊展釗認爲《資治通鑑考異》所引唐武宗至哀帝六部《實録》均爲宋敏求所撰。[②]章群以《資治通鑑考異》中載《懿宗實録》引《彭門紀亂》以及《僖宗實録》引《唐末見聞録》之事，認爲筆記小説有出於《實録》者，從表面看似乎是《新唐書》引用筆記小説，實則二者同出於唐代《實録》。[③]靳亞娟對《資治通鑑考異》中所引《宣宗實録》進行研究，認爲宋敏求所撰晚唐實録可能是《資治通鑑》晚唐部分紀日等特有史料的來源。[④]

四、《新唐書》

慶曆五年（一〇四五），王堯臣因宋敏求所緝唐武宗至哀帝一百卷《續唐録》，而推薦他參與編修《新唐書》。[⑤]宋敏求所續唐《實録》是修撰《新唐書》晚唐部分的重要史料來源，錢大昕《廿二史考異》卷五九即稱《新唐書》宣宗朝的一部分記載本於宋敏求所撰《宣宗實録》。[⑥]岑仲勉言“《新唐書》之唐末記事，最少有一部與宋《録》同其史源”[⑦]。編修《唐書》官宋敏求在通判西京留守司時，於西京御史臺發現了唐五

① 陳振孫撰，徐小蠻、顧美華點校：《直齋書録解題》卷四，上海古籍出版社，二〇一五年，第一二六頁。

② 參見熊展釗：《〈資治通鑑・唐紀〉研究》，華中師範大學博士論文，二〇一七年，第三三頁。

③ 參見章群：《通鑑及新唐書引用筆記小説研究》，文津出版社，一九九九年，第二八、四一、四二頁。

④ 參見靳亞娟：《〈資治通鑑〉唐宣宗時期的史源——兼論宋敏求及其〈宣宗實録〉》，《文史》二〇一九年第四輯，第一一九—一五三頁。

⑤《名臣碑傳琬琰集》中集卷一六范鎮《宋諫議敏求墓誌銘》，宋刻元明遞修本；《續資治通鑑長編》卷一五六，第三七七八頁。

⑥ 參見錢大昕著，陳文和主編：《廿二史考異》卷五九，鳳凰出版社，二〇一六年，第一〇二四頁。

⑦ 岑仲勉：《補唐代翰林兩記》，《歷史語言研究所集刊》第十一册，一九四四年。收入《補唐代翰林兩記》自序，中華書局，二〇〇四年，第三九六頁。

代公文書。[①]至和元年（一〇五四）八月十七日，命宋敏求從西京回《唐書》局修書。[②]至和二年（一〇五五）十月二日，歐陽修稱聽聞西京内中省寺、留司御史臺及鑾和諸庫，有唐朝至五代已來奏牘、案簿尚存，欲差編修官吕夏卿詣彼檢討。[③]歐陽修此奏請又恰逢宋敏求從西京返朝，回局修《唐書》後，故很有可能歐陽修所聞西京中存有唐五代公文書之事，正是宋敏求所告知，而這些唐五代公文書不僅可能被宋敏求用於晚唐《實録》的編撰，亦被利用於《新唐書》晚唐部分的修撰。

關於《新唐書》修撰情況，最早、最詳盡而可靠的材料即來源於編修之一的宋敏求《春明退朝録》記載。[④]對《新唐書》整個編修過程和分工研究，前人已有考察。如清代錢大昕《修唐書使臣表》列舉了修撰期間每一年的提舉官、刊修官和編修官。[⑤]王鳴盛《十七史商榷》首次提出"宋歐修書不同時"[⑥]。顏中其《〈新唐書〉修撰考》對王鳴盛的觀點進行了修正，詳細討論了《新唐書》的整個修撰過程。[⑦]但宋敏求在《新唐書》修撰過程的具體分工，一直未有相關研究。岑仲勉也注意到《新唐書》的分工問題，指出范鎮、宋敏求和吕夏卿等人在《新唐書》中所負責的部分一直没有記載説明。[⑧]

非常值得注意的是，陳師尚君在研究張碧時發現《新唐書・藝文志》中涉及張碧的小注，疑似出自宋敏求之手，故宋敏求在《新唐書》修撰過程中極有可能負責《藝文志》的部分。張碧存世詩凡二十首，詩中無可供繫年的綫索，但《新唐書・藝文志》中載："《張碧歌行集》二卷。貞元人。"[⑨]此外，孟郊《孟東野詩集》卷九有《讀張碧集》，故張碧所生活的時代應該與孟郊同時或稍早，此後諸書記載均沿《新唐書》之説。但陳師認爲，張碧並非貞元時期人，通過考察發現其生活時代應在唐懿宗咸通以後。《新唐書・藝文志》中所謂"貞元人"之説法是因今存《孟東野詩集》爲宋敏求所

① 葉夢得撰，宇文紹奕考異，侯忠義點校：《石林燕語》卷五，中華書局，一九八四年，第六七頁。
② 王應麟撰，武秀成、趙庶洋校證：《玉海藝文校證》卷一二《嘉祐新唐書》，第五六一——五六二頁。
③ 李燾撰，上海師範大學古籍整理研究所、華東師範大學古籍整理研究所點校：《續資治通鑑長編》卷一八一，第四三八一頁。
④ 參見宋敏求撰，鄭世剛整理：《春明退朝録》卷下，第四四—四五頁。
⑤ 參見錢大昕著，陳文和主編：《廿二史考異》卷五六《修唐書史臣表》，鳳凰出版社，二〇一六年，第九八三頁。
⑥ 參見王鳴盛著，陳文和主編：《十七史商榷》卷六九《宋歐修書不同時》，中華書局，二〇一〇年，第九三九頁。
⑦ 參見顏中其：《〈新唐書〉修撰考》，《史學史資料》一九八〇年第四期，第一六—二九頁。
⑧ 參見林寶撰，岑仲勉校記：《元和姓纂・四校記再序》，中華書局，一九九四年，第八五—八六頁。
⑨ 歐陽修、宋祁撰，中華書局編輯部點校：《新唐書》卷六〇《藝文志》，中華書局，一九七五年，第一六一一頁。

編，故宋敏求以孟郊詩中所涉張碧而誤認爲其爲貞元人。這一觀點因宋敏求負責修撰《新唐書·藝文志》而被采用，影響後世《唐詩紀事》《直齋書録解題》《唐才子傳》《全唐詩》諸書。[①]

五、地理學著作

二宋父子亦是宋代傑出的地理學家。宋綬曾參與校勘《祥符州縣圖經》、撰《虜中風俗》《土訓纂録》。

《祥符州縣圖經》

景德四年（一〇〇七），十七歲的宋綬參與校定州縣圖經。[②]據陳振嶽《圖經述略》考，北宋以皇帝的名義下詔修纂圖經，先後有三次：一是開寶四年（九七一）正月戊午，趙匡胤命知制誥盧多遜、扈蒙等重修天下圖經，其書迄不克成。第二次即此次景德四年，這種以修纂府、州、軍、監、縣各級圖經爲基礎，而後纂成全國總圖經的程式，以及進呈圖經的年限和收藏圖經的規定，成了北宋的定制。第三次是徽宗大觀元年（一一〇七），朝廷創置九域圖志局，命所在州郡編纂圖經。[③]雖然此書已亡佚，但在晏殊所撰《類要》中還能略窺其一二。由於晏殊亦參與校定《祥符州縣圖經》，今存晏殊《類要》的地理部分還收録有年代斷限大致在景德四年至大中祥符五年（一〇〇七至一〇一二）縣一級的地理狀況，據唐雯考證，這部分内容即可能引自大中祥符三年（一〇一〇）成書的《祥符圖經》。[④]

《土訓纂録》

大中祥符四年（一〇一一），宋綬與錢易、陳越、劉筠等人依周禮置土訓、誦訓，纂録所經過地志、風物、故實爲《土訓纂録》。[⑤]

《虜中風俗》（《契丹風俗》）

宋綬在天禧四年（一〇二〇）之時出使契丹[⑥]，天聖五年（一〇二七）前後回朝，

① 參見陳尚君：《張碧生活時代考》,《文學遺産》一九九二年第三期，第一〇九—一一一頁。

② 王應麟：《玉海》（合璧本）卷一四《祥符州縣圖經》，中文出版社，一九七七年，第三〇八頁。

③ 參見陳振嶽：《圖經述略》,《文史》一九八六年第二輯，第一六五頁。

④ 參見唐雯：《〈類要〉地理部分文獻再考索》，載包偉民、劉後濱主編《唐宋歷史評論》第七輯，社會科學文獻出版社，二〇二〇年，第一〇七頁。

⑤ 徐松輯，劉琳等點校：《宋會要輯稿》禮二八，第一二九二頁。

⑥ 李燾撰，上海師範大學古籍整理研究所、華東師範大學古籍整理研究所點校：《續資治通鑑長編》卷九六，第二二一七頁。

上《虜中風俗》，又稱《契丹風俗》。[①]在宋綬之前，路振、王曾、薛映曾前後三次出使，每次時間相隔四年，是宋遼和議後，兩國關係正常態下按慣例派遣的使臣。[②]

宋敏求在地理學上的影響較其父更爲突出，宋敏求所撰《長安志》《河南志》是繼《兩京新記》後記載唐代兩京地理的集大成之作。此外，宋敏求還撰有《東京記》《入蕃録》，參與删定《九域志》。一九九〇年出版《中國歷代地理學家評傳》一書中收録馬正林所撰《宋敏求評傳》。[③]《長安志》《河南志》作爲記載唐代兩京地理的集大成之作，研究著述頗多。舉其要有張國淦《中國古方志考》[④]與顧宏義《宋朝方志考》[⑤]，二書對宋敏求所撰地志進行了細緻的考訂。相比張國淦《中國古方志考》，顧宏義《宋朝方志考》增加討論了各書所載卷數不一致的原因，對此書的版本以及所載脱誤進行了説明。馬森《20世紀以來宋敏求〈長安志〉研究芻議》[⑥]是《長安志》研究的重要綜述性論文，文中提到，傅振倫的《中國方志學通論》[⑦]將《長安志》作爲州郡志書的開山鼻祖。朱士嘉所撰《國會圖書館藏中國方志目録》對民國以前《長安志》的版本情況作了詳細介紹。[⑧]辛德勇《隋唐兩京叢考》[⑨]利用《長安志》《河南志》對唐代兩京地區的地理進行了詳細的考證，"緒説"中對兩京地理類書籍的宋敏求所創始、發展、沿革都作了詳細的梳理。史念海、曹爾琴《論宋敏求的〈長安志〉》[⑩]對《長安志》的體例、引文以及價值、地位作了評述，認爲宋敏求的撰述基本是因襲兩漢時期述地一派方志的傳統，但又有一些記人方志體例的混入，使這兩種方志體例在宋時漸趨融合。同時略述《長安志》對《兩京新記》的繼承和增删，宋敏求增補最多的開元、天寶以後的達官貴人的邸第尤值得稱道，《長安志》中所引的詩文、詔勑以及奏疏均頗具價值。對《長安志》的考訂、糾謬有李建超《長安志糾謬》[⑪]，對《河南志》的研究有張保見《宋敏求

① 參見徐松輯，劉琳等點校：《宋會要輯稿》蕃夷二，第九七三七頁。
② 項春松：《遼代歷史與考古》，内蒙古人民出版社，一九九六年，第一七八頁。
③ 馬正林：《宋敏求評傳》，《中國歷代地理學家評傳》第二卷，山東教育出版社，一九九〇年。
④ 張國淦：《中國古方志考》，中華書局，一九六二年，第一五七頁。
⑤ 顧宏義：《宋朝方志考》，上海古籍出版社，二〇一〇年，第七、三四三、三五〇頁。
⑥ 馬森：《20世紀以來宋敏求〈長安志〉研究芻議》，載中國古都學會編《中國古都研究》總第三十四輯，陝西師範大學出版社，二〇一八年，第一六〇——七五頁。
⑦ 傅振倫：《中國方志學通論》，商務印書館，一九三五年，第二三頁。
⑧ 朱士嘉：《美國國會圖書館藏中國方志目録》，中華書局，一九八八年，第三五九—三六〇頁。
⑨ 辛德勇：《隋唐兩京叢考》，三秦出版社，二〇〇六年。
⑩ 史念海、曹爾琴：《方志芻議》，浙江人民出版社，一六八六年。
⑪ 李建超：《〈長安志〉糾謬》，載中國地理學會歷史地理專業委員會《曆史地理》編輯委員會編《歷史地理》第十九輯，上海人民出版社，二〇〇三年，第三八八—三九七頁。

〈河南志〉考——兼與高敏、黨寶海先生商榷》[①]。

《長安志》

皇祐三年（一〇五一）三月，宋敏求從宋庠辟，通判河南。至和元年（一〇五四）八月回局修《新唐書》。趙彦若《〈長安志〉序》中稱“先後二京已録，固不得獨闕於此”[②]，可知此時《東京記》《河南志》已成書。張保見認爲宋敏求至和元年時，已有志於編撰《長安志》，並開始收集資料。[③]又趙彦若《〈長安志〉序》載：“又逾二紀，乃創屬體緒，纘次其言。”[④]大約於二十四年後始撰《長安志》，故據其知河南府時間推知，宋敏求開始撰寫《長安志》的時間應在熙寧七年至熙寧十年（一〇七四至一〇七七）。又因趙彦若《序》成於熙寧九年（一〇七六）二月五日，則宋敏求撰《長安志》的時間爲熙寧七年或熙寧八年（一〇七五）左右，至熙寧九年時書成，故趙氏撰序。程大昌稱：“宋氏家多書，如《宫闕記》、《宫闕疏》、《關中記》、《廟記》、《三輔黄圖》、《三輔舊事》，皆所采據矣，而制度因革則多本諸圖經，圖經又皆本之梁載言《十道志》也。”[⑤]

《河南志》

宋敏求以唐韋述所撰《兩京新記》未備而采方志、碑記等文獻而撰成《河南志》二十卷。此書在宋敏求卒後，由其子宋慶曾請於西京留守的文彦博刻印以廣之，宋敏求生前好友司馬光爲之序，稱此書：“凡其廢興、遷徙及宫室、城郭、坊市、第舍、縣鎮、鄉里、山川、津梁、亭驛、廟寺、陵墓之名數，與古先之遺迹，人物之俊秀，守令之良能，花卉之殊尤，無不備載。”[⑥]張保見認爲《河南志》成書時宋敏求屬銜爲“通判西京留守司兼畿内勸農史”，則此書大致的成書時間應在皇祐三年四月到至和元年八月。[⑦]孫猛校證稱此書久佚，《四庫總目》未收，元修《河南志》時多録此書，《永樂大典》亦大量徵引，清徐松編《全唐文》時輯爲四卷，從此書亦可見元《河南志》大略。[⑧]

---

① 張保見：《宋敏求〈河南志〉考——兼與高敏、黨寶海先生商榷》，《河南圖書館學刊》二〇〇三年第五期，第七九—八二頁。

② 宋敏求、李好文撰，辛德勇、郎潔點校：《長安志·長安志圖》，三秦出版社，二〇一三年，第四頁。

③ 參見張保見：《宋敏求事迹簡録》，第一六三二頁下欄。

④ 宋敏求、李好文撰，辛德勇、郎潔點校：《長安志·長安志圖》，第四頁。

⑤ 程大昌撰，黄永年點校：《雍録》卷一五，中華書局，二〇〇二年，第七頁。

⑥ 司馬光著，李之亮箋注：《司馬温公集編年箋注》卷六五，巴蜀書社，二〇〇九年，第一七三—一七四頁。

⑦ 參見張保見：《宋敏求〈河南志〉考——兼與高敏、黨寶海先生商榷》，《河南圖書館學刊》二〇〇三年第五期，第七九—八二頁。

⑧ 參見晁公武編，孫猛校證：《郡齋讀書志校證》卷八，上海古籍出版社，一九九〇，第三五一頁。

《東京記》

宋敏求仿韋述類例撰成《東京記》三卷，上卷爲宫城，中卷爲舊城，下卷爲新城。三城之内宫殿、官府、坊巷、第宅、寺觀、營房次第記録。[①]張保見《宋敏求事迹簡録》據周輝《清波别志》卷三所載"後得《東京記》，亦宋所著，記事止皇祐二年"，認爲此書成書不當早於本年，故繫於皇祐二年（一〇五〇）前成書。[②]

《入蕃録》

嘉祐六年（一〇六一）閏八月，宋敏求爲契丹生辰使、館伴使。[③]宋敏求出使契丹回，著《入蕃録》二卷，記出使所聞見與其應用。[④]張保見《宋敏求事迹簡録》稱敏求入蕃僅嘉祐六年一次，故此書當著於嘉祐七年（一〇六二）。[⑤]

删定《九域志》

北宋共有三次修訂《九域志》。第一次是真宗時王曾等修《九域圖》，第二次是神宗時王存等修《元豐九域志》，第三次是徽宗時修《九域圖志》。真宗大中祥符六年（一〇一三）《九域圖》成。熙寧四年（一〇七一），召集賢校理趙彦若重新修訂，後來趙彦若辭免，就命曾肇、李德芻加以修定，王存主持其事。元豐三年（一〇八〇）閏九月修成。[⑥]據《宋敏求墓誌銘》《宋敏求神道碑》所載，宋敏求曾删定《九域志》，應即此時，祇是書未成而宋敏求卒。

結　語

二宋父子利用自家豐富的藏書以及久在中秘的身份，在唐代歷史文獻的整理、宋代國史撰修以及唐宋地理學方面著述頗豐，對唐宋歷史文獻的保存與流傳有不世之功。首先，二宋父子接續整理完成的《唐大詔令集》至今都是學界研究唐代歷史最重要的參考文獻之一。《唐大詔令集》在之前整理點校時限於時代等特殊因素，在版本選擇中存在諸多問題，近年來學者們從此書的版本、史源、闕目輯佚、點校本得失等各個角度進行

① 陳振孫撰，徐小蠻、顧美華點校：《直齋書録解題》卷八，第二四一頁。
② 參見張保見：《宋敏求事迹簡録》，《宋人年譜叢刊》第三册，第一六三一頁下欄。
③ 李燾撰，上海師範大學古籍整理研究所、華東師範大學古籍整理研究所點校：《續資治通鑑長編》卷一九五，第四七一七頁。
④ 蘇頌著，王同策、管成學、嚴中其等點校：《蘇魏公文集》卷五一《龍圖閣直學士修國史宋公神道碑》，第七七五頁。
⑤ 張保見：《宋敏求事迹簡録》，《宋人年譜叢刊》第三册，第一六三三頁下欄。
⑥ 參見閆建飛：《新、舊〈九域志〉考》，《中國典籍與文化》二〇一一年第一期，第八〇—八七頁。

研究，成果頗豐。尤其是發現了現藏於廣東省立中山圖書館謙牧堂本以及中山大學圖書館所藏樸學齋本，對此書未來的重新整理具有重要意義。其次，二宋父子全程參與宋初官修國史的修撰，今明代地方文獻《新安文獻志》中還收録有史源爲宋綬所撰《真宗國史》的人物列傳原文，《新安文獻志》中收録的《國史・列傳》文本構建起了考察從《實録・附傳》到《國史・列傳》再到《宋史・列傳》的橋梁，對今研究宋代官修國史的文本形成具有重要史料價值。此外，宋敏求所撰晚唐《實録》不僅成爲《新唐書》晚唐部分的重要參考，亦是《資治通鑑》晚唐部分的重要史源。尤其重要的是，至今爲止，《新唐書・藝文志》部分的撰修者一直無法確認，但從《新唐書・藝文志》中涉及張碧小注存在的問題，可以進一步推測宋敏求在《新唐書》撰修時負責《新唐書・藝文志》，對瞭解《新唐書》的撰修以及書志的研究都具有重要意義。最後，二宋父子撰修的地理書籍、地理學書籍亦是我們當今學者研究唐宋地理的重要文獻。加深對北宋宋綬、宋敏求父子生平及其撰著的研究，對推進唐宋史學研究極具價值。

（作者單位：華東師範大學古籍研究所）

淺論古代書目編撰中類目的分合

程水龍

内容摘要： 分類也是書目編排的靈魂，劉向、劉歆父子對西漢典藏圖書剖析流别。史上的多種圖書分類法皆欲類例分明，“視其性之所近，各就其部求之”。而“目録”作爲一個部類單列，在宋初出現於書目中。四庫館臣將“金石”附於“目録”，而“目録”實難以統轄“金石”。書目部類的分合，是就近入類，隨宜而定。某些相近類圖書的多寡發生改變，加之學術因素，則需爲新生的圖書創設一類。隨着文人對辭章的重視、文學作品的大量呈現，“集部”也因時、因量而生，“叢書”部的産生也是如此。書目更注重在部類分合中反映學術之發展，西漢之後的書目編撰，亦反映出術數、方技之學在後世被忽視。南宋尤袤創置“論語類”、陳振孫設立“語孟類”，爲後世目録學“經部四書類”的確立探明了路徑。類目的分合也影響着近現代以來古籍書目的編撰。

關鍵詞： 書目；目録；類目分合

來新夏先生曾説，在古典目録學中，圖書分類與書目編撰是骨肉難離，分類也是書目編排的靈魂。如果藏家對所藏圖書的目録進行了分類，將便於讀者查閱，圖書目録的功用也由此得以體現。

我國的目録學有着久遠的歷史，在兩千年的書目編撰歷程中，早期出現的類目曾被之後的新生類目替代，且有的大類與小類之間，時而分、時而合。其中的變化也代表着不同歷史階段、衆多編撰者的學術主張。

一、史上書目關於圖書的分類

上古六官分職，各守其管理的典籍，無目録之書。據文獻記載，在我們目前的認知裏，《七略》標志着古典目録學的産生。《隋書·經籍志》“簿録”類云：“古者史官既司典籍，蓋有目録，以爲綱紀，體制堙滅，不可復知。……漢時劉向《别録》、劉歆《七略》，剖析條流，各有其部，推尋事迹，疑則古之制也。”①《隋志》認爲古代管理圖籍的史官爲了管理的需要，已爲所管轄圖籍編有目録之類的文字，劉向、劉歆父子所爲，就是對當時西漢典藏圖書的剖析流别，整理論辯，故而深受後世推崇。

《七略》將西漢圖籍分六略：六藝略、諸子略、詩賦略、兵書略、術數略、方技略。在劉歆將圖書按六分法分類著録後，晋荀勖《晋中經簿》則分圖書爲四類：甲部、乙部、丙部、丁部；劉宋王儉《七志》又分圖書爲九類：經典志、諸子志、文翰志、軍書志、陰陽志、術藝志、圖譜志、道經、佛經；梁阮孝緒《七録》將圖書分爲七類：經典録、記傳録、子兵録、文集録、術技録、佛法録、仙道録；《隋書·經籍志》將圖籍分經、史、子、集四大部類，外加佛經、道經二類；《舊唐書·經籍志》《新唐書·藝文志》分圖書爲四類：甲部經録、乙部史録、丙部子録、丁部集録；《崇文總目》分圖書爲四部：經部、史部、子部、集部；南宋鄭樵《通志·藝文略》分圖書爲十二類：經、禮、樂、小學、史、諸子、天文、五行、藝術、醫方、類書、文類；南宋晁公武《郡齋讀書志》將自家藏書分爲四類：經類、史類、子類、集類；《明史·藝文志》分圖書爲四類：經類、史類、子類、集類；《四庫全書總目》分圖書爲四部：經部、史部、子部、集部；清孫星衍《孫氏祠堂書目》分圖書爲十二類：經學、小學、諸子、天文、地理、醫律、史學、金石、類書、詞賦、書畫、小説；清張之洞《書目答問》分圖書爲五類：經部、史部、子部、集部、叢書。

從上述漢至清的主要公私書目編撰分類可見，不論是六分法、四分法、十二分法，還是分大類、分細類，處處都體現出“分類”這一要旨。對於圖籍的類分，鄭樵《編次必謹類例論六篇》曾有過簡要的闡發，説：“學之不專者，爲書之不明也。書之不明者，爲類例之不分也。有專門之書，則有專門之學；有專門之學，則有世守之能。人守其學，學守其書，書守其類。”②“類例既分，學術自明，以其先後本末具在。……睹其書，可以知其學之源流。”③“類例”之名見於《隋書·許善心傳》④，是指昔日的書目中每略分若干種，或每部分若干類，各類下又分若干子目。鄭樵對圖書分類的論述既

---

① 《隋書·經籍志》，中華書局，一九七三年，第九九二頁。

② 鄭樵編撰：《通志·校讎略》，中華書局，一九八七年，第八三一頁上。

③ 鄭樵編撰：《通志·校讎略》，第八三一頁下。

④ 《隋書·許善心》本傳云：“善心仿阮孝緒《七録》更製《七林》，各爲總叙，冠於篇首。又於部録之下，明作者之意，區分其類例焉。”第一四二七頁。

具理論性，又上升到一定高度。從中我們能明確體會到，正確的分類有助於推動目録學向前發展，公私書目的編撰若能科學分類，各類之中類例分明，則能裨益讀者知曉學術之源流。

那麽，編撰書目者如何纔能做到類例分明呢？張之洞曾就自己所撰《書目答問》説："今爲分别條流，慎擇約舉，視其性之所近，各就其部求之。又於其中詳分子目，以便類求。一類之中，復以義例相近者使相比附。再叙時代，令其門徑秩然，緩急易見。"[①]張之洞將性之相近的各圖書合併爲一類的主張，也是總結前人編撰書目的成功經驗，因爲如此則能爲當時之讀者分别緩急，明讀書之要領。這也是歷代編撰書目要突出的主旨——"辨章學術，考鏡源流"。

二、史上書目關於圖書類目的分合及其原因

古典目録書能告訴求學者讀書之方，可省減其探討之辛勞。"目録"作爲古代目録學中的一個類目，在西漢已出現。漢武帝、漢成帝時國家藏書增多，加之多年没有得到有效清理，圖籍數量的增加、卷帙的散亂，給人們使用帶來不便，因而武帝時楊僕整理兵書，編《兵録》；成帝時劉向等人奉命整理藏書，編撰《别録》《七略》等。

"目録"之名，在西漢劉氏父子校書時就有了，《漢書·叙傳》説："劉向司籍，九流以别，爰著目録，略序洪烈。"[②]劉歆《七略》曾言"《尚書》有青絲編目録"。"目録"與劉氏父子整理圖籍關係密切，他們介紹了每一種書，又將所介紹的文字進行統一彙輯，這樣條其篇目、撮其指意編撰的内容就是"目録"，已是歷史的事實。而《四庫全書總目》史部目録類小序則云"鄭元有《三禮目録》一卷，此名所昉也"[③]，顯然不够精確。

漢代已開始將所整理的圖書進行系統分類與編目，如《七略》按學術的源流、書籍性質分門别類，起到了綱舉目張的作用。對於篇卷多的書籍，將其獨立成類，如"詩賦略"爲一略；對於篇卷少的書籍，則使其歸併於同性質的門類之中，如後世所説的史部類之書，在劉向時期則隸屬於"春秋"類。對於《論語》《孝經》小學識字釋義這些學習《六經》的基礎書籍，因與儒家《六經》關係密切，故將其歸屬於"六藝略"。對於

① 張之洞：《書目答問略例》，載《書目答問補正》，上海古籍出版社，二〇〇一年，第三頁。
② 《漢書》，中華書局，一九六二年，第四二四四頁。
③ 永瑢等撰：《四庫全書總目》卷八五，中華書局，一九六五年，第七二八頁。

與諸子百家有關的兵書、術數、方技，似乎應歸屬於“諸子略”，而這三者不是偏重於倫理政治思想，而是更傾向於技術，“諸子立言以明道，兵書、方技、術數，皆守法以傳藝，虛理實事，義不同科”[①]，而三者與“諸子略”又有一定的距離，故分别單列爲“兵書略”“術數略”“方技略”。從劉歆《七略》的分類可以感知，在目録學誕生之初，已考慮到圖書的分門别類與組合。

“目録”這個名稱在漢之後被人不斷使用，但是將“目録”作爲目録學中一個部類，最早見於劉昫《舊唐書・經籍志》史部，即在史部單列“雜四部書目”類，這個“書目”就是此前人們編撰的目録書，如該小類下著録有《七略别録》二十卷（劉向撰）、《七略》七卷（劉歆撰）、《七録》十二卷（阮孝緒撰）、《元徽元年書目》四卷（王儉撰）、《隋開皇四年書目》四卷（牛弘撰），等等。

然而，諸如劉向《七略别録》、劉歆《七略》、王儉《元徽元年書目》、牛弘《隋開皇四年書目》等書目、在此前的《隋志》中被列入史部“簿録”類，未在史部設“目録”之名，儘管此類書目有著録“目録”之實，但《隋志》終究未作爲一個小類目予以定位。

“目録”作爲一個部類單列，出現在宋初編撰的書目中。如宋代慶曆元年（一〇四一），王堯臣、歐陽修等仿照唐代《開元四部録》的體例，撰成《崇文總目》，分經、史、子、集四部，其中史部特立“目録”一類，這標志着學界已將目録學著述合爲一處獨立歸類，也反映出《崇文總目》編撰之際書目編撰事業的發展已達到相當的程度。歐陽修編撰的《新唐書・經籍志》史部十三類中也單立“目録”一類。

此後，《通志・藝文略》史類、《郡齋讀書志》史類、《直齋書録解題》卷八、《宋史・藝文志》史部、《四庫全書總目》史部均設立有“目録”類。然而《宋志》史部“目録”類下，既著録了公私書目，諸如毋煚《古今書目》，王堯臣、歐陽修等《崇文總目》，晁公武《讀書志》等，又著録了“金石類”文獻，諸如歐陽修《集古録》，崔君授、京兆尹《金石録》，趙明誠《金石録》等，且將古代書目類的圖書與金石類圖書相混雜，没有進行清晰分列，如在開頭著録了“吴兢《西齋書目録》一卷”，在《沈氏萬卷堂目録》後著録有歐陽修《集古録》之類的圖書，又在趙明誠《金石録》三十卷後著録“徐士龍《求是補闕》一卷、董逌《廣川藏書志》二十六卷、……張攀《中興館

① 章學誠：《和州志藝文書輯略》，載王重民通解《校讎通義通解》，上海古籍出版社，二〇〇九年，第一五四頁。

閣續書目》二十卷、《諸州書目》一卷、勝强恕《東湖書自志》一卷”[①]。

考察《宋志》“目録”著録的圖書，可以發現它們並不是純粹的目録學著述，而是官私書目與金石文獻相雜處，其情形與南宋《直齋書録解題》“目録類”的著録相仿佛，因爲《解題》“目録類”既著録有官私編撰的書目，如《崇文總目》《邯鄲書目》《晁氏讀書志》《遂初堂書目》等，也著録了金石類的圖書，如《金石録》《集古録跋尾》《考古圖》等，而且其編次無條理，如先著録書目，次著録金石，又著録書目等。因而，《解題》的著録方式恐對《宋志》的編纂存在影響。

然而南宋鄭樵《通志·藝文略四》“史類”下分列有“目録”類，其下又分“總目”“家藏總目”“文章目”“經史目”四個種屬著録相關書目。“總目”屬著録有《七略別録》二十卷（劉向撰）、《七略》七卷（劉歆撰）、《晋中經簿》十四卷（荀勖撰）、《隋開皇四年四部目録》四卷（牛弘撰）等；“家藏總目”著録有《吴氏西齋書目》一卷（唐吴兢撰）、《李邯鄲書目》三卷（李淑）等；“文章目”著録有《文章家集叙》十卷（荀勖撰）、《文選著作人名目》三卷（唐韋寶鼎）等；“經史目”著録有《史目》三卷（唐楊松珍撰）、《太宗實録目》二卷、《經史目録》七卷（楊九齡撰）、《漢書叙例目》一卷等。

從上述《宋志》史部“目録”著録可見，它是將“書目”類的圖書與“金石”類的圖書合併一處，並未像此前鄭樵《藝文略》那樣在“史”類下爲相關書目建立群而不雜的“目録”一類。但是《宋志》此舉很可能影響了《四庫全書總目》史部“目録”類的編撰，因爲館臣在史部“目録”類下也未將公私書目、金石文獻分屬不同的類目，皆編次於“目録”類下，如館臣在“目録”類下先著録《崇文總目》《郡齋讀書志》《遂初堂書目》《直齋書録解題》《經義考》等“經籍”，然後著録《集古録》《金石録》《石經考異》以及包括《蘭亭考》之類圖書的“金石”。館臣依從《宋志》的做法將“金石”附於“目録”，其理由是“惟記載金石者無類可歸，仍入‘目録’。然別爲子目，不與經籍相參，蓋目録皆爲經籍作，金石其附庸也”[②]，“今以集録古刻條列名目者，從《宋志》入‘目録’”[③]。事實上，四庫館臣的這種分合，體現不出就圖書性之相近而分合的精神，並且又與館臣對於與金石相關的《博古圖》《石鼓文音釋》分列入“譜録”“小學”類的做法相抵觸。既然此處是據實進行類例劃分，比較得當，那麼爲

① 《宋史·藝文志》，中華書局，一九八五年，第五一四七—五一四八頁。
② 永瑢等撰：《四庫全書總目》卷八六，第七三三頁。
③ 永瑢等撰：《四庫全書總目》卷八六，第七四三頁。

何不將史部之中書目與金石兩類的圖書也依據實情分列爲兩小類呢?《總目》將“金石”與“經籍”並列，是否恰當，值得思考。

民國年間劉紀澤説：“金石之文，古不立類，《隋唐志》附小學，《宋志》乃附目録，各得一際，無可厚非。”[①]認爲“金石”類的著述在《總目》之前有歸於經部“小學”類的，有歸屬於史部“目録”類的，而《四庫全書總目》將“金石”與“經籍”並列於史部“目録”類下。劉紀澤又説：“金石所以考證史事，審定文字，非如目録之統計群書，甄别部類也。鄭樵《通志》，於藝文略之外，别立金石一略，頗體殊行，違而得中，可稱卓識已。蓋金石之書，本末兼具，條理秩然，不宜割析分畔，强爲配隸也。”[②]劉氏以爲“金石”有考證史實的價值，本不是以記録群書目録爲目的，却將其强行歸屬於“目録類”下，不當。而鄭樵《通志》處置方法却令人贊賞。

因爲時代在發展，學術思想也在開拓進取，儘管《四庫全書總目》改正了將“金石”類圖書歸屬於經部“小學”類的做法，在史部目録類下分列“經籍”“金石”二屬，較《宋志》有所進步，但是館臣所定類目有些已經不適應書籍日益增多的情形，因而《四庫全書總目》在史部下將“金石”分屬於“目録”類是不當的。

關於金石類的圖書歸屬於哪一大類，史上曾有過不同類分，諸如《秦始皇東巡會稽刻石文》《石經周易》《石經尚書》之類，《隋志》列入經部“小學”類；《今字石經尚書》之類，《舊唐書・經籍志》也是入經部“小學”類；《今字石經易篆》《今字石經尚書》之類，《新唐書・藝文志》也是入經部“小學”類。或有將這一類獨立的，如《通志》卷七三專立“金石略”，著録有歷代金石、上代文字、錢譜，三代款識等，但又與《通志・藝文略》下著録的金石圖書相抵牾，未能盡善，故章學誠爲此還提出圖書著録的“互著”之法。

但是南宋及其以後或將金石圖書歸屬於史部，《文獻通考・經籍考》《宋志》將金石類文獻歸屬於史部，《明史》將部分金石圖書歸屬於子部“藝術”類。《四庫全書總目》依據《宋志》將其歸屬於史部，附於史部“目録”類之下，看似得當，但未爲其分列一個“金石”小類，則是其不足。而張之洞《書目答問》在史部爲金石單列一類，較爲得當。張之洞《書目答問》史部下將“金石”一類單列，下分若干屬，“金石目録之屬”著録有歐陽修《集古録跋尾》、趙明誠《金石録》、王昶《金石萃編》、翁方綱《兩漢金石記》等；“金石圖像之屬”著録有吕大臨《考古圖》、褚峻《金石經眼録》

① 劉紀澤：《目録學概論》，中華書局，一九三一年，第八六頁。

② 劉紀澤：《目録學概論》，第八六頁。

等；“金石文字之屬”著録有陶宗儀《古刻叢鈔》、顧炎武《金石文字記》、程敦《秦漢瓦當文字》等；“金石義例”著録有潘昂霄《金石例》、黄宗羲《金石要例》、劉寶楠《漢石例》等。

《清史稿・藝文志》的編撰，糾正了昔日史部目録、金石混雜相處的不足，其史部十六類中有“目録類”“金石類”，一改《四庫全書總目》的不當做法，將《四庫全書總目》合爲一處的兩類圖書分列開來，做到了類例分明。

就上述書目對“目録”一類的編次以及該類統轄的圖書可見，“目録”類作爲古典目録學“史部”下的一個類目較爲得當，若將那些與公私編撰的書目不相關的“金石”類文獻都歸屬“目録”類下，合爲一類，則“目録”難以統轄“金石”。

三、圖書類目的分合體現出史上圖書分類與學術分類的錯綜發展關係

古人編撰書目時爲什麽要對大量圖籍進行分類，又如何分類，究其原因，是因爲其中藴藏着一定的學術思考。對圖書進行分類，是目録學的靈魂。書目部類的分合，不是編撰書目者隨意而爲，而是隨宜而定。劉向等人整理西漢藏書，他們對圖籍的分類就反映出其專業性的分工。同理，面對凌亂的圖籍，各有專長者在整理時便須對這些圖書進行總覽，思考所要采用的整理方法，編次書目時把“就近入類”的主張融貫到圖書分合之中，將自己平時的學術素養融會其中。《七略》雖佚，但從《漢志》中還是可以間接覺察到《七略》編撰者對當時藏書進行的分門别類。

書目編撰者要認真思考分類，有時還要依據不同情形將某些類目進行合併或分立。隨着時代的發展，當某些相近類的圖書多寡發生改變時，那麽編撰書目時某些部類將隨之而變，《七略》的六分法在魏晋時期不適合了，便需要做調整變革，魏晋時期的多種分類法既給了《隋志》靈感，又使編撰者據當時的學術發展、圖書的多寡等進行新的類分，故經、史、子、集四部之類名最終能在《隋志》基本定型。[①]

（一）書目大類的分合

在《隋志》之前，關於圖書的分類不同時期有着不同體現，就大類而言，劉歆是六分法，荀勖、李充是四分法，王儉是九分法，阮孝緒是七分法，這種狀況直至唐初纔逐

① 本文参考了來新夏：《古典目録學淺説》，北京出版社，二〇一四年。

漸走向一致。

由於經、史、子、集四部分類法適宜於唐宋時期書目編撰的發展，也獲得社會大衆的接受，儘管之後有人欲離析四部，再作分類，如鄭樵提出十二分法，但仍未能撼動經、史、子、集四部分類法。即使《直齋書録解題》没有明確分四大類，但它依然按經、史、子、集的次序編次各類目。

隨着時代的發展，新的圖書不斷産生，數量便會增加，當某些圖書的量已超過某類圖書很多時，則要考慮書目中各類圖書數量編排的適中，且對因學術變化而新生的圖書作一考量，便要爲其新創一類。這就是爲何古典目録學史上編撰書目者在傳承前人分類思想過程中對某些圖書種類進行微調，或删減，或增補。

司馬遷《六國表》曰："秦既得意，燒天下詩書，諸侯史記尤甚，爲其有所刺譏也。"[①]由於秦火，西漢時史書少，如《漢書・藝文志》"春秋"類下除"春秋"類史書，僅有《國語》《世本》《戰國策》《楚漢春秋》《太史公》《續太史公》《太古以來年紀》《漢著記》《漢大年紀》少數史書，因而没有獨立爲一類，僅附録於"春秋"類。

又如《七略》中"六藝略"的"春秋"小類，統轄的是當時的史部書籍，表明那時史學不發達，史學書籍數量有限，然而隨着魏晋南北朝以來史學的發展，注重記載史事、典章制度的史書大量面世了，史學著作的增多使得唐初編《隋志》時便將"史部"類的書從《七略》的"春秋類"中分列出來，這便是學術發展與史書增多的結果。故《隋志》史部序文説："班固以《史記》附《春秋》，今開其事類，凡十三種，别爲史部。"[②]史部發展的結果還使得《隋志》"史部"細分作十三小類：正史、古史、雜史、霸史、起居注、舊事、職官、儀注、刑法、雜傳、地理、譜系、簿録。由此可見圖書的增長是促使書目增設類目的重要原因之一。

又因爲《七略》中"諸子""兵書""術數""方技"之類的書在後世逐漸變少，故等到唐初編撰《隋志》時，便將上述四略中的圖書合爲"子部"。對此，《郡齋讀書志》卷一云："劉歆始著《七略》，總録群書。……至荀勖更著《新簿》，分爲四部，……蓋合'兵書''術數''方技'於諸子，自'春秋類'摘出史記，别而爲一，'六藝''諸子''詩賦'皆仍歆舊。……唐之分經史子集，藏於四庫，是亦祖述勖而

① 《史記》，上海古籍出版社，一九九七年，第五二七頁。

② 《隋書・經籍志》史部序文，第九九三頁。

加詳焉。”[①]隋唐之後，官私編撰的大多書目又將釋、道類的圖書合於子部，如《四庫全書總目》《孫氏祠堂書目》《書目答問》等。

史上書目有些大類的設立也不完全是因爲某些種類圖書的增多，而是因爲與之相關的其他要素發揮了作用，諸如學術思想、審美趨向的變化等影響。如此類情形便體現在“集部”這一大類在書目的出現與獨立上。《七略》中“六藝略”的“詩”類下有賦，《漢志》體現的就是“賦者，古詩之流”。隨着文人對辭章的重視、個人文學作品的大量呈現，如《漢志》“詩賦”類下著録有《屈原賦》等“二十家三百六十一篇”、《陸賈賦》等“二十一家，二百七十四篇”、《孫卿賦》等“二十五家，百三十六篇”、《客主賦》等“雜賦十二家，二百三十三篇”、《高祖歌詩》等“歌詩二十八家，三百一十四篇”。這時，若將詩賦類的著作再歸屬於“詩”下，就“末大於本”，顯得不協調，顯然需要爲越來越多的文人詩文新建一類，後世的“集部”也就因時、因量而生。因而《隋志》集部序説：“班固有詩賦略，凡五種，今引而伸之，合爲三種，謂之集部。”[②]《隋志》將屈原等賦，陸賈等賦，孫卿等賦、雜賦、歌詩，合爲“楚辭”“别集”“總集”三類。

又如“叢書”部的産生也是如此。“叢書”是總聚群書而編成的圖書，唐代陸龜蒙《笠澤叢書》已有叢書之名，南宋俞鼎孫編輯的《儒學警語》則是叢書之祖。宋元之後，將叢雜之書聚集爲一書的叢書的數量越來越多，發展迅速，人們閲讀圖書時，若要從豐富的叢書中查閲一種要用的書，則費時費力，於是有學者編修叢書子目，清嘉慶年間顧修編輯宋元以來叢書兩百多種，編録了史上第一部叢書目録《彙刻書目初編》。

明清時期，叢書得到很大發展，數量大增。因爲叢書增多而有必要新生關於“叢書”的目録書，有些書目編撰者很注重叢書的大發展，如《書目答問》在書目分類中增設“叢書”部。而在此之前，書目編撰者多將存世的叢書歸屬於子部，如《四庫全書總目》將宋王楙《野客叢書》、元陶宗儀《説郛》、明陸楫《古今説海》、清張履祥《楊園全書》、清張潮《昭代叢書》等列入子部“雜家”類。清末張之洞認爲“叢書最便學者，爲其一部之中可該群籍，搜殘存佚，爲功尤巨。欲多讀古書，非買叢書不可。其中經、史、子、集皆有，勢難隸於四部，故别爲類”[③]。《書目答問》把叢書從子部“雜家”類“雜編之屬”分出來，别立“叢書部”，次於集部之後，成爲五部分類體系。

① 晁公武編，孫猛校證：《郡齋讀書志校證》卷第一，上海古籍出版社，二〇一一年，第一頁。
② 《隋書・經籍志》集部序文，第一〇九一頁。
③ 張之洞：《書目答問》，見《書目答問補正》，上海古籍出版社，二〇〇一年，第二四三頁。

《書目答問》“叢書目”下著録有明程榮刻《漢魏叢書》、明毛晋《津逮秘書》、内府刻《古香齋袖珍十種》、《武英殿聚珍版書》、納蘭性德《通志堂九經解》等，另將清朝一人著述合刻叢書也加收録，如顧炎武《亭林遺書》、王夫之《船山遺書》、方苞《望溪全集》、王筠《王氏説文三種》等。

清中葉之後，此類爲“叢書”設立類目的書不斷産生，如清光緒年間朱學勤、王懿榮編《彙刻書目》，民國年間金步瀛編《叢書子目索引》，二十世紀六十年代上海圖書館編《中國叢書綜録》，二十一世紀初翁連溪編校《全國古籍善本總目》，等等。

（二）書目中細類的分合

余嘉錫説：“書之有部類，猶兵之有師旅也。雖其多寡不能如卒伍之整齊劃一，而要不能大相懸絶，故於可分者分之，可合者合之。《七略》之變爲四部，大率因此，不獨爲儲藏之不便也。”[①]古代書目的編撰不是僅爲儲藏圖書之用，更注重在部類分合中反映學術之發展。

考察古代目録學史會發現，魏晋南北朝時期之所以存在不同圖書分類法，是因爲受到了學術發展的影響。如梁朝天文曆算學專家、祖冲之的兒子祖暅編的《五部目録》，很可能是采用五分法，他在四部之外增“術數”一類，既體現這位編者的偏愛，又看出他對自然科學的重視。

類似的情形在後世也有發生，如南宋學者鄭樵依據歷代公私藏書目録、史書以及個人閲歷，其《通志·藝文略》把前人視作子部下屬的有關自然科學的類目，提升到與經、子部相等的地位，如“天文”“五行”“算術”“醫方”等；將“禮”“樂”從經部分出獨立爲一類。從中不難感知，鄭樵不僅重視人文科學，而且重視自然科學。這在歷史上是一大進步，也是目録學發展史上的新見。

如果按學科性質劃分，《七略》則由兩大部分内容組成，六藝、諸子、詩賦所載屬於人文學科的範疇，兵書、術數、方技所載屬於實用科學的領域。這説明當時西漢保存的文獻其知識體系較爲全面，並未有明顯的“偏科”現象。但是，後世目録學著述著録的圖書，却讓我們體察到封建社會對實用技術長時間的輕視，如隋唐及其之後，對圖書進行經、史、子、集四部分類時，將劉歆、班固歸屬於兵書、術數、方技等的圖書歸屬於“子部”，這一部的内容顯得很雜，可見術數、方技之學在後世被忽視。這很可能與西漢時儒家開始在歷史舞臺上獨領風騷相關，與此後封建社會治理以儒家思想爲國家的

---

① 余嘉錫：《目録學發微》四《目録類例之沿革》，中國人民大學出版社，二〇〇四年，第一三七頁。

意識形態有關，也與編撰書目者學術取向相關。

因程朱之學的推動，《孟子》在南宋升格爲儒家經典。這在南宋私人編撰的書目中有鮮明的反映。稍早的晁氏《讀書志》將趙岐《孟子正義》、孫奭《孟子音義》等歸屬於子部"儒家"類，而趙氏《附志》開始把朱熹關於《論語》《孟子》的注解之書（《孟子精義》《孟子集注》）歸屬於"經解"類；陳氏《解題》不僅將晁氏歸屬於儒家類的趙岐《孟子》、孫奭《孟子音義》等劃歸"語孟"類，視作經書，而且把朱熹的《語孟集義》《孟子集注》《孟子或問》等歸屬於此類，將《孟子》與《論語》相提並論。顯然，他們已認定《孟子》是儒家之經書，不宜再列入"儒家"類。

從成書時間推測，稍早於趙、陳的尤袤依據學術思想的發展，及時創新類目，如創置"論語"類，一改此前書目將《孟子》歸屬於子部"儒家"類的做法，爲其找到恰當的歸屬，如將朱熹的《語孟集義》附於經部"論語"類下。儘管尤目在"經總"類著録了"舊監本《孟子》"、"儒家"類著録了"《孟子》"，但還是將關於《孟子》的宋人注本歸屬於"論語"類，因而，若探索目録學家將《孟子》升格爲經的歸屬於經部歷程的話，《遂初堂書目》則有肇事之功，因爲他的做法稍早於《解題》。

陳振孫《解題》在"語孟"類的小序中説："前志《孟子》本列於儒家，……孟子之書，固非荀、揚以降所可同日語也。今國家設科取士，《語》《孟》並列爲經，而程氏諸儒訓解二書常相表裏，故今合爲一類。"[①]他還在《論語集注》《孟子集注》的解題中説朱熹"大略本程氏學，通取注疏古今諸儒之説，間復斷以己見。晦翁生平講解，此爲第一，所謂毫髮無遺憾者矣"[②]。由此看來，《孟子》在南宋陞格爲經，已得到目録學家的確認，陳氏將《孟子》與《論語》同等看待。

南宋朱熹將《孟子》列入四書，通過《四書章句集注》固化《孟子》的地位，這三家書目出於對當時儒家經學發展成就的敏感認知，彰顯儒家經學發展與程朱之學的關聯，不約而同地將《論語》《孟子》的注本並列看待，或歸屬於"論語"類，或直接設立"語孟"類來統轄此類經書，爲後世目録學"經部四書類"的確立探明了路徑。

三家書目實際反映出南宋人重視《四書集注》以及將孔孟並題的史實，在儒家經典的歸類上爲後世《明史 · 藝文志》《四庫全書總目》發揮了示範效應。如《明史 · 藝文志》《四庫全書總目》受其影響，接受四書陞格爲經的事實，在經部下單設"四書"類，將趙岐《孟子正義》、孫奭《孟子音義》、蘇轍《孟子解》、朱熹《四書章句集

① 陳振孫著，徐小蠻、顧美華點校：《直齋書録解題》，上海古籍出版社，二〇一五年，第七二頁。

② 陳振孫著，徐小蠻、顧美華點校：《直齋書録解題》，第七七頁。

注》《論孟精義》等歸屬於其中。可以説，正是南宋三家書目的率先垂範與啓迪，方使得四庫館臣在《總目》中將經學各小類進行更爲恰當的類分。

（三）對近現代書目編撰的影響

古典目録學對學術思想的及時反映，也影響着近現代以來繼續編撰古籍書目的工作。近現代以來，隨着新發現的文獻、特别是出土文獻的面世，帶動了學術發展，甚至由此誕生新的學科，其中“甲骨學”便是二十世紀前期出現的顯學。這一學術景觀在此後編撰的書目中也得到及時體現。中國古籍總目編纂委員會編《全國古籍總目》分經、史、子、集、叢五部。其史部下單列十七類，其中有“金石考古”類，該類下分十一屬：“叢編之屬”“總志之屬”“郡邑之屬”“金之屬”“石之屬”“錢幣之屬”“璽印之屬”“玉之屬”“甲骨之屬”“陶之屬”“竹木之屬”。

如此分列小類目，既反映了近代學術的發展，又科學合理地表明隨着社會的發展、學術思想的新變、出土文獻的發現、新學科的産生，有必要爲相關圖書設立專門的類屬，甲骨學的誕生，便使得當今所編《全國古籍總目》史部設立“甲骨之屬”，著録有劉鶚《鐵雲藏龜》，羅振玉《鐵雲藏龜之餘》《殷虚書契前編》《殷虚書契考釋》，唐蘭輯《天香閣甲骨文存》，王國維撰《殷卜辭中所見先公先王考》，郭沫若撰《甲骨文字研究》，孫詒讓撰《契文舉例》，等等。

其史部編纂説明對“金石考古”類中各小類的分列歸屬作了簡明解説：“‘金石考古類’分設叢編、總志、郡邑、金、石、錢幣、璽印、玉、甲骨、陶、竹木諸屬，編排次序參照《中國古籍善本書目》。凡石經之書入經部‘群經總義類’，《漢隸字源》《鐘鼎字源》《古籀拾遺》等書入經部‘小學類’，《金石學録》《金石學録補》等書入史部‘傳記類’，《宣德鼎彝譜》《紹興内府古器評》《古今刀劍録》《鼎録》等書入子部‘譜録類’，宋朱長文之《古今碑帖考》係明人自《墨池編》中輯出，從原書入子部‘藝術類’。”“‘目録類’下設叢編、通論（義例、考訂辨僞、瑣記掌故、藏書約）、總録（知見、公藏、私藏、獨撰、氏族、郡邑、彙刻、治學、徵訪、禁毁）、專録、版刻（官刻、私刻、書影）諸屬。史志書目已歸‘紀傳類’。書志、提要、題識等，分歸‘總録’及‘專録’。版式、索引之書，分歸相應類目。‘私藏’之目中，兼收民國時期藏書家書目。”[①]

---

① 中國古籍總目編纂委員會編：《中國古籍總目》史部第一册，中華書局、上海古籍出版社，二〇〇九年，第二—三頁。

小 結

從以上“史部”“子部”“集部”“叢書部”的分列，以及“目録”“金石”“甲骨”等小類的合分，我們發現研究目録學的分類，既要考慮大類的分合，如六略變爲四部，也要考慮小類的分合，如史部書從“春秋類”中獨立出來，“目録”在史部新設一類。這些類目的分合反映出某些類别圖書在歷史上的數量曾由少到多或由多到少，某個歷史階段對術數的重視程度，某時期書目編撰者學術思想的發展、變化。

如果就近千年來書目分類法的合理性而言，《隋志》開創的經、史、子、集四分法如今仍爲古籍編目分類的主要方法。古籍的經、史、子、集四部分類，已經成爲明清官私書目編撰時的慣稱。即使不是用四部分類法，但其分類要麼在四部外增設一類，如《書目答問》；要麼多增幾類，如清代管世銘《讀書得》分經、史、子、集、類、選、録、撰八類；要麼將四部細化，如清人孫星衍《孫氏祠堂書目》將四部分化爲十二類。但是，這並不是目録學發展的最終結果，因爲古籍分類問題仍是文獻學界在探討的很有意思的話題。

（作者單位：蘇州大學文學院）

再談古典文學注本的引證

戎 默

内容摘要： 目前市面上通行的蘇詞注本《水調歌頭·明月幾時有》"瓊樓玉宇"句注，多有引"《大業拾遺記》：瞿乾祐云云"的注文，該引文不見於諸本《大業拾遺記》，是一條誤注。該誤注產生的原因，始自宋元類書編纂組織材料的錯誤，終於使用清代類書時不慎妄增的錯誤，錯誤之間層累疊加，最終形成此條誤注並廣爲流傳。

關鍵詞： 類書；誤注；蘇軾；拾遺記；大業拾遺記

近期有幸讀到"爾雅國學"公衆號轉載的劉石先生的一篇舊文《誰抄的誰？》[①]，文章講了一個十分有意思的"誤注"的故事，即注釋蘇軾的名篇《水調歌頭·明月幾時有》中"瓊樓玉宇"一詞，注釋往往會引用一條材料：

> 《大業拾遺記》：瞿乾祐於江岸玩月，或問："此中何有？"瞿笑曰："可隨我觀之。"俄見月規半天，瓊樓玉宇爛然。

然而，劉石先生遍檢《大業拾遺記》各本，皆無此條；想必是因襲舊注造成的引證錯誤。後來，他又去請教了研究古典小説的專家程毅中先生，纔發現程先生早就注意過這一問題，曾在一九八四年的一篇文章《略談古典文學注本的引證》[②]一文中指出過。程先生指出，該條出自段成式的《酉陽雜俎》，"瞿乾祐"當作"翟乾祐"，《太平廣記》卷三〇又引此條，並云出自《仙傳拾遺》。於是認爲所謂的《大業拾遺記》即《仙

① 原名《考察學風的兩個案例》，載劉石《有高樓雜稿》，商務印書館，二〇〇三年，第二四六—二五二頁。

② 程毅中：《談古典文學注本的引證》，《古籍整理出版簡報》第一百三十一期（一九八四年十一月），後收入氏著《古籍整理淺談》，北京燕山出版社，二〇〇一年，第八八—九一頁。

傳拾遺》之訛，而"瓊樓玉宇"原作"瓊樓金闕"（《酉陽雜俎》與《太平廣記》末句皆作"瓊樓金闕滿焉"），注家又妄改古書，削足適履。劉石先生認爲程先生"同時把問題發生的原因也揭示出來了"。

但程先生的推測，也僅僅揭示了疏誤可能的原因，却没有指出這個廣爲流傳的誤注具體的來龍去脉，如説把發生的原因揭示出來，也衹能説揭示出了一半；而劉先生又查考了《東坡詞傅幹注》與龍榆生先生的《東坡樂府箋》，發現二注皆不誤，也認爲"那條錯誤材料的始作俑者，就很難確指"了。這倒引起了筆者的考據癖，想要對這條誤注怎麽來的再進行一番考索。

劉石先生的文章，可貴之處是列出了一系列引用這條誤注的著作，其中不乏如胡雲翼先生的《宋詞選》、劉乃昌先生《蘇軾選集》以及王力先生的《古代漢語》這樣經典性與普及度都很高的注本。這其實是一個很重要的綫索。其中值得關注的是胡雲翼先生的《宋詞選》，其實該書成書於二十世紀六十年代初，於一九六二年由中華書局出版。一九六二年版《水調歌頭·明月幾時有》"瓊樓玉宇"注，注文即引《大業拾遺記》，引文與上引全同。[①]而筆者又翻閱了成書在它之前的幾個注本，如陳邇東《蘇軾詞選》、民國學生國學叢書本葉紹鈞選注之《蘇辛詞》等，其《水調歌頭》於"瓊樓玉宇"下皆未引此注，考慮到胡雲翼先生的《宋詞選》的成書之早與影響之廣，則稱胡注《宋詞選》爲之後各條書引用該注的始作俑者，也應"雖不中，亦不遠矣"了。但所怪的是，胡先生的誤注又從何而來？是否真如程毅中先生所説，乃誤認《太平廣記》中的《仙傳拾遺》爲《拾遺記》，又"削足適履"地將"瓊樓金闕"改作了"瓊樓玉宇"？

文章中另一個值得關注的問題，即劉先生提到的沈祖棻先生的《宋詞賞析》。他説沈先生在賞析《水調歌頭》之時，引到這句話，竟又"省去'大業'二字，成了《拾遺記》"，所謂"想當然爾，愈轉愈遠"了。但我在查考了沈祖棻先生的《宋詞賞析》後，總覺得事情没有那麽簡單。沈書引文雖與上引基本全同，但"瞿乾祐"却寫作"翟乾祐"，又寫對了，似專門去查找了材料，但如此的話，又將引書書名魯莽删略，則於理不合。[②]除非她所見的材料，引書書名本來就是《拾遺記》。

所幸如今電子檢索與獲得圖書的途徑較爲方便，筆者考得這條材料出自《拾遺記》竟在古人的注本中已出現過。馮應榴《蘇軾詩集合注》卷三九《六月十二日酒醒步月理髮而寢》"夢覺瓊樓空斷魂"注云：

① 參見胡雲翼：《宋詞選》，中華書局，一九六二年，第六四頁。

② 參見沈祖棻：《宋詞賞析》，上海古籍出版社，一九八〇年，第七四頁。

王注：《拾遺記》：翟乾祐與人玩月，人問："月中何所有？"乾祐曰："隨我手看之。"月規半圓，瓊樓玉宇滿焉，良久乃隱。李注：先生有詞云：祇恐瓊樓玉宇，高處不勝寒，亦同此意。[①]

之後剿襲馮應榴的蘇詩王文誥注，此條引注全同。則出自《拾遺記》且又作"瓊樓玉宇"的注文版本，起碼在清代就已經出現過。其中所謂"王注"指的是舊題王十朋《王狀元集百家注分類東坡先生詩》中的注，則也許此條材料在宋代可能就出現了。但遺憾的是，王十朋分類本的宋本、元本甚至是明重編本（稱《東坡詩集注》），此句注內容與上引略同，但僅言此注出"次公"，即出自趙次公注，但皆未注出處，也無"拾遺記"三字。如此，則這條注文"拾遺記"三字的出處，似是明清以後人加的，那倒底是誰加的？依據又是什麽呢？

這個問題，請先容筆者賣個關子，留到後文回答。現在先回到沈祖棻先生的引注，那麽，沈先生是否引了清人馮應榴或王文誥的蘇詩注呢？似也不是。因比對二注，雖大致意思相同，文字却頗有差異，如"於江岸玩月"，清注則云"與人玩月"；"瓊樓玉宇爛然"則作"瓊樓玉宇滿焉"，似沈先生的注文的直接來源也不是清注蘇詩。

突然想起常聽説老輩學者注書，注典故往往用類書，而常用的類書就是《佩文韻府》，則是否上引注文注家與沈祖棻先生在注書時也用了《佩文韻府》呢？考《佩文韻府》卷三七上"七麌"韵"宇"字"玉宇"條云：

《拾遺記》：翟乾祐於江岸玩月，或問："此中何有？"瞿笑曰："可隨我觀之。"俄見月規半天，瓊樓玉宇爛然。[②]

與沈祖棻《宋詞賞析》引幾乎全同，而與文章最初引的誤注，也僅"翟"字不誤且無"大業"二字而已。則沈書的材料來源，應當就是《佩文韻府》；所謂來源《大業拾遺記》的通行誤注，應也是來自《佩文韻府》，祇是一時將"翟"誤爲"瞿"，又覺引文與書名時代不合，於是想當然地以爲此"《拾遺記》"應是更符合時代的"《大業拾遺

① 馮應榴輯注，黄任軻、朱懷春校點：《蘇軾詩集合注》卷三九，上海古籍出版社，二〇〇一年，第二〇三二頁。

② 張玉書等編：《佩文韻府》卷三七上，上海古籍出版社，一九八三年，第一六六八頁。

記》”，故增“大業”二字。始作俑者，大概就是胡雲翼先生的《宋詞選》。如此，沈祖棻《宋詞賞析》出處爲《拾遺記》的注文，並非抄自選本中的“《大業拾遺記》版”而又删字，反是直接來自《佩文韵府》，可説更接近來源文獻；之後注本中“《拾遺記》版注文”，或是來自沈先生，或是徑引《佩文韵府》。各注本中最最常見的“《大業拾遺記》版”注文，則是從胡雲翼先生的《宋詞選》而來，陳陳相因，蔚爲大觀。

今人注本誤注的來源，大致已經釐清，但實際上問題衹解决了一半，還有各種疑竇尚未解開：《佩文韵府》玉宇條中“《拾遺記》”的出處從何而來？蘇詩各清注本中出處爲“《拾遺記》”的注文從何而來？與《佩文韵府》的這條材料又有什麽關係？

《佩文韵府》爲清康熙時期官修大型類書，供文人查找典故、選取辭藻之用。其重要來源是元代陰時夫編的《韵府群玉》，考該書卷十“七麌”韵“宇”字“玉宇”條：

> 翟乾祐與十許人玩月，或問：“月中何所有？”乾祐曰：“隨我手中看之。”月規半圓，瓊樓玉宇滿焉。（《拾遺記》）[①]

文字與《佩文韵府》略異，但出處已標爲《拾遺記》。可見《佩文韵府》“玉宇”條正是來自《韵府群玉》，此條文字出自《拾遺記》的記載，至少在元代已經出現了。那麽，是否即《韵府群玉》搞錯出處，又爲“玉宇”詞條，妄改“瓊樓金闕”爲“瓊樓玉宇”？

類書的編纂，往往抄自前代類書，改頭换面，前舉《佩文韵府》抄《韵府群玉》即是一例。抄引往往不檢，故有誤抄誤引者。或許再找到《韵府群玉》此條材料的來源，就能找到錯誤的源頭。考成書於宋元之間的兩部類書《古今事文類聚》與《古今合璧事類備要》，其中有一記載幾乎相同的材料，《古今事文類聚》前集卷二月部“隨至月中”條云：

> 玄洲之南，以水精爲月，刻瑶爲兔。翟乾祐與十許人玩月，或問：“月中竟何所有？”乾祐曰：“隨我手看之。”月規半圓，瓊樓玉宇滿焉。（拾遺記）[②]

---

① 陰時夫等編：《新增説文韵府群玉》卷十，《中華再造善本》影印元大德刻本，國家圖書館出版社，二〇〇六年，第二葉上。其餘如元元統二年（一三三四）梅溪書院本《韵府群玉》、元東山秀岩書堂刊本，此條全同。

② 祝穆、富大用輯：《新編古今事文類聚》前集卷二，《中華再造善本》影印元泰定三年（一三二六）本，國家圖書館出版社，二〇〇五年，第一四葉上。

《古今合璧事類備要》卷二月部“月中樓宇”條與之文字全同。[①]二書皆在翟乾祐事前加了個“帽子”，即“玄洲之南，以水精爲月，刻瑶爲兔”一句。按此句當正是出自《拾遺記》的文字。考今通行本王嘉撰、蕭綺録之《拾遺記》，卷十“瀛洲”云：

瀛洲一名魂洲，亦曰環洲。……有金鑾之觀……以水精爲月，青瑶爲蟾兔。[②]

二類書所引，與上引文字略同，當是撮述與節引。唯“瀛洲”作“玄洲”，或是䰟洲之訛。在宋末的類書中，翟乾祐事的材料曾與出自《拾遺記》“水精爲月”的材料，因皆爲有關“月”之事，而被一些以事分類的類書相混爲一條，而注出處時，又將這條混合的材料的出處籠統地注成了《拾遺記》。後來，《韵府群玉》再將翟乾祐事單獨析出，又據各類書記載的這條材料的出處，注爲《拾遺記》。

從宋末類書的記載看，當時這條材料的“瓊樓金闕”已改爲“瓊樓玉宇”，那這個改動又肇自何時？前文在講蘇詩注中亦引此條時已經説過，舊題王十朋《王狀元集百家注分類東坡先生詩》中，就已經有用這條材料爲注文的。其卷六《六月十二日酒醒步月理髮而寢》“夢覺瓊樓空斷魂”注云：

次公：瓊樓以言月也。翟乾祐與十許人玩月，或曰：“月中竟何所有？”乾祐曰：“隨我手看之。”月規半天，瓊樓玉宇滿焉。[③]

這應是趙次公注蘇詩時，撮述《酉陽雜俎》中的記載，而他已將“瓊樓金闕”寫作“瓊樓玉宇”。所注之詩爲“夢覺瓊樓空斷魂”，僅需注“瓊樓”而已，因此特意爲注詩而改動材料的動機看來是不存在的。至於是趙次公時代可以看到作“瓊樓玉宇”的版本，還是他自己頗爲欣賞東坡《水調歌頭》“瓊樓玉宇”一詞，從而對《太平廣記》《酉陽雜俎》原始材料進行改動，我們就不得而知了。程毅中先生文提到這條注文有兩個關鍵的誤處，其一是出處的訛誤；其二是將《太平廣記》與《酉陽雜俎》中的“瓊樓金闕”改

① 參見謝維新：《古今合璧事類備要》卷二，《中華再造善本》影印宋刻本，國家圖書館出版社，二〇〇六，第八葉上。

② 王嘉撰，蕭綺録，齊治平校注：《拾遺記校注》卷十，中華書局，一九八一年，第二二七頁。

③ 蘇軾撰，王十朋纂集：《王狀元集百家注分類東坡先生詩》卷六，《中華再造善本》影印宋建安黄善夫家塾刻本，國家圖書館出版社，二〇〇四年，第十八葉下。

成“瓊樓玉宇”，有爲注“瓊樓玉宇”而“削足適履”之嫌。但現在看來，“削足適履”的嫌疑是不存在的，而這條材料出處的訛誤也歷史悠久，始自宋元類書編纂組織材料的錯誤，終於使用清代類書時不慎妄增的錯誤，錯誤之間層累叠加，並不是將《仙傳拾遺》誤作《大業拾遺記》這麼簡單。其中來龍去脉，非進行一番追索是不能尋得的。

接下來再回答一下之前遺留的一個問題，即《蘇軾詩集合注》中王十朋注中的“《拾遺記》”三字是如何而來。現在進行了前面的一番追索，我們可以知道的是，此條材料出自《拾遺記》的記載，在宋末元初的一些類書上就有記載，那增出的三字，則應是清注蘇詩者補的。那增補者是馮應榴嗎？還是也别有一番隱情呢？

問題的關鍵就在《蘇軾詩集合注》“王注”後緊接着引用的“李注”中。所謂的“李注”，實際上就是參與補注宋犖藏《施顧注蘇詩》闕卷的李必恒注。宋犖在獲得宋槧《施顧注蘇詩》殘本後，寶愛異常，又思將其完足彌補缺憾，因之邀請當時的學者對闕卷進行補充。補注工作主要由邵長蘅、李必恒完成：邵補注卷一、二、五、六、八、九、二三、二六八，李補注卷三五、三六、三九、四十四。之後重編重刻，形成了一個新版的足本《施顧注蘇詩》，後世簡稱“清施本”。此詩即收入該書卷三六中，注釋自然是李必恒所作。李必恒參考的重要文獻，就是王十朋的舊注本。考清施本卷三六《六月二日酒醒步月理髮而寢》“夢覺瓊樓空斷魂”注：

> 《拾遺記》：翟乾祐與人玩月，人問：“月中何所有？”乾祐曰：“隨我手看之。”月規半圓，瓊樓玉宇滿焉，良久乃隱。又先生有詞云：衹恐瓊樓玉宇，高處不勝寒，亦同此意。[①]

與前引馮應榴注幾乎全同，衹是没有了“李注”與“王注”的分隔。馮應榴注本所謂的“王注”“李注”，其實是全襲清施本，再將王十朋的舊注與李必恒的申發區隔，成爲“合注”的形態，衹要稍稍比對一下前後的注文，宋本百家注引用的李白、杜甫詩句，李白一般徑稱“李白”、杜甫有時則僅稱“杜”，但清施本都改稱“李太白”“杜子美”，而《蘇軾詩集合注》亦是如此。如此，則該條注文《拾遺記》出處的補加，就並非馮應榴的“功勞”，而是補注施顧注的李必恒了。

誰抄的誰？現在似可以回答劉石先生文章題目提出的問題了：這條最終誤注出處爲

① 施元之注，宋犖、張榕端閱定，顧嗣立、邵長蘅删補：《施注蘇詩》卷三六，清康熙三十八年（一六九九）刻本，第七葉下。

“《大業拾遺記》”的有關翟乾祐事的材料，最早是趙次公爲注蘇詩“夢覺瓊樓空斷魂”句，據《酉陽雜俎》等記載的撮述，已將“瓊樓金闕”改爲了“瓊樓玉宇”。後宋元之際的幾部以事分類的類書收録這條材料時，又因其和《拾遺記》“水精爲月”的材料皆屬於關於“月”的典故而將其混爲一條，注爲出自《拾遺記》。元代《韵府群玉》將翟乾祐事單獨析出，又承襲前代類書的出處，形成翟乾祐事出自《拾遺記》的記載。這個記載被清代官修大型類書《佩文韵府》所襲，而該書在很長一段時間内乃文人學者查找典故的工具書。最終，這條材料被一些載有蘇軾《水調歌頭·明月幾時有》的注本查檢出來，用來注釋“瓊樓玉宇”一詞，而在引用過程中，有些注本又因翟乾祐與王嘉的《拾遺記》時代不合，想當然地認爲《拾遺記》應是《大業拾遺記》，再增“大業”二字，又誤“翟”爲“瞿”，終於形成了“《大業拾遺記》：瞿乾祐云云”的最終也最流行的版本。此外，注本中直接注出處爲《拾遺記》的版本，恐怕它的來源更爲直接，是查檢《佩文韵府》的。這個“誰抄的誰”的公案，似到此處應大致可以結案了。

不過，在弄清整件事的來龍去脉後，除了滿足一下筆者的考據癖，得到啓示也並不出劉石先生或程毅中先生所言，即引證古書要小心，要親自目驗，不能憑記憶和想象，且最好引用第一手資料、最早出處等。此種大且重要的教訓，已是老生常談，若再在文章末尾煞有介事地重申一遍，總覺詞費。因之僅在總結處講講此外的一些小體會：我們現在看到一些斷章取義式的引證錯誤時，會想到的往往是作者利用了電子檢索的工具而失察所導致的，照着這個思路追溯，找到他的檢索路徑，往往就能找到致誤之由；類書其實就是“前電子檢索時代”的檢索工具，它與如今的電子檢索工具一樣，著作者稍一使用不慎，也會産生錯誤。因此，有時我們在面對一些“前電子檢索時代”的注本匪夷所思的引證錯誤時，不妨亦想想當時人的檢索路徑——類書，説不定會有解開謎題的鑰匙。此外，中國之典籍浩如烟海，一個做傳統中國學術的學者，僅靠博聞强記肯定是無法著書立説的，總需一些便捷的檢索工具：從類書辭典到電子數據庫，工具愈發先進，但學問做得好不好，則從來不取決於工具的發不發達。依靠電子檢索，態度不認真，照樣出現許多紕漏；嚴謹的大學者，通過類書、辭典或其他手段檢得綫索，再去翻書一一查證目驗，一絲不苟，終究還是能够成就學術精品。學術的工具在隨着科技的進步不斷迭代，但求真求實、仔細認真的學術精神應該是永遠不變的。

（作者單位：上海古籍出版社）

洪武《蘇州府志》“牧守題名”所見宋人事迹札考

于士倬

内容摘要：洪武《蘇州府志》爲明初吴縣教諭盧熊所編纂，以洪武初年爲斷，亦頗及南宋末葉及元初蘇州史迹，對於考鏡宋末史事具有重要價值。此志久不見刊，以至於傳本日稀，學者罕睹。點校本洪武《蘇州府志》（廣陵書社，二〇二〇年）以初刻本爲底本，施以標校，較好地展現了全書的面目。但其中亦間有錯誤，有的尚失於點校，可進一步校補，以期更好還原宋代人物仕宦經歷與相關史實。現就閲讀所見，試作札考十一則，願就正於方家。

關鍵詞：洪武《蘇州府志》；宋人；任官；校考

蘇州地方志以范成大所編《吴郡志》爲最著名，記事止於南宋後期，後雖經續補，而南宋末年之史事、人物，頗多闕如，於一代地方史料之完整保存，仍存遺憾。洪武《蘇州府志》（文中簡稱《洪武志》）爲明吴縣教諭盧熊所編纂，以洪武初年爲斷，亦多及南宋末年及元代蘇州史迹，極大程度上彌補了元代蘇州無志流傳的缺憾，頗獲“損益舊典”“詳贍有法”“博覽旁摭”之評價。但自洪武十二年（一三七九）初刻之後，此志便久不見刊，以至於傳本日稀，學者罕睹，甚至使著名藏書家傅增湘發出“沈晦堙鬱，僅留此一綫之延”的感嘆。點校本洪武《蘇州府志》（廣陵書社，二〇二〇）以初刻本爲底本，施以標校，較好地展現了全書的面目，爲研究蘇州地方史提供了寶貴的史料。我在利用本書的過程中，發現《洪武志》“牧守題名”部分對於宋代，特别是南宋末期任官人物的仕宦經歷與相關史實的還原提供了較爲豐富的可資考證的信息。而其中亦間有錯誤，有的尚失於點校，可進一步校補。現就閲讀所見，作一札考，以爲引玉之論。

一

張恕字原之，方平子。朝散大夫、直秘閣。崇寧二年十月，差知齊州。是冬，以上書耶等奏管勾太極觀。未幾，落職。降一官，監高郵酒税。[①]

按：張恕，《宋史》無傳，見載范成大《吴郡志》，《吴郡志》其事特簡，僅言“朝散大夫崇寧”[②]。《洪武志》附益舊記，文乃加詳。唯疑羼亂，且有誤字。其一，張恕爲張方平之子，蘇軾與張方平因緣極深，與張恕亦有交往。據周必大題蘇軾《黄岡冬至帖》，言其中絶句“乃和張厚之。厚之，樂全之子，恕也”[③]。厚之爲張恕之字。又據宋王鞏《甲申雜記》采録張恕言論，亦稱張恕厚之，所談事件内容下至元符（哲宗末）、建中（徽宗初立）之時，與張恕政治活動時段相合，應是一人。其二，“是冬”“上書耶等”有誤，揆之《洪武志》前後文意，“是冬”爲崇寧二年（一一〇三）冬，但此事發生，實在崇寧元年（一一〇二）九月，當時朝廷通過“編類章疏”清算建中靖國政治人物。在這場運動中，定張恕爲“邪中”等，故“耶”應爲“邪”字之誤；其三，據史，崇寧元年九月十四日，張恕入邪等[④]，崇寧二年五月十六日，張恕落職，降兩官。[⑤]《吴郡志》記張恕“朝散大夫崇寧”，衹記其官而未言其職，説明張恕在知蘇州時，已然落職，並没有職名在身。《洪武志》徑稱張恕“朝散大夫、直秘閣”欠當。本志點校既參考前志（即范成大《吴郡志》），兩書記事差異之顯然情況，恐應有所交待。至崇寧二年十月二十八日，張恕改知齊州，並復職，故《宋會要》載爲“朝散大夫張恕直秘閣、知齊州”[⑥]；其四，“管勾太極觀”與“監高郵酒税”皆屬責黜，但兩事皆發生在張恕知齊州後，並不是崇寧元年定入“邪等”後的處置結果。真正使張恕遭嚴譴重責的原因是崇寧二年冬他被歸入元祐元符黨奸，是所謂餘官一百七十七人之一，《洪武志》實則誤合張恕兩事爲一，致此記事出現混亂。

---

① 洪武《蘇州府志》卷二〇《牧守題名》，廣陵書社，二〇二〇年，第二六八頁。
② 范成大：《吴郡志》卷一一，《宋元方志叢刊》本，中華書局，一九八九年，第七七一頁。
③ 周必大：《文忠集》卷一六，《景印文淵閣四庫全書》本，第一一四七册，第一六一頁。
④ 《宋會要輯稿·職官》六八之一，中華書局，一九五七年，第三九〇八頁。
⑤ 《宋會要輯稿·職官》六八之七，第三九一一頁。
⑥ 《宋會要輯稿·選舉》三三之二二，第四七六六頁。

二

季倫，甄城人。丞相迪之孫。顯謨閣直學士、朝散郎。政和七年……移平江。尋復朝散大夫。靖康元年四月十五日，内降札子，以倫與宋汝賢□佀爲乞平江之故，今府事皆取决於勔家，由是落職，罷任提舉靈台觀。[①]

按：李倫，《宋史》無傳。《洪武志》本處記事有訛誤。其一，此“丞相迪”即李迪。據《建炎以來繫年要録》建炎元年（一一二七）六月己巳，初命“朝散大夫李倫復顯謨閣待制”，李心傳夾注曰“倫，迪孫”[②]，李倫即此人。時距靖康元年（一一二六）落貼職（顯謨閣直學士）已兩年。《宋史·李迪傳》雖言李迪“家濮”[③]，但據王明清《揮塵前録》“李文定，本甄城人，既徙京師，都人呼爲濮州李家”，知甄城爲其舊籍，故亦得稱之。“季”爲“李”之誤，當爲“李倫”。其二，“倫與宋汝賢□佀爲乞平江之故”文意不通，既訛且奪。《宋會要》言靖康元年四月十五日顯謨閣直學士、知平江府李倫“落職，提舉華州雲台觀”，得罪原因爲“附會朱勔”[④]。而《靖康要録》記載更詳，言李倫落職原因爲是“任大理卿日，與朱汝賢爲傳信平江府事，皆取决朱勔之家也”[⑤]。朱勔、朱汝賢爲父子，此“宋汝賢”當爲朱汝賢。玩其文意，是知《洪武志》記事本於《靖康要録》，傳抄中出現訛錯，“佀”亦疑爲“信”字之訛。試補正如下：“倫與宋汝賢傳信爲乞平江之故。”意爲李倫曾通過宋汝賢，向朱勔求乞官爵，遂自大理卿出知平江府。及至李迪蘇州上任，則完全聽命於朱勔，故有靖康元年之貶責。而《要録》“舊出朱勔之門，累典方面”[⑥]的記載，也説明了李倫假借朱勔勢力，曾出任大州知州的事實。

---

① 洪武《蘇州府志》卷二〇《牧守題名》，第二七〇頁。

② 李心傳：《建炎以來繫年要録》卷六，建炎元年六月己巳條，中華書局，二〇一三年，第一七八頁。

③ 《宋史》卷三一〇《李迪傳》，中華書局，一九七七年，第一〇一七一頁。

④ 《宋會要輯稿·職官》六九之二三，第三九四一頁。

⑤ 《靖康要録》卷四，《景印文淵閣四庫全書》本，第三二九册，第四八六頁。

⑥ 《建炎以來繫年要録》卷六，建炎元年六月己巳條，第一七八頁。

三

綦奎，朝散郎、直敷文閣，嘉定十二年十二月二十九日到。嘉定十四年六月，准告昨任湖廣總領調遣軍馬五關策應剿逐殘虜委有勞績，特轉朝奉大夫。十五年，該遇受寶轉朝散大夫過滿丐祠。至當年五月，除主管亳州明道宫。[①]

按：綦奎，《宋史》無傳。點校本於“准告”至“勞績”句，“該遇”至“丐祠”，全無標點。今尋文意，前一句，六月所准之申，概爲綦奎在湖廣總領任上勞績，故言“昨”。檢《宋會要》，綦奎爲湖廣總領在嘉定十一年（一二一八）[②]，“五關策應”當指與南寇金兵應戰之事。五關，爲大别山要隘之稱，據《明一統志》，諸關皆在光山縣西南，名爲“白沙、土門、門木嶺、黄土嶺、修善冲”，並言關隘係“紹興間江州都統趙廞建”[③]。趙廞爲御前諸軍都統制，見樓鑰制詞[④]，此必其人，知南宋時光州五關發揮防禦作用。嘉定十年（一二一七）後，光州、黄州爲淮南之表，屢當金攻。所謂“策應”指戰區内協防聯保機制發揮作用，即“淮東、荆湖諸路應援淮西”之舉。據《宋史·寧宗紀》，嘉定十年四月，金軍犯光州（當月兵退）[⑤]；十二年（一二一九）二月、三月犯光州（閏三月退兵）[⑥]；嘉定十四年（一二二一）二月戊辰，金軍“圍光州”，第二天（己巳）“犯五關”[⑦]，“五關”常爲敵所必攻。而當時綦奎已卸湖廣總領，在知平江府任上，故朝廷所賞之“昨功”應爲嘉定十二年春宋金沿淮攻戰之事。故此句標點當斷開，爲“准告，昨任湖廣總領，調遣軍馬，五關策應，剿逐殘虜，委有勞績”。後文“特轉”，應指綦奎自朝散郎至朝奉大夫，乃徑轉兩階。

後一句，“該遇受寶”指宋寧宗接受御寶之典禮，據《寧宗紀》，事在嘉定十五年（一二二二）正月朔日[⑧]。綦奎因典禮進一官，遂自朝奉大夫轉朝散大夫。“過滿”，

---

① 洪武《蘇州府志》卷二〇《牧守題名》，第二七六頁。
② 《宋會要輯稿·職官》七五之一九，第四〇八三頁。
③ 《明一統志》卷三一，《景印文淵閣四庫全書》本，第四七二册，第七八五頁。
④ 樓鑰：《賜銀合夏敕書》，《全宋文》，第二六二册，上海辭書出版社、安徽教育出版社，二〇〇六年，第三一四頁。
⑤ 《宋史》卷四〇《寧宗紀》，第七六七頁。
⑥ 《宋史》卷四〇《寧宗紀》，第七七一——七七二頁。
⑦ 《宋史》卷四〇《寧宗紀》，第七七六頁。
⑧ 《宋史》卷四〇《寧宗紀》，第七七八頁。

應指超過一任之期。文官三年成任（實際爲虚年），而綦奎自十二年十二月到任，至十五年春，已經超過兩個整年，故言"過"。因此，綦奎請求祠禄，遂得"亳州明道宫"。故此句標點，亦當斷開，爲"該遇受寶，轉朝散大夫，過滿丐祠"。

又，綦奎已見范成大《吴郡志》，除"剿逐殘虜"一語文淵閣《四庫全書》本《吴郡志》作"追逐敵兵"①，文皆同，知本條記事爲抄録前志舊文，原文當爲"剿逐殘虜"，庫本范《志》此處應係館臣諱改。

四

馬揚祖，字從度，東陽人。以朝奉郎知常州節制屯戍軍馬、兼浙西提刑、節制許浦賴逕金山水軍。②

按：馬揚祖，《宋史》無傳。據《洪武志》，"知常州節制屯戍軍馬"爲馬揚祖入銜的兩項職務，當點斷。"節制屯戍軍馬"常包含於南宋知州（府）系銜中，如所管爲移屯之軍，可綴以軍號，如"節制左翼軍屯戍軍馬"（知建寧府包恢曾節制左翼軍），此處則指本州屯戍軍馬而言。馬揚祖兼浙西提刑後，獲得"許浦賴逕金山水軍"的指揮權。這裹所指爲三處水軍，所屯爲三地，《洪武志》的點校則礙於體例，處理上較模糊。而其中"賴逕"實爲"顧逕（或顧涇）"之誤。南宋殿前司水軍初屯明州定海，後"移駐許浦"③，遂爲名，該軍久在平江府常熟縣境駐泊。但在孝宗淳熙十一年（一一八四），許浦水軍之屯地與建制始有所變化，據《宋會要》，當時該部營房在許浦，而"所管南船"則"寄泊青龍（吴淞江口之青龍港）"，以"人船相離"有"數百里"，且青龍潮沙淤塞，港小流急。殿帥遂主張"移戍昆山縣顧逕港"，在建立大寨之後，"量合用人數"即從許浦軍營抽取兵力，自青龍港移大船來泊，實現分戍。④而從孝宗末年郭棣奏移南船二十二隻到顧逕，分屯兵士千人。到理宗寶慶元年（一二二五），顧逕港之駐兵已增至二千五百人。理宗嘉熙初，平江知府王遂的銜名中見有"兼節制許浦顧逕水軍"⑤，知顧逕水軍早已爲該部之正式名號，蔚成許浦水師外

① 《吴郡志》卷一一，第七七五頁。
② 洪武《蘇州府志》卷二〇《牧守題名》，第二七八頁。
③ 《宋史全文》卷二七下，淳熙十五年九月庚申條，中華書局，二〇一六年，第二三五一頁。
④ 參見《宋會要輯稿·食貨》五〇之三〇，第五六七一頁。
⑤ 王蘋：《王著作集》卷六，《景印文淵閣四庫全書》本，第一一三六册，第九六頁。

並立之一軍。此外，南宋於嘉興府，則先有澉浦水軍屯海鹽，至寧宗嘉定中，又創置金山水軍，其汛地在澉浦之東，號爲“澉浦外拓”。澉浦、金山雖兩立，以其同郡，且防敵寇“由外洋而窺浙江”[①]，處於同一防衛綫綫上，金山成軍後，也同澉浦水軍連稱澉浦、金山水軍。馬揚祖任職在理宗寶祐末，此時，許浦、顧逕、金山三水軍皆存，當馬氏提點浙西刑獄時，三支水軍得在麾下，聽其節制。

五

洪燾於潜人。以朝散郎、直寶謨閣、知平江府、兼淮浙發運司事，開慶元年十月十五日到任。十一月，暫權浙西提刑。景定元年正月，節制許浦都統司水軍。三月，節制拱衛軍。五月十一日，除直敷文閣，浙西運判。[②]

按：洪燾，《宋史》無傳。據宋人周密所記，洪燾字“仲魯”，爲“忠文公咨夔次子”[③]，馬廷鸞當筆學士院時所作之《洪勲洪燾父謚忠文已贈特進咨夔贈少保制》[④]亦可明證洪燾與洪咨夔爲父子，洪勲爲長而洪燾爲次弟。以皆任職館閣，遂有所謂“一翁二季相承文字之傳”[⑤]之説。《洪武志》載洪燾開慶元年（一二五九）十月到任蘇州，至景定元年（一二六〇）五月離職。檢《咸淳臨安志》洪燾“景定元年五月爲運判”[⑥]，其去向與時間與《洪武志》所記相合。而《齊東野語》亦載洪燾職任，言“庚申歲首，以秘撰、兩浙漕召”[⑦]，庚申即景定元年，秘撰於貼職中高於直敷文閣一階，而洪燾在浙西漕任上有“九月陞副使”之經歷，秘撰應爲此時所陞。而洪燾之被召，亦是其自轉運副使“除户部侍郎知臨安府”之時，據《咸淳臨安志》在景定元年“十一月”[⑧]，《野語》記爲“歲首”，應爲訛誤。

《洪武志》記洪燾在知平江府任上，曾節制拱衛軍，拱衛軍既由平江知府得以兼管，則該部當時必在蘇州屯戍。南宋後期組建之各軍，其存並史迹甚少，爲《洪武志》

① 開慶《四明續志》卷五，《宋元方志叢刊》本，第五〇八九頁。
② 洪武《蘇州府志》卷二〇《牧守題名》，第二七八頁。
③ 周密：《齊東野語》卷七《洪端明入冥》，中華書局，一九八三年，第一二六頁。
④ 馬廷鸞：《碧梧玩芳集》卷七，《景印文淵閣四庫全書》本，第一一八七册，第五三頁。
⑤ 《碧梧玩芳集》卷五《洪燾磨勘轉中奉大夫制》，第四二頁。
⑥ 咸淳《臨安志》卷五〇，《宋元方志叢刊》本，第三七九六頁。
⑦ 《齊東野語》卷七《洪端明入冥》，第一二六頁。
⑧ 咸淳《臨安志》卷五〇，第三七九六頁。

所載，實可寶貴。“御前拱衛水步軍寨在北寺東，景定初創”[①]，此“御前拱衛水步軍”當即是“拱衛軍”，洪燾景定元年三月已管此軍，故此“初創”乃指軍營之建立，其成軍當不晚於景定元年。檢《理宗紀》開慶元年十一月丙辰，有“詔選精鋭招信泗州千人、揚州拱衛軍千人、安豐濠州各千五百人，赴京聽調遣”[②]。在當時蒙古軍南下，宋蒙交戰的緊張態勢之下，爲增重臨安周邊之防衛，此軍自揚州調入，於邊警暫解之景定元年，留屯蘇州，一時間接受平江守臣洪燾之節制。

六

朱熠温州人。以觀文殿學士、通奉大夫、知平江府、節制許浦都統司水軍、兼浙西兩淮發運使、措置浙西和糴。景定二年十一月十九日到任。四年正月二十日，解職予祠。[③]

按：朱熠，《宋史》卷四二〇有傳。唯《朱熠傳》於其景定元年至咸淳四年（一二六八）之事迹，語皆不詳。如《傳》文於朱熠景定元年罷樞之後，僅言其“以舊職知慶元府、沿海制置使，奉祠”[④]，全不述及其曾知平江府之事，今賴《洪武志》而保存其迹，故《洪武志》所載史料可補其間經歷之闕。

朱熠端平二年（一二三五）以武狀元入仕，後改文秩。時人黄震認爲，朱熠搭上了内廷的裙帶關係，而使理宗對他“大加賞異”，並“特旨授官”[⑤]，遂步上了仕宦通途。據《宋史》，朱熠自寶祐六年（一二五八）四月，以端明殿學士簽樞後[⑥]，同年十一月，爲同知院兼權參政[⑦]，開慶元年十一月權知院[⑧]，景定元年四月知院兼參政[⑨]，遂位丞相賈似道之下，而承樞輔之權。而據《宋史全文》，景定二年（一二六一）三

① 《姑蘇志》卷二五，《景印文淵閣四庫全書》本，第四九三册，第四五八頁。
② 《宋史》卷四四《理宗紀》，第八六八頁。
③ 洪武《蘇州府志》卷二〇《牧守題名》，第二七九頁。
④ 《宋史》卷四二〇《朱熠傳》，第一二五八〇頁。
⑤ 黄震：《黄氏日鈔》卷九六《安撫顯謨少卿孫公行狀》，《景印文淵閣四庫全書》本，第七〇八册，第五三頁。
⑥ 《宋史》卷四四《理宗紀》，第八六二頁。
⑦ 《宋史》卷四四《理宗紀》，第八六三頁。
⑧ 《宋史》卷四四《理宗紀》，第八六八頁。
⑨ 《宋史》卷四五《理宗紀》，第八七三頁。

月丁亥“詔朱熠以觀文殿學士知建寧府、提舉洞霄宫”[①]，是朱熠二年先罷樞出守建寧府，此事《宋史》紀、傳已失載。然檢《景定建康志》所列理宗手詔後四大臣答詞，賈似道以下爲“大（即太。——撰者注）中大夫知樞密院事兼參知政事兼太子賓客臣朱熠”[②]及皮龍榮、沈炎，朱熠銜名中有“太子賓客”，此係度宗立爲太子時所加。度宗受册入東宫在景定元年“七月丁卯”，四大臣加東宫官職在同月“庚寅”[③]，而手詔之頒在“皇上改元景定之明年月正元日”[④]，即景定二年正月元日，距離朱熠三月罷樞出守尚有二月，故當時朱熠仍在參樞及太子賓客之任，兩者並無矛盾。但《理宗紀》繼言三月戊寅“詔似道、皮龍榮、朱熠、沈炎各進二秩”[⑤]。此處《宋史全文》與《理宗紀》爲文小異，作“詔似道、熠、龍榮、炎各進官二等”[⑥]。而朱熠之班位原本僅次於賈似道，此時尚未罷出，不當已列皮龍榮之下，揆之當時情勢，恐當以《宋史全文》所記之次序爲是。

《洪武志》言朱熠景定三年（一二六二）在蘇州任上，今據《宋史全文》，景定三年九月，理宗曾對太子（後之度宗）説“朱熠言吴門近似秋暑，忽蝗蝻孽生”[⑦]，朱熠必在平江府任上，方能向理宗奏報當時秋熱及蝗害情況，故《洪武志》朱熠任期當爲可信。

然《洪武志》言朱熠景定四年（一二六三）正月“解職予祠”，則需考校。今據馬廷鸞當筆時所作《朱熠乞歸田里不允詔》言“維今吴郡，視古右扶”“任我蕃宣之寄”“爲民少留”[⑧]之語，“吴郡”“右扶（風）”爲蘇州，“蕃寄”即守臣，顯爲朝廷留朱熠續知平江府所發，知當時朱熠雖告請奉祠或休致，但理宗終未答允。那麽，《洪武志》又因何言朱熠“解職予祠”呢？我認爲，應是作者將朱熠蘇州經歷與“以舊職知慶元府、沿海制置使，奉祠”[⑨]的這段經歷混淆所致。質言之，景定四年，即朱熠知平江之再次年，受命知慶元府兼沿海制置使，此時便由知平江府而改知慶元府。因

---

① 《宋史全文》卷三六，景定二年三月丁亥條，第二九〇二頁。
② 景定《建康志》卷四，《宋元方志叢刊》本，第一三七三頁。
③ 《宋史》卷四五《理宗紀》，第八七四頁。
④ 景定《建康志》卷四，第一三七四頁。
⑤ 《宋史》卷四五《理宗紀》，第八七七頁。
⑥ 《宋史全文》卷三六，景定二年三月丁亥條，第二九〇一—二九〇二頁。
⑦ 《宋史全文》卷三六，景定三年九月辛酉條，第二九一三頁。
⑧ 《碧梧玩芳集》卷二《朱熠乞歸田里不允詔》，第一一八七册，第一九頁。
⑨ 《宋史》卷四二〇《朱熠傳》，第一二五八〇頁。

爲，如果没有此命，馬廷鸞不會聲言“朱熠不當知慶元府，及爲制置使”[①]，而監察御史胡用虎也無需爲此彈奏朱熠了。故朱熠之爲朝臣論罷奉祠，應在“以舊職（觀文殿學士）知慶元府”就命之後，所解之職即觀文殿學士，所離之任應爲知慶元府。《洪武志》的作者誤解了朱熠奉祠的真實情況，故認朱熠去官蘇州之日爲“解職予祠”之時。

且《洪武志》同書《人物》記朱熠事，稱“朱熠奏蝗不爲灾，御筆奬諭。終監察御史”[②]則顯錯亂。朱熠上奏在景定三年，已見前文之考述，言朱熠“終監察御史”於理不合。朱氏前任宰執，未曾終官監察御史，他最終是因監察御史胡用虎的彈奏，失去了慶元知府之任，“終監察御史”是作者誤將胡用虎奏劾朱熠事迹竄入，而成此贅文。

七

> 趙與訔以通議大夫、敷文閣待制知平江府、節制許浦水軍、主管公田事、歸安縣開國男、食邑三百户。景定四年九月二十六日到任，暫權浙西提刑。十一月二十五日，兼浙西提舉。五年五月，該遇明禋，進封開國子，加食邑三百户。三月初六日，除顯謨閣待制、兩浙運副、兼提領措置兩浙鹽事。[③]

按：趙與訔，《宋史》無傳。其人爲宗室，乃趙孟頫之父，凡兩知平江府。據《吴郡志》，寶祐元年（一二五三）趙氏自直寶章閣、浙西提刑兼權淮浙發運使知平江府（十月十三日命下，二十五日到任）[④]，《洪武志》除以到任之日爲二十三日，與舊志悉同。而趙與訔之再知平江府，及任上兼提舉浙西常平義倉茶鹽公事之月，與趙孟頫《先侍郎阡表》[⑤]所記皆同，且詳於日，體現了方志的獨特價值。《洪武志》言“五年五月，該遇明禋”，此“明禋”爲宋朝皇帝奉饗於明堂之國家大典。據史，宋理宗寶祐五年（一二五七）“明禋告成”[⑥]，景定元年九月亦告明禋禮成，景定四年四月理宗下詔“今年九月有事於明堂”[⑦]，並於九月辛卯饗明堂[⑧]。自寶祐五年至景定四年，共

① 《宋史》卷四一四《馬廷鸞傳》，第一二四三八頁。
② 洪武《蘇州府志》卷二四《人物》，第三二八頁。
③ 洪武《蘇州府志》卷二〇《牧守題名》，第二七九頁。
④ 《吴郡志》卷一一，第七七七頁。
⑤ 趙孟頫：《松雪齋集》卷八，《景印文淵閣四庫全書》本，第一一九六册，第七〇六頁。
⑥ 《宋史全文》卷三五，寶祐五年九月乙丑條，第二八六二頁。
⑦ 《宋史全文》卷三六，景定四年四月丙辰條，第二九一七頁。
⑧ 《宋史全文》卷三六，景定四年九月辛卯條，第二九一九頁。

三舉，皆合於“三歲明禋”之制，此“遇明禋”即爲景定四年九月之祀典。今《洪武志》言趙與峕進開國子，加食邑乃於來年（景定五年），尤疑不應如此之緩。且“五月”事後，繼述“三月初六日，除顯謨閣待制、兩浙運副”，玩其文意，此“三月”顯指五年之三月，先言“五月”（此時趙氏也已不在知蘇州任上），而後言“三月”，恐有竄亂。且《洪武志》載趙與峕自知平江府出任“兩浙運副”，趙孟頫《阡表》則記爲“五年，進顯謨閣待制，召拜兩浙轉運使”[①]，是“使”而非“副”。又據《咸淳臨安志》趙與峕“景定五年爲轉運使”[②]，與《阡表》同。且考趙與峕除授尚書户部侍郎兼知臨安府之制書，趙氏前官亦爲“顯謨閣待制兩浙路轉運”[③]。景定五年之中，馬廷鸞爲權直學士院者，此制馬氏當筆，文中有“簡知先帝”“朕式敷德，惠善繼先”[④]之語，知必爲理宗崩殂（十月）後，度宗初即位時所授。趙與峕自落“權”字真除“户部侍郎”仍知臨安府的時間，應如《阡表》所記“景定五年十一月”，並與《咸淳臨安志》相合。且趙與峕景定二年已爲“浙西安撫使”“江東轉運使”後兼“淮西總領”等，資望早高，不當還任“運副”之職，趙與峕應爲“正使”而非“副使”，疑“運副”爲“運使”字訛。

八

陳均字子公，温州人，以中奉大夫、直焕章閣知鎮江府，改除知平江府、節制許浦都統司水軍。景定五年五月二日到任。咸淳元年正月七日，除太傅少卿。十二日，除直敷文閣依舊職任。閏五月二十三日，該遇登極恩，轉中大夫。當月二十三日，時暫交割浙西提刑提舉司職事。七月三日，兼權浙西提舉。當月十七日，赴行在奏事。[⑤]

按：陳均，《宋史》無傳，王鏊《姑蘇志》“宦迹”失載，《江南通志》存名闕事，《洪武志》則詳如上文。真德秀以“永嘉陳侯均”[⑥]名之，可證前志所書陳均之名

① 《松雪齋集》卷八《先侍郎阡表》，第七〇六頁。
② 咸淳《臨安志》卷五〇，第三七九六頁。
③ 《碧梧玩芳集》卷五，第一一八七册，第三六頁。
④ 《碧梧玩芳集》卷五，第一一八七册，第三六頁。
⑤ 洪武《蘇州府志》卷二〇《牧守題名》，第二七九頁。
⑥ 真德秀：《西山文集》卷三三，《景印文淵閣四庫全書》本，第一一七四册，第五二三頁。

字、鄉望無誤。今知《洪武志》明載陳均景定五年五月蘇州到任，然《姑蘇志》“學校”載長洲縣建學事，言“（長洲）初未有學，附於府學，名曰麗澤齋。宋景定三年，主學宋楚材率邑人請於守陳均，即廣化寺藏室改焉”[①]，似景定三年陳均已在知蘇州任上。唯宋俞琰《長洲縣學記》言“景定壬戌詔縣增主學，用丕儒教，宋君楚材，實在兹選”[②]，“壬戌”爲景定三年，據文意，此“壬戌”顯指南宋在縣級增置主學一職之時，並非宋楚材請求建學之期。在得到“太守陳公均親來相度”後，長洲縣學旋即起工建造，“起於乙丑春，成於丙寅夏”[③]。乙丑爲咸淳元年（一二六五），丙寅爲咸淳二年（一二六六）。陳均景定五年至咸淳元年在任，時與之合。故知《姑蘇志》言宋楚材“景定三年請於守陳均”係誤解俞琰《長洲縣學記》文意致訛。且《姑蘇志》收録“狀元坊”之一，地在“南星橋西”，由陳均“爲阮登炳立”，時在“咸淳中”[④]，陳均當時身份爲“郡守”，據《度宗紀》，阮登炳咸淳元年舉進士第一[⑤]，立坊之事也應在咸淳元年。

唯《洪武志》言陳均“咸淳元年正月七日，除太傅少卿”，宋無“太傅少卿”之官，此處疑訛，恐爲“太府少卿”之誤。既任太府少卿，則需赴朝釐務，從後文“依舊職任”來看，陳均顯然未到此任。

又，陳均亦見萬曆《温州府志》，稱其“咸淳初，除檢正”，檢正之任當命於陳均咸淳元年七月“赴行在奏事”之後，此時已離蘇州之任。而當賈似道“以平章奉母居西湖，欲以堂印自隨”時，陳均以“堂印無出城理”堅拒之，遂得罪賈似道，因之免官。[⑥]賈氏平章軍國重事在咸淳三年二月，[⑦]可推測陳均失檢正官，約於此後不久。

九

季鏞古括人。以朝奉大夫、右文殿修撰知紹興府、浙東安撫使，改除平江府事。咸淳元年十月十三日到任。十一月十八日，兼浙西提舉。二年三月，磨

① 《姑蘇志》卷二四，第四九三册，第四三六頁。
② 《姑蘇志》卷二四引俞琰《長洲縣學記》，第四九三册，第四三六頁。
③ 《姑蘇志》卷二四引俞琰《長洲縣學記》，第四九三册，第四三六頁。
④ 《姑蘇志》卷一七，第四九三册，第三三二頁。
⑤ 《宋史》卷四六《度宗紀》，第八九四頁。
⑥ 《浙江通志》卷一七〇引萬曆《温州府志》，《景印文淵閣四庫全書》本，第五二三册，第四九六頁。
⑦ 《宋史》卷四六《度宗紀》，第八九七頁。

勘轉朝散大夫。十二月二十一日，暫權提刑。三年正月十九日，除司農卿、權户部侍郎。[①]

按：季鏞，《宋史》無傳。《洪武志》所稱其鄉貫之“古括”即括蒼，也爲縉雲郡，即宋之處州。今揆諸志，季鏞爲龍泉人，字伯韶，龍泉即處州之龍泉。[②]季鏞登嘉泰二年（一二〇二）傅行簡榜成進士。[③]檢《會稽續志》，季鏞寶祐三年十一月以朝奉郎任提舉浙西常平，至寶祐五年二月“召赴行在奉事”[④]離任。至景定元年，“以朝散郎知温州”，繼“除左曹郎官”（此“左曹”應爲“左司”之誤。——撰者注），“未供職”於左司，旋以“直祕閣知（温州。——撰者注）”[⑤]。因朝奉郎與朝散郎衹隔一轉，當爲連續經歷。季鏞遂自景定元年“十二月初十日”到任，任職至三年“十二月二十日”，進改兩浙轉運副使。其間，所加貼職自直祕閣、直寶謨閣、直焕章閣、直寶文閣、直龍圖閣依序陞進。《咸淳臨安志》以季鏞初漕浙西所任爲“運判”，非“運副”，並斷其自浙漕改知紹興府之時於（景定）“五年二月”[⑥]。檢馬廷鸞作《季鏞依舊秘閣修撰知紹興府浙東安撫使制》與《季鏞除右文殿修撰依舊知紹興府制》兩制，爲先後。其右文殿修撰制書中，有“與我共理，庶幾贊漢業之中興”[⑦]之句，從語氣推測，應爲度宗即位後制發。

據《洪武志》，知咸淳元年十月十三日，季鏞到任，至三年正月，以“司農卿、權户部侍郎”離任。俞琰《長洲縣學記》稱縣學營建“起於乙丑（咸淳元年。——撰者注）春，成於丙寅（咸淳二年。——撰者注）夏”，又言“民有争田不決，前守撥充養士，且上於朝。會召入季公輔（即鏞，“輔”“鏞”形近而訛。——撰者注）來守是邦，悉以歸之”[⑧]。知長洲縣學經始陳均，成於季鏞。“前守”即陳均，文諱言之，故含糊其詞，陳均與季鏞相踵而任。而據馬廷鸞《季鏞除大理卿制》述季鏞有“比鎮左馮，助襄大事”之語，而其所助大事，爲“肇營禹會，崇建堯陵”[⑨]，即建陵安葬理宗

① 洪武《蘇州府志》卷二〇《牧守題名》，第二七九頁。
② 《浙江通志》卷一一四，第五二二册，第九〇頁。
③ 《浙江通志》卷一一五，第五二二册，第一一二頁。
④ 寶慶《會稽續志》卷二，《宋元方志叢刊》本，第七一〇六頁。
⑤ 寶慶《會稽續志》卷二，第七一〇六頁。
⑥ 咸淳《臨安志》卷五〇，第三七九六頁。
⑦ 《碧梧玩芳集》卷五，第一一八七册，第三九—四〇頁。
⑧ 《姑蘇志》卷二四，引俞琰《長洲縣學記》，第四九三册，第四三六頁。
⑨ 《碧梧玩芳集》卷四，第一一八七册，第三三頁。

之事。以紹興在臨安之東，故以左馮翊稱紹興府。因理宗葬在咸淳二年三月，而馬廷鸞於咸淳二年五月已解詞筆而任執政，此制必行於季鏞紹興之時。因季鏞是由知紹興府、浙東安撫改任知平江府，其定未赴此“大理卿”之任。

十

陳夢斗字子明，和州人。以太中大夫、顯文閣待制知平江府、節制許浦水軍、含山縣開國子、食邑五百户、賜紫金魚袋、兼權浙西提舉。咸淳三（原注：三，原作“五”，據上下文意改）年三月三日到任。七月丐祠。二月十五日致仕。[①]

按：陳夢斗，《宋史》無傳。《洪武志》言陳夢斗和州人，其爵用“含山”爲名，知其本貫和州之含山縣。《江南通志》録陳夢斗理宗寶慶間登進士第[②]，寶慶舉進士在二年，知其爲王會龍榜進士。又據宋何子舉《先生墓室記》“寶祐癸丑，制帥陳公夢斗以南豫學子典郡事”[③]，此“陳公夢斗”即陳氏；“南豫”爲南豫州，陳夢斗家和州，即古南豫州所在，是以南朝地名稱其鄉望。癸丑爲寶祐元年，周敦頤墓在江州，因知陳夢斗寶祐初曾知江州；“制帥”即沿江制置副使，爲知江州時所兼之職。

據姚勉《庚申輪對第二札》言“臣奏云江西漕臣初是趙汝暨，……今方是陳夢斗”[④]，庚申爲景定元年，姚勉時以校書郎輪對，奏在“八月十一日”，知陳夢斗景定元年在江西漕使任。檢《江西通志》，陳夢斗“景定間”爲轉運副使[⑤]，與姚勉疏言相合。據馬廷鸞《陳夢斗依舊右文殿修撰知鎮江府制》言陳夢斗“徊翔守刺之間，更迭中外之久。出膺閫制，入贊帷籌”[⑥]，“守刺”即歷知州郡之意，與陳夢斗知江州、鎮江等任相合；“閫制”當指其曾任沿江制置副使之官；而“贊帷籌”應指陳夢斗淳祐間曾任右司，官爲宰屬之經歷。今知馬廷鸞權知學士院當制筆自景定三年始，故斷此制至早景定三年頒出。而另一制《右文殿修撰知鎮江府陳夢斗特授集英殿修撰依舊任制》，亦

---

① 洪武《蘇州府志》卷二〇《牧守題名》，第二七九頁。
② 《江南通志》卷一二〇，《景印文淵閣四庫全書》本，第五一〇册，第五六〇頁。
③ 周敦頤：《周元公集》卷四録何子舉《先生墓室記》，《景印文淵閣四庫全書》本，第一一〇一册，第四五九頁。
④ 姚勉：《雪坡集》卷四《庚申輪對第二札》，《景印文淵閣四庫全書》本，第一一八七册，第二四頁。
⑤ 《江西通志》卷四六，《景印文淵閣四庫全書》本，第五一四册，第四八七頁。
⑥ 《碧梧玩芳集》卷五，第一一八七册，第四二頁。

出馬廷鸞之手，文中“仍臨舊治”[①]之語，應就陳夢斗鎮江知府成一任而發，如前制出於景定三年，則後一制當發於景定五年。且後一制中未出現與理宗去世、度宗新即帝位的任何信息，故推測，後一制應須在理宗十月去世之前。

從其前後職名來看，陳氏江西轉運副使任時，職爲“右文殿修撰”[②]，在馬廷鸞撰寫的兩份制書中，陳夢斗以右文殿修撰知鎮江，後自右文殿修撰陞集英殿修撰。而《洪武志》言陳夢斗知平江府時，貼職爲“顯文閣待制”，此“顯文閣待制”爲咸淳元年所置，“藏理宗御製，置學士等官”[③]，知此職初授必在咸淳元年之後。而陳氏自右文殿修撰陞集英殿修撰，再陞諸閣名最末尾的顯文閣待制，合於貼職次序，反映了陳夢斗職名陞進的連續過程。

《洪武志》點校者因三年九月黄萬石已到任，不可能一官而兩任，故改原文“咸淳五年”爲“咸淳三年”，此是。唯後文既言“七月丐祠”後，何以又道“二月十五日致仕”？“二月十五日”尚在陳氏三月到任之前，遂疑“二月”字應有誤。陳夢斗寶慶二年登第，到咸淳初，已逾四十年，其衰老可知，故馬廷鸞制書中每以“耆舊”“國之耆艾”等爲稱。至咸淳三年，陳氏求休致應在情理之中，此“二月”或前奪“十”字，或“十一”形合而訛爲“二”字。

十一

趙順孫，字和仲，古括人。以朝散郎、顯文閣待制知平江府、節制許浦水軍。咸淳四年九月二十五日到任。十月，轉朝散郎。五年五月，除左侍郎（原注：《姑蘇志》作“吏部左侍郎”）、兼侍讀，□轉朝奉郎。[④]

按：趙順孫，《宋史》無傳。元初黄溍《文獻集》卷一〇《格庵先生趙公阡表》載趙順孫此任“以顯文閣待制知平江府兼淮浙發運使”[⑤]，較《洪武志》文爲詳。“淮浙發運使”爲浙西兩淮發運使之簡稱，趙順孫辭世之日已入元，作者黄溍去宋末未遠，碑記成文，理有所據。知趙氏知平江府，發運使應爲兼職入銜。且《阡表》言趙順孫知平

① 《碧梧玩芳集》卷五，第一一八七册，第四二頁。
② 《江西通志》卷四六，第五一四册，第四八七頁。
③ 《宋史》卷一六二，第三八二一頁。
④ 洪武《蘇州府志》卷二〇《牧守題名》，第二七九頁。
⑤ 黄溍：《文獻集》卷一〇下，《景印文淵閣四庫全書》本，第一二〇九册，第六三八頁。

江府在（咸淳）“四年八月”，八月當爲命下之日。但據文意，趙氏八月既以“朝散郎”知府，而《洪武志》言其十月方轉官“朝散郎”，殊不可解，則前之“朝散郎”恐爲追記之詞。且《洪武志》載次年五月趙順孫自蘇州調任時“□轉朝奉郎”，但朝奉郎實爲朝散郎下一階，趙順孫咸淳四年十月已陞轉朝散郎，此時不應再爲朝奉郎，既言“轉”，則指按磨勘法轉。此“□”字難以遽斷，我頗疑“□”爲“特”字，“朝奉郎”實爲“朝奉大夫”之奪訛，朝奉大夫下隔朝散郎爲兩官，因其赴召入京，而有特轉兩官之命。

又，原文“除左侍郎”，點校者加一注，言“《姑蘇志》作吏部左侍郎”，今檢文淵閣四庫全書本《姑蘇志》，其文爲“五年召爲吏部侍郎”[①]，並無“左”字，據黄溍《阡表》亦作“以吏部侍郎召”，《阡表》實爲志文史料所本。而宋六部無左侍郎，唯明、清時代侍郎分左右，此處顯然不應校改。

（作者單位：常州工學院人文學院中文系）

① 《姑蘇志》卷，第四九三册，上海古籍出版社，第七二三頁。

宋仁宗《尊道賦》辨僞

——兼論其與全真教之關係

王　雲　蘇　賢

内容摘要：《全宋文》收録宋仁宗作品中第一篇爲《尊道賦》，也是唯一一篇賦作。從文獻載録情况看，此賦見於元代全真道人彭致中輯《鳴鶴餘音》及明人所輯道書《金丹正理大全》本《群仙珠玉集成》，並無更早的文獻收録。《鳴鶴餘音》和《群仙珠玉集成》二書與全真教都有着莫大的關係，而仔細分析《尊道賦》賦文中描述的道士形象與"乞食"之風，應是全真教興起之後纔具有的特徵，與宋仁宗所處時代並不相符。可知《尊道賦》是全真道人爲宣教而托名的僞作。選擇宋仁宗爲此賦作者，也有着更深層的原因。

關鍵詞：宋仁宗；《尊道賦》；全真教；乞化

宋仁宗趙禎在位共四十二年，聲名顯赫，其治下人才薈萃，"嘉祐之治"更爲後世推崇，成爲其後宋人心目中的治世典範，影響頗爲深遠。今人編《全宋文》收録宋仁宗文章一千九百九十餘篇，其中《尊道賦》一文是僅有的賦作，輯自元代全真道士彭致中編《鳴鶴餘音》。因其文不長，故全録於下：

> 三教之内，惟道至尊。上不朝於天子，下不謁於公卿。避凡籠而隱迹，脱俗網以修真。傲林泉兮絶名絶利，樂岩谷兮忘辱忘榮。頂星冠而爍日，披布褐以長春。或蓬頭而跣足，或丫髻以包巾。摘仙花而砌笠，折野草以鋪茵。吸甘泉而漱齒，啖松柏以延齡。歌之鼓掌，舞罷眠雲。伴山谷則杯茶款話，逢水飲則尊酒論文。笑奢華之濁富，樂自在之清貧。豈一毫之罣礙，無半點之牽縈。或三三而參玄訪道，

或兩兩以話古談今。話古談今兮嘆前賢之興廢，參玄訪道兮理自己之玄真。任寒暑之更變，盡烏兔之逡巡。蒼顔返少，白髮還青。携簞瓢而入鄽化飯，采百藥以臨世濟人。解安人而利物，或起死以回生。修仙者骨之堅秀，達道者神之最靈。判吉凶，斡旋異，象定禍福，密勘人倫。闡道法，揚太上之正教；施符籙，除人世之祆氛。降邪魔於掌上，布罡氣於雷門。扣天閽，真仙具備；擊地户，萬神咸聽。頤真默坐，静室存神。奪天地之秀氣，采日月之華精。運陰陽以煉性，按水火以胎凝。二八陰消兮若恍若惚，三九陽長兮如杳如冥。應四時而采取，養九轉以丹成。跨青鸞，便衝紫府；騎白鶴，直謁玉京。參滿天之秀氣，表妙道之殷勤。比儒教兮官高職顯，富貴浮雲；比釋教兮寂滅爲樂，豈脱凡塵。朕觀三教，惟道至尊。①

此賦以"三教之中，惟道至尊"起首，又以"朕觀三教，惟道至尊"結尾，全文具有明顯贊頌和推崇道教的意味，因此曾被學者廣爲引用，作爲北宋仁宗朝對待儒釋道態度的佐證。②然而，引用者顯然忽略了一個重要問題，即此篇是否確爲宋仁宗或這一時期的作品。從文獻著録情况和賦文内容看，此賦與金世宗時期創教的全真教有着莫大關係，尤其是文中一些細節，顯示出晚於宋仁宗所處的北宋中期，直至金元時期全真教興起後纔有的特徵。下文即就此問題展開論述，並試圖探究其托名於仁宗的深層原因。

一、收録《尊道賦》的兩種文獻

《尊道賦》一文，當今可考之宋人著述中未見記載，我們現在所能看到的此賦，收録於《鳴鶴餘音》及明人所輯道書《金丹正理大全》本《群仙珠玉集成》中③，作者一題"宋仁宗"，一題"宋仁宗皇帝"。

《鳴鶴餘音》是收録全真道人所唱歌辭的文學總集，由江西撫州仙游山昭清觀住持

---

① 《全宋文》卷九四〇，第四三册，第三八九頁。所輯《尊道賦》見《鳴鶴餘音》卷九，《道藏》第二四册，文物出版社、上海書店出版社、天津古籍出版社，一九八八年，第三〇七頁。

② 如楊世文：《儒學、經典與聖人之道——論北宋學者對儒、經、道關係的定位》，《四川大學學報》（社會科學版）二〇〇二年第二期，第一二〇頁；吴光正：《〈西游記〉全真化若干史實考辨》，《文學遺産》二〇二二年第三期，第一五九頁；簡滿屯《北宋社會價值觀體系研究》，河北大學出版社，二〇一六年，第一九五頁；張振謙《道教文化與宋代詩歌》，人民文學出版社，二〇一五年，第三一頁；張煜《北宋文人與佛教論稿·心性與詩禪》，華東師範大學出版社，二〇一二年，第一三頁。這些論文和專著中，都曾以此文爲宋仁宗作，或以此論證宋仁宗的三教政策。

③ 此外，明代小説《西游記》《西洋記》《封神演義》等，對《尊道賦》内容也有引用，文中不一一舉出。

提舉彭致中編撰，成書於元至正七年（一三四七）前後。全書共九卷，卷一至八爲詞曲，卷九收録歌、賦及贊、頌等文，現存可見最早版本爲明《正統道藏》本，潘雨廷先生《道藏書目舉要》言其：

若曲之作者，有具名，有不具名。以具名者言，計有吕純陽、三于真人、丘長春、馮尊師、馬丹陽、盤山真人、宋披雲、郝太古、皇甫真人、虚靖天師、牛真人、白玉蟾、虞伯生、雲陽子、莫月鼎、劉鐵冠、王重陽、辛天君、朗然子、陳益之、王通叟、譚真人、桓真人、鍾離、吴真人、孫仙姑、何仙姑、楊真人、范真人、藍采和、徐神翁、張果老、曹國舅、李岳、韓湘子、景陽、宋仁宗、趙真人、秦真人。凡十九爲曲，卷九亦有賦與散文數篇。[①]

其中具名的作者，僅虞伯生（虞集）、王通叟（王觀）、宋仁宗三位爲道外人士。這三位作者中，虞集與編者彭致中同時代，頗有盛名，他與道教淵源很深，與各派道士多有交往，本人亦深知道教經典、符籙科儀。晚年向道，居於臨川華蓋山黄茅崗下，此處正是彭致中的師父余岫雲爲其卜得，因爲這個機緣，彭致中編撰《鳴鶴餘音》時，虞集爲此書撰寫了序言。《鳴鶴餘音》卷二收虞集十餘首《蘇武慢》，是步全真道士馮尊師韵的屬和之作，主旨意趣類似。[②]王觀字通叟，如皋人，嘉祐二年（一〇五七）進士，元豐二年（一〇七九）任大理寺丞。坐知江都縣時受賄而除名，編管永州。[③]《鳴鶴餘音》卷四收其《紅芍藥》一首如下：

人生百歲，七十稀少。更除十年孩童小。又十年昏老。都來五十載，一半被、睡魔分了。那二十五載之中，寧無些個煩惱。仔細思量，好追歡及早。遇酒追朋笑傲。任玉山摧倒。沈醉且沈醉，人生似、露垂芳草。幸新來、有酒如澠，結千秋歌笑。[④]

---

① 潘雨廷：《道藏書目舉要》，上海古籍出版社，二〇〇三年版，第三一九頁。

② 這些作品被虞集後人編成一卷本《鳴鶴餘音》，收入《道園遺稿》中。

③ 其生平事迹參見李欣、王兆鵬：《北宋詞人王觀生平事迹考》，《上海師範大學學報》（哲學社會科學版）二〇〇五年第五期；葉燁、王兆鵬：《北宋詞人王仲甫、王觀事迹考辨》，《湖北社會科學》二〇〇六年第七期。

④ 彭致中輯：《鳴鶴餘音》卷四，《道藏》第二四册，第二七八頁。

此詞通俗曉暢，詞意大體言人生如露，當拋却煩惱任情逍遥，與《鳴鶴餘音》所收全真道人詞曲主旨相通。唐圭璋先生等即據此編入《全宋詞》。然而，值得懷疑的是，通觀整個宋金時期的詞作，“紅芍藥”這一詞牌除《鳴鶴餘音》所收署名爲“王通叟”之詞，亦衹有全真教創教者王喆《重陽全真集》中載有兩首。

我們考察《鳴鶴餘音》一書所收作品下作者的標署情況，便不難發現，全書除托名仙真如藍采和、韓湘子等人的作品，尚有若干例可以肯定爲作者標署錯誤的現象。對比統計，其中與别集所載署名不同的共十一篇，除卷九馮尊師的五首，其餘六首作者都是有誤的，包括王重陽、丘處機、譚處端等人的作品。例如把白賁《鸚鵡曲》歸爲丘處機作，丘處機《沁園春・示衆》歸爲吕洞賓作，王喆《花心動》歸爲吴真人，譚處端詞歸爲丘處機，等等。[①]這些錯誤表明，《鳴鶴餘音》作爲地方道士編撰的全真教衆的歌辭文本，在編撰成書時，很可能沿襲了全真教師徒教衆間口耳相傳時的誤傳誤載。而作爲方外人士的王觀與宋仁宗的作品，其被誤載或托名的可能性顯然較大。

《群仙珠玉集成》，撰人不詳，現可見最早版本爲明嘉靖十七年（一五三八）周藩刻本。此書共四卷，卷一爲賦，卷二爲論，卷三爲歌，卷四爲《敲爻歌解注》和李光元《海客論》。《尊道賦》列在第一卷二十二首賦的最末。此書没有明確的年代信息，然據卷四錢道華《敲爻歌解注序》撰寫於明正統八年（一四四三），可推知最終成書年代在此之後。關於此書，蓋建民《道教金丹派南宗考論》一書中曾有考論，推斷前三卷成書或早於卷四，並提出現存此書四卷本可能是在白玉蟾《群仙珠玉集》一卷本基礎上經後人不斷增添累加而“集成”的結果。他又認爲《尊道賦》極有可能在白玉蟾編輯《群仙珠玉集》時就已收録，並以白玉蟾將宋仁宗列入群仙之列説明其對宋朝皇帝尊道行爲的態度。[②]蓋先生在做此推論時，是默認宋仁宗即《尊道賦》作者的。《群仙珠玉集成》前三卷中所收作品的作者，除宋仁宗爲道外人士，其餘均爲金丹派南宗和全真教仙道人士，的確以南宗白玉蟾的作品爲最多。前三卷的作者中，年代最晚的是元代的陳致虚。陳致虚（生于一二九〇年，卒年不詳），字觀吾，號上陽子，是元代中期金丹、全真南北二宗合流時的重要道士。可以推斷，《群仙珠玉集成》一書的前三卷約在元代中期全真教南北宗合流之際成集，與《鳴鶴餘音》處於同一時代。因此，《尊道賦》一文與它的作者宋仁宗，從現有的資料來看，主張爲白玉蟾所編輯的結論，證據並不充分。

《鳴鶴餘音》與《群仙珠玉集成》前三卷皆成書於元代全真教南北宗合流之際，和

① 詳見王雲：《全真教歌辭文本〈鳴鶴餘音〉研究》，碩士學位論文，華東師範大學，二〇一五年，第三〇頁。
② 參見蓋建民：《道教金丹派南宗考論》，社會科學文献出版社，二〇一三年，第六三四頁。

宋仁宗所處之時代相距約三百年。與《鳴鶴餘音》相比，《群仙珠玉集成》在編纂形式上更爲系統謹嚴，對比二書所載《尊道賦》，並無異文，當出於同源。彭致中編《鳴鶴餘音》的初衷是"采集歷代仙真歌辭"[①]，《群仙珠玉集成》也是收録歷代相關仙真高道的作品。綜合以上所述，我們能够審慎地得出這樣的結論：二書對"宋仁宗"《尊道賦》的收録，除了保留了全真教曾借重仁宗的影響力宣教的證據，一定意義上也是承認了宋仁宗在自己的仙道體系之中。

二、《尊道賦》中"丫髻""化飯"的道士與全真教之關係

一般來説，如果不是刻意虛構或追溯古代，文學作品中所描摹之物件，會帶有其創作時代的特徵。細讀《尊道賦》，它的行文通曉流暢，頗多白描之處，其中既有對道人"蓬頭而跣足""丫髻以包巾"形象的描寫，也有對他們"携簞瓢而入鄽化飯"生活習俗的刻劃，這些都理應表現作者所處時代常見或已爲人熟知的道士特徵。

丫髻是梳在頭頂兩旁的髮髻，雙髻如丫形，又稱"雙丫髻"，類似的髪式又有"角髻""雙髽髻"之稱，多爲女子和童稚的髮式。如葛洪《神仙傳·劉安》載"八公皆變爲童子，年可十四五，角髻青絲，色如桃花"[②]，頗爲典型。追溯宋、唐以及更早時期流傳下來的畫作、出土陶俑等，雖然也見成年男子作雙髻，如宋人臨《北齊校書圖》畫卷右側手持書卷踞胡床的男子（附録圖一）[③]，又如二十世紀六十年代南京地區出土的南朝竹林七賢與榮啓期磚畫（現藏南京博物院）中的劉靈（即劉伶）、嵇康和王戎（附録圖二），人物髮式亦爲雙髻，然衹是作一種日常的打扮，而非道士身份。就筆者目力所見，宋仁宗時代的文獻中，詩人梅堯臣在其詩作《武陵行》中描述了頭作髽髻的桃花源裏隱者面貌：

> 豁然有田園，竹果相叢倚。厖眉髽髻人，倏遇心顔喜。尚作秦衣裳，那知漢名氏。自言逢世亂，避地因居此。[④]

---

① 彭致中輯：《鳴鶴餘音》，《道藏》第二四册，第二五六頁。

② 李昉等編：《太平廣記》卷八所引，云出自《神仙傳》，中華書局，一九六一年，第五二頁。

③ 《北齊校書圖》傳爲北齊楊子華所畫，歷來被認爲展現的是北齊天保七年（五五六）文宣帝高洋命樊遜等人刊定群書的情景。

④ 梅堯臣著，朱東潤校注：《梅堯臣集編年校注》，上海古籍出版社，二〇〇六年，第五六頁。朱東潤繫此詩爲仁宗明道二年（一〇三三）作。

這一形象顯然與前述南朝磚畫有一定的傳承關係，仁宗時期，丫髻髮型的成年男子當爲典型的隱士形象。

直到北宋後期，頭頂雙髻的成年男子形象似乎纔開始與道士身份接近起來，集中體現在對仙人鍾離權的描述中。《宣和書譜》載：

> 神仙鍾離先生名權，不知何時人，而間出接物，自謂生於漢，吕洞賓於先生執弟子禮，有問答語及詩成集。狀其貌者，作偉岸丈夫，或峨冠紺衣，或虬髯蓬鬢，不冠巾而頂雙髻，文身跣足，頎然而立，睥睨物表，真是眼高四海而游方之外者。自稱天下都散漢，又稱散人。[①]

鍾離權是唐五代時期内丹派道士，即後來形成的鍾吕八仙中的漢鍾離，其丹法被宋金時興起的金丹派南宗與全真教所祖述。引文中蓬鬢跣足、頭頂雙髻的形象正是鍾離權最爲後世熟知的典型外貌特徵。他自稱"天下都散漢""散人"，都是否定身份地位、拋却俗塵的表現。據浦江清先生《八仙考》論述，鍾離權傳説興起於宋仁宗慶曆之後，與吕洞賓傳説同時。[②]需要注意的是，《宣和書譜》中描述的鍾離權，是神仙而非世俗道士，且形象多變。因此，退一步説，即便在宋仁宗時期已出現鍾離權蓬鬢跣足、頭頂雙髻的形象，顯然也並非當時世俗道士的特徵。這種雙髻的髮飾當然也是繼承了六朝以來隱士的形象，成爲神仙鍾離權變幻莫測的外貌之一。

直到全真教興起，道士丫髻形象纔被賦予了宗教意義，並被廣爲接受，成爲全真教修行者的一種典型形象。金代全真道人所記《晋真人語録》中有《玄門雜寶十八問答》，對"全真""稽首珍重""道童""蓬頭""鬔髻""冠""袍""四褉""笠""條""遮袋""拐""鉢""鞋""來去""出家修行""日用"等十八種詞語都以詩作解，這十八詞是全真道人入教之初即應理解的日常裝扮，被賦予了與修行相關的特殊意義。《鬔髻》詩稱"鬔髻元是鍾離留，崑崙頂上安日頭"[③]，道出了全真道士鬔髻髮式的淵源正來自於被奉爲五祖之一的鍾離權。

全真教第二代掌教、王重陽的大弟子馬鈺留下了多首關於"丫髻"的詩詞，如《贈

---

① 佚名：《宣和書譜》，人民美術出版社，二〇一一年，第二〇一頁。
② 參見浦江清：《八仙考》，《清華大學學報》一九三六年第一期。
③ 晋真人：《晋真人語録》，《道藏》第二三册，第六九九頁。

丫髻姚玄玉》稱“丫髻之中，明藏兩吉，師名頂戴休更易。鍾離昔日亦如斯，姚公仿效寧無益”[①]，《贈靈一子》言“何先生，聽仔細。未到蓬頭，且梳丫髻。亦未到求乞殘餘，待悟來許你”[②]。這些證據都表明，全真教在初興起時，便曾有過髮式與修行關係的規定。至全真教入元盛大後，教衆遍及南北各地，丫髻已是民衆常見的教徒裝扮，在元明時期的文學作品中常能見到對這種典型裝束的描述。元代雜劇《瘸李岳詩酒玩江亭》是關於鍾吕八仙之一鐵拐李的神仙道化劇，劇中李岳對牛員外説“既然跟貧道出家去，更改了衣服，頭挽雙髽髻，身穿著粗布袍，腰繫雜彩縧，手拿漁鼓筒子，口念著《黄庭》《道德真經》”[③]，明代小説《西游記》第三十三回寫孫悟空變作一個老全真道人，稱他“頭挽雙髽髻，身穿百衲衣。手敲漁鼓簡，腰繫吕公縧”[④]，都極爲生動地呈現了這些作品創作時期民衆習見的全真道人形象。

同樣，《尊道賦》中描述的乞化之習也與全真教有關，托鉢乞化是全真道人的修行日常，《玄門雜寶十八問答》中關於“鉢”與“日用”的解詩如下：

> 一鉢千家飯，孤身萬里游。爲逃生死路，乞化度春秋。[⑤]
>
> 養性忘情爲日用，沿門乞化是生涯。來去自由無挂礙，清風明月作鄰家。[⑥]

《玄門雜寶十八問答》後有《水龍吟》詞描述了這種修行生活道：

> 本自出家離塵世，更不貪人間華利。髦頭垢面，終朝獨坐，内修活計。古廟窨龕裹，任教他、紅輪西墜。向無中認有，知白守黑，綿綿的，默調息。
>
> 心上别無縈擊。有腋袋、拄杖相隨。草鞋斷萎，精膁赤腿，羊皮遮體。饑後巡門，乞飽來時，唱哩嗹囉哩。任傍人笑道，呆痴懶漢，有誰人識。[⑦]

金世宗時，王重陽創立全真教，重内修心性外修功行，其制參照禪宗叢林清規，出

---

① 馬鈺：《漸悟集》卷一，《道藏》第二五册，第四五七頁。
② 馬鈺：《洞玄金玉集》卷八，《道藏》第二五册，第六〇九頁。
③ 王季思編：《全元戲曲》第七册，人民文學出版社，一九九九年，第十頁。
④ 世德堂本《西游記》，《古本小説集成》，上海古籍出版社，一九九四年，第八二二—八二三頁。世德堂本是目前已知《西游記》最早刻本，刊於萬曆二十年（一五九二）。
⑤ 《鉢》，《晋真人語録》，《道藏》第二三册，第七〇〇頁。
⑥ 《日用》，《晋真人語録》，《道藏》第二三册，第七〇〇頁。
⑦ 《晋真人語録》，《道藏》第二三册，第七〇〇頁。

家持戒，創教初期不重齋醮、不住宫觀，堅持苦行。王重陽有詩謂：

乞覓行符設藥人，將爲三事是修真。内無作用難調氣，外有勤勞易損神。不向本來尋密妙，更於何處覓元因。此中搜得長春景，便是逍遥出六塵。①

並於詩前言云："修行助饑寒者，唯三事耳：乞覓上，行符中，設藥下。空如此無作用，亦未是。"②他在《行香子・自咏》詞中自謂"有個王三，風害狂顛。弃榮華，乞化爲先"③。金大定七年（一一六七），王重陽往山東傳道，曾在寧海軍裝伴哥，在街市上乞化，背紙書二詩誘馬鈺同去乞覓。據此可知，乞覓化飯是自全真創教伊始便被强調的重要修行方式，這種修行方式在王重陽弟子以及其後的全真道人詩歌中也多有言及。④我們追溯文獻，全真教之前的傳統符籙道派，以及與全真教同時且皆爲内丹派的金丹南宗諸道人作品中，都找不到像這樣對乞化的描述。可知，道士乞食化飯之風，確是因全真教的宣導纔逐漸流行開來。

除"丫髻""化飯"的描繪，《尊道賦》一文中諸多叙述都不類宋仁宗時期的道教環境。北宋時期流行的道教尚具有明顯的官方性質。我們知道，宋代自開國後，至真宗時道教已盛，道人多住宫觀。《宋朝事實》載開寶五年（九七二）太祖下詔曰"冲妙之門，清静爲本。逮於末俗，頗玷真風，或竊服冠裳，寓家宫觀，所宜懲革，以副欽崇"⑤，仁宗朝也大致沿襲。從史料來看，與宋仁宗有過接觸的道士，多屬官方符籙教派。如天聖八年（一〇三〇）五月，詔龍虎山天師張乾曜赴闕，其孫張象中亦曾得到仁宗的召見，他們都因道法高妙受到仁宗的賞識與恩賜。⑥這些接受官方册封的天師派道

① 王嚞：《重陽全真集》卷一，《道藏》第二五册，第六九三頁。

② 王嚞：《重陽全真集》卷一，《道藏》第二五册，第六九三頁。

③ 王嚞：《重陽全真集》卷八，《道藏》第二五册，第七三四頁。

④ 專講乞化的詩詞，如馬鈺《蘇幕遮・在南京乞化》："穿茶坊，入酒店。後巷前街，日日常游遍。秖爲饑寒仍未免。度日隨緣，展手心無倦。願人人，懷吉善。舍一文錢，亦是行方便。休笑山侗無識見。内養靈明，自有長生驗。"（見馬鈺《漸悟集》卷下）詩詞中提及乞化的，如譚處端《神光燦》"無則巡門乞化，對人前休騁，俊雅風顛"、《西江月》"欲入全真門户，行住坐卧寂寥。存心乞化度中朝，塵事般般屏了"、《踏莎行》"存心乞化度朝昏，巡門喏諾須分付"（見譚處端《水雲集》卷中、下），馬鈺弟子王丹掛《心月照雲溪・贈趙德備》"憑乞化，做生涯，餘事絶論討"（見王丹桂《草堂集》），三于真人《满庭芳》"乞化前街後巷，安居住、古廟閑宫"、《誘薄眉》"晝夜無眠，粗衣淡飯足。乞化街頭，十方父母"、《满庭芳》"且任隨緣乞化，省多少、勞碌精神"（分别見於《鳴鶴餘音》卷二、三、六），等等，兹不一一臚列。

⑤ 參見李攸：《宋朝事實》卷七，文淵閣《四庫全書》第六〇八册，上海古籍出版社，一九八七年，第八三頁。

⑥ 參見趙道一：《曆世真仙體道通鑒》卷一九，《道藏》第五册，第二一一頁。

士，顯然並非《尊道賦》中所説“上不朝於天子，下不謁於公卿”的狀態。這些文本上的細節都足以説明宋仁宗並非《尊道賦》的作者。而這種遠離朝堂的狀態倒與早期全真教的狀態頗合。金據中原之後，全真創教，初始並未依附於朝廷，它所宣揚的正是這種除却凡塵之苦的修行。僞托宋仁宗作《尊道賦》，當有其明確的宣教目的。

三、僞托宋仁宗作《尊道賦》的原因試析

事實上，宋仁宗在位期間，並未做出比其父真宗更爲尊崇道教的舉措，《尊道賦》選擇托名仁宗爲作者，當有其更深層的原因。除了仁宗治道在民間跨越朝代的長遠影響，仁宗爲赤脚大仙轉世等傳説也早已深入民心。所有這些因素，使得他的名號在當時的道教徒看來，頗有影響與宣傳之力。

宋仁宗十三歲即位，在位共四十二年，是頗爲仁德的守成之君，他在位期間寬仁恭儉，天下安泰，及其駕崩，民衆哭之如喪考妣。《邵氏聞見録》卷二載：

仁宗皇帝嘉祐八年三月二十九日升遐，遺詔到洛，伯温時年七歲，尚記城中軍民以至婦人孺子，朝夕東向號泣，紙烟蔽空，天日無光。時舅氏王元修自京師過洛，爲先公言京師罷市巷哭，數日不絶，雖乞丐者與小兒皆焚紙錢，哭於大内之前。又有周長孺都官赴劍州普安知縣，行亂山中，見汲水婦人，亦載白紙行哭。[①]

從這段記載中，大略可見民心所向。北宋覆亡，宋室南渡之後，隨着高層對“祖宗之法”和仁宗慶曆、嘉祐之治的推崇，更促使了仁宗成爲民間至爲懷戀崇拜的君主，這一時段也恰是全真教初創之時。

宋室南渡後，將亡國罪責歸咎於王安石推行的新法[②]，尊奉嘉祐之政爲典範，高宗建炎三年（一一二九）的敕書即“首稱遵用嘉祐條法”[③]。在民間，受官方意識的主導，對仁宗之治的推崇同樣積極熱烈，這一點從江西豐城地區出土的《宋故李君墓誌銘》中可見一斑。墓主李安仁生於北宋神宗元豐二年（一〇七九），卒於徽宗宣和六年

① 邵伯温：《邵氏聞見録》卷二，中華書局，一九八三年，第一六頁。

② 《宋史》卷三八一《王居正傳》載宋高宗語：“安石之學，雜以伯道，欲效商鞅富國强兵，今日之禍，人徒知蔡京、王黼之罪，而不知生於安石。”中華書局，一九八五年，第一一七三六頁。

③ 胡寅：《斐然集》卷二五《先公行狀》，文淵閣《四庫全書》第一一三七册，第六五七頁。關於“嘉祐之治”，可參看曹家齊：《“嘉祐之治”問題探論》，《學術月刊》二〇〇四年第九期。

（一一二四），葬於南宋高宗建炎二年（一一二八），即宋室南遷的第二年。他應是當地普通鄉紳階層的一員，事迹並不見載於傳世史料中。和一般墓誌主要記録墓主行實功德等内容不同，李安仁的墓誌中關於墓主生平的叙述並不占主要部分，却通篇贊頌仁宗之德、“嘉祐、慶曆風俗之美”[①]，末尾的銘文更是直接稱頌其帝王功績：“考晋詩，知唐風。讀君銘，知我仁廟養育天下之功。嗚呼！余銘無愧於聖澤之形容。”[②]而墓主本人實際上生活在神宗、哲宗、徽宗三朝，可以説，墓誌的内容不過是對墓主在世生活之前所謂“黄金時代”的嚮往和追憶。這方墓誌爲南宋初期民間對仁宗和其“嘉祐之治”的態度提供了鮮活的案例。可見，無論是否後人爲打壓新法有意無意抬高了仁宗時期的治道[③]，南宋以來官方和民間態度確是一致地推許仁宗之治。而興起於北方的全真教在南傳的過程中，以托名仁宗之筆的《尊道賦》作爲其宣教的旗幟，顯然能够被多數百姓接受和歡迎。[④]

除了慶曆、嘉祐之治的所謂“盛世”的影響，宋仁宗與道教密切相關的降生傳説在民間也廣泛流傳，其中影響較大的是赤脚大仙轉世的説法。[⑤]張師正著《括異志》卷一“樂學士”條言：

> 樂學士史，景德末爲西都留臺御史。嘗夢一人，具冠服，稱帝命來召。共行十餘里，俄見宮闕壯麗，殆非人世。因問使者，云：“此帝所也。”既陛見，帝謂曰：“而主求嗣，吾爲擇之，汝姑伺此。”少選，導一人至，氣色和粹，似醺酣狀。帝謂曰：“中原求嗣，汝往勿辭。”即頓首祈免者再三。帝曰：“往哉，惟汝宜。”遂唯而去。旁拱立者謂史曰：“此南岳赤脚李仙人也，嘗酣於酒。”帝急呼史至前曰：“適見者，主之嗣也。”寤而識之。既而密以聞，具述所夢，曰：“宫中不久有甲觀之慶。”明年神文誕聖。退安處士劉易曾嘗記斯事。[⑥]

---

① 熊方：《宋故李君墓誌銘》，載朱明岐、戴建國主編《明止堂藏宋代碑刻輯釋》，中西書局，二〇二〇年，第二四頁。

② 熊方：《宋故李君墓誌銘》，載朱明岐、戴建國主編《明止堂藏宋代碑刻輯釋》，第二五頁。

③ 參見張邦煒：《“嘉祐之治”：一個叫不響的命題》，《四川師範大學學報》（社會科學版）二〇二一年第一期。

④ 南宋時期，全真教傳入江西。據道教内部文獻《太平山道譜》記載，宋理宗紹定六年（一二二三），武寧縣順義鄉人章哲自武當山學全真道歸來，辟荒結庵修煉於太平山，招收弟子，創立玄門廣惠派。此或是江西境内創立的最早全真教派。參見陳金鳳：《宋元明清時期江西全真道發展述論》，《宗教學研究》二〇〇七年第二期。

⑤ 另有附會燧人氏、青衣童持書夢兆等，但記載文獻不多。

⑥ 張師正：《括異志》，中華書局，一九九六年，第四—五頁。

張師正活躍於仁宗時期，他的記載正説明仁宗爲赤脚大仙轉世的傳説很早便流傳開來。樂史卒於景德四年（一〇〇七）[①]，宋仁宗誕於大中祥符三年（一〇一〇）[②]，所謂樂史之夢，顯然是小説家演繹之言。又王明清《揮塵後録》卷一引《鄧公家録》載：

章懿李后初在側微，事章獻明肅。……后奏："昨夕忽夢一羽衣之士，跣足從空而下云：來爲汝子。"時上未有嗣，聞之大喜，云："當爲汝成之。"是夕，召幸有娠。明年誕育昭陵。昭陵幼年，每穿履襪，即亟令脱去，常徒步禁掖。宫中皆呼爲赤脚仙人。赤脚仙人，蓋古之得道者李君也。[③]

赤脚大仙的稱號或因仁宗幼時喜赤脚而來。類似的記載，又見於宋張端義《貴耳集》、趙溍《養疴漫筆》、陳田夫《南嶽總勝集》以及宋末元初吴元復《湖海新聞夷堅續志》等文獻。道書中也專有載録，《歷世真仙體道通鑑·李仙人》内容較《括異志》多出仁宗歸天時的描述[④]；《玄天上帝啓聖録》載仁宗降生前真武降言"今爲吾傳報宋朝天子：三月桃花景色天，萬般真瑞一時妍。金枝寶運重新令，仲節當迎赤脚仙"[⑤]。元末明初成書的小説《水滸傳》引首亦道"這仁宗皇帝，乃是上界赤脚大仙"[⑥]云云，小説在民間的受衆自然更加廣泛。由宋至元明，筆記、野史、佛書、道書、小説中屢見不鮮的相關記載，恰恰説明了宋仁宗爲赤脚大仙之的降生故事流傳的盛行。顯然，將這樣一位在後世傳説中與道教關係極爲密切的君主附會上一篇全真色彩濃厚的《尊道賦》，無異於全真教傳播和接受過程中的一劑"催化劑"，尤其在南宋疆域内。故此，前文也已言明，全真教徒一定意義上是將宋仁宗納入自己的仙道體系之中的。

餘 論

宋仁宗關於道釋的文章，《全宋文》收録的作品中除《尊道賦》，尚有《老子贊》

① 昌彼得、王德毅等編：《宋人傳記資料索引》，鼎文書局，一九八〇年，第三八二七頁。
② 《宋史》卷九《仁宗紀》，第一七五頁。
③ 王明清：《揮麈録》卷一，中華書局，一九六一年，第五四頁。
④ 趙道一：《歷世真仙體道通鑑》卷四八，《道藏》第五册，第三七九頁。
⑤ 佚名：《玄天上帝啓聖録》卷三，《道藏》第一九册，第五八八頁。
⑥ 施耐庵：《水滸傳》引首，人民文學出版社，一九九七年，第二頁。

及《天聖廣燈録序》、《三寶贊》（《贊佛》《贊法》《贊僧》）、《放生文》等若干篇。《三寶贊》録自高麗時期大覺國師義天（一〇五五至一一〇一）所輯《圓宗文類》，又見於《緇門警訓》卷四。《天聖廣燈録》由李尊勖（九八八至一〇三八）撰寫於宋仁宗天聖七年（一〇二九），是旨在通明法統的燈録作品，景祐三年（一〇三六）仁宗賜序，雖然不能確定此序是否爲大臣代筆，文中的觀點應是仁宗認可的。從這兩種與佛教相關的文章也可以得知，宋仁宗對待佛教的態度並非如《尊道賦》中所言。而《老子贊》①一文，録自成書於明代的《三教源流搜神大全》，其内容在南宋蕭應叟撰《元始無量度人上品妙經内義》、南宋謝守灝編《混元聖紀》中都有載録，皆題爲唐玄宗所製。至元代苗時善著《純陽帝君神化妙通紀》中已見"宋仁宗贊云'東訓尼父，西化金仙'"②的説法，可知《老子讚》題爲宋仁宗作，當是後人訛傳或有意改之。與此類似的是，《道藏》本《翊聖保德真君傳》的序言也題爲宋仁宗製，且在序文中對翊聖保德真君的封號進行了相應的更改，而張君房進宋仁宗的《雲笈七籤》中《翊聖保德真君傳》的序言明確署爲宋真宗所製。這些後來改换作者爲仁宗的文章，其目的與《尊道賦》的托名應當如出一轍，都是道教曾在宋代以後借重宋仁宗之名宣揚教派的佐證。

"宋仁宗"《尊道賦》在當年所起到的説服力和號召力具體如何已不得而知，然而，可以肯定的是，它對全真教在發展時期吸引教衆、擴大教派的影響力，以及在與佛教的競争中争取更多的信衆，顯然起到了相當積極的作用，有助於使全真教的教義、規範等在民間得以廣泛傳播，從而成爲由北至南蔚爲大觀之道教勢力。直至明代，《西游記》《西洋記》《封神演義》等頗爲流行的小説中對此賦都曾加以引用。正因如此，我們今天在審視《尊道賦》這篇文獻的時候，除去祛妄抉疑，更應該努力探尋這一現象背後所隱藏的深刻歷史文化之内涵。

（作者單位：衢州學院）

① 原文如下："大哉至道，無爲自然。劫終劫始，先地先天。今光點點，永劫綿綿。東訓尼父，西化金仙。百王取則，累聖攸傳。衆教之祖，玄之又玄。"《全宋文》卷九八四，第四六册，第二一頁。

② 《道藏》第五册，第七〇七頁。

沈欽韓《三國志補注》校勘記

劉國宣

内容摘要： 沈欽韓《三國志補注》是清代《三國志》研究史上的重要著述，始終以稿鈔本行世。本文以國家圖書館藏鈔本爲底本，校以上海圖書館藏稿本及其書之徵引文獻，彙列整理沈撰《三國志補注》的校勘條目，計一百一十七條。

關鍵詞： 沈欽韓；《三國志補注》；校勘；清代史學

沈欽韓（小宛，一七七五至一八三一）向被劃歸爲清代樸學之吴派中人，《清儒學案》將他置諸惠棟與陳奂之間，視之爲吴派承先啓後之人，[①]所依據的正是他在經史考證上的傑出成就。包世臣稱欽韓"淹通群經，尤長《禮》與《春秋》；擘擘諸史，尤熟於志；旁及百家故記，官書野乘，古今專集彙集，類鈔札記"，"博聞兼綜，同符顧、錢，以言識大，雖略後亭林，而精則過之。又文采鴻曜，非二君自完邊幅者比"。[②]欽韓自道所學，曆算以外，"其他事理，皆能根究"；又列舉平生著述，稱"所著《漢書疏證》、《左傳補注》、《水經注疏證》、《昌黎》《半山》二集注、《三國志補注》、《范石湖集注》、《駁王施查三家蘇詩注》，皆攻故記之謬，發新聞之秘"[③]，蓋視《三國志補注》爲得意之作也。

嘗試論之，迄於有清以前，《三國志》始終未曾取得與《史記》、兩《漢書》等同的地位。先唐時期，不過與南北朝諸正史相仿佛，當時"三史"爲顯學，而《三國志》

---

① 按：《清儒學案》稱"吴中學派，定宇（惠棟）前茅，南園（陳奂）後勁，先生其中權矣"。語見徐世昌等編，沈芝盈等點校：《清儒學案》，中華書局，二〇〇八年，第五二九三頁。

② 包世臣：《藝舟雙楫》卷四《皇清敕授修職郎安徽寧國縣學訓導沈君行狀》，載《藝林名著叢刊》，世界書局，一九三五年，第六九頁。

③ 沈欽韓：《幼學堂文稿》卷七《與劉孟瞻書》，上海圖書館藏清嘉慶十八年（一八一三）刻道光八年（一八二八）增修本，第二十九葉B面至第三十葉A面。

不與焉。宋明史學與理學頡頏演進，正統争競、以史資治等史學意識的凸顯，使當時的《三國志》研究，圍繞於史書改撰與歷史批評兩方面，前者如宋蕭常、元郝經、明謝陛先後結撰同名的《續後漢書》，後者如晚明陳仁錫評刻的意在“資治”的《三國志》，使《三國志》與《史》《漢》並重，且得到精密深入的注解闡釋，端賴清人的學術實踐。《三國志》史學地位之卑弱、既有研究之空疏，給予清代學者以廣闊的探討空間。清人一洗舊習，將研究興趣轉向於回溯原典，對《三國志》與裴注進行精密審慎的文獻考證，包括文本校勘、語詞名物訓詁、地理職官考釋、史實書法闡發等等，研討内容大爲擴充，務在細節方面超越前代，取得的學術成就遺惠後世至爲深鉅。[①]近人鄭天挺先生稱舉清人《三國志》研究，“以陳少章景雲、何義門焯、杭大宗世駿、趙東潜一清爲較先。各補遺逸，並有發明”[②]，而沈欽韓《三國志補注》誠能接其芳踵，啓迪將來。

欽韓以《兩漢書疏證》著聲清代學林，《三國志補注》實可目爲《疏證》之續作。按沈氏自序，此書之結撰，蓋有鑒於裴松之注“不可曉者甚夥。郡縣鎮戍之名，僅見於一時，名物訓詁之類，理絶於旁通，此松之所闕，而不容不補者也”，是以其撰述初衷，原有“《訓詁》八卷、《釋地理》八卷”[③]，故《清史稿・藝文志》著録沈欽韓撰“《三國志補注》十六卷”。然核其實，其書“《釋地理》”部分全佚，僅餘“《訓詁》”，《清史稿・藝文志》謬矣。

存世的沈撰《三國志補注》有兩種，即分别藏庋於上海圖書館的稿本（索書號“綫善756307”）與國家圖書館的鈔本（索書號“04308”）。二本均四卷，首尾完具，當屬全帙：（一）稿本二册，凡九十九葉，每半葉十行，行二十一至二十四字不等。格紙由雕版印製，版心下手題“織簾選著”。正文卷端首行頂格題“三國志補注”，題下署“吴沈欽韓撰”。卷帙依次爲《訓詁二之一》《訓詁二之二》《訓詁二之三》《訓詁二之四》。無序跋，無鈐印。察驗墨迹，必出沈氏手録無疑。（二）鈔本二册，計一百三十六葉，每半葉十行，行二十四字。全書工楷抄録。卷帙、條目以至格式皆據稿本而頗有修訂。卷首鈐“霜厓秘笈”（朱文圓印）、“瞿安眼福”（白文方印），證其書經長洲吴梅（字瞿安，號霜厓，一八八四至一九三九）寶藏。又據王欣夫《蛾術軒篋存善本書録》[④]，

① 説詳拙文：《繼往開來的急就章：杭世駿〈三國志補注〉平議》，《書目季刊》第五十五卷第四期。

② 鄭天挺：《景印〈三國志注補〉序》（一九三六），《清史探微》（第二版），北京大學出版社，二〇一一年版，第一六六頁。

③ 沈欽韓：《幼學堂文稿》卷六《三國志補注序》，第二十二葉B面。

④ 按王欣夫曰：“一九三六年夏，與吴瞿安表兄各以暑假返里，余携新得明刻沈璟《紅渠記》訪之，瞿安詫爲未見孤本。適案頭置是書，因乞互借讀之。”王欣夫撰，鮑正鵠、徐鵬整理：《蛾術軒篋存善本書録》，上海古籍出版社，二〇二一年，第八六七頁。

知此書後由吴梅轉歸王氏學禮齋。正文之下，間附按語，雙行小字，偶署“浩案”，不識其人爲誰。

筆者年來於授課之餘，專力編校《沈欽韓全集》，《春秋左氏傳補注》《地名補注》《三國志補注》《范石湖詩集注》諸書業已陸續董理蔵事，《兩漢書疏證》亦具雛形；《三國志補注》即以國圖所藏鈔本爲底本，校以上圖所藏稿本及其書之徵引文獻。校畢之日，適逢嚴師佐之先生壽辰。今值華師古籍研究所創立四十周年，因其書稿，彙其校記，草就小文，以爲紀念，亦盼大雅方家指正爲幸。懷想當年求學之日，仰受諸師教誨之恩，兼享友朋同學之樂，如今衹堪追憶。自知校文讎字，非時之尚，曲學阿世，己所不能，庸庸碌碌，深負師友之期待，心中愧怍又幾何哉！

一、《訓詁二之一》

［一］《武帝紀》注：“城陽景王劉章云云。”《補注》據應劭《風俗通》《後漢書・劉盆子傳》言：“則景陽房祀由來已久。”按“景陽”稿本作“景王”，是也。

［二］《武帝紀》：“置旄頭。”《補注》引《爾雅・釋畜》：“犣牛，旄也。”“旄也”，稿本作“旄牛也”。按《爾雅》，稿本爲是。

［三］《武帝紀》：“乘金根車，駕六馬，設五時副車。”《補注》引《宋書・禮志》“五色安車、五色立車名五乘”語爲證，按《宋書》，“名”當作“各”。

［四］《文帝紀》：“臣妾遠近，莫不鳧藻。”《補注》引《楚辭・天問》王逸注爲證，鈔本作“王逸《天問》曰”，稿本作“王逸注《天問》曰”，稿本爲是。

［五］《文帝紀》注：“石可破而不可奪堅。”《補注》曰：“語見《吕氏春秋・誠廉論》。”按“誠廉論”稿本作“誠廉篇”，是也。

［六］《文帝紀》注：“遭無妄厄運之會。”《補注》據《隋書・五行志》所引京房《易飛候》語爲説，“《易飛候》”，鈔本脱“飛”字，當據稿本、《隋書・五行志》補。

［七］《文帝紀》注：“蓮莆未生庖厨。”《補注》引《太平御覽》卷八〇《帝王世紀》“厨中自生肉脯，如䨲形”云云。按沈兼士《廣韵聲系》：“蓮、䨲，並又所洽切。”是“蓮”“䨲”可相通假。

［八］《文帝紀》：“孔子歷級而救之。”《補注》引《吕氏春秋・安死篇》“孔子……歷級而上以寶玉收”云云爲證，按稿本“歷級而上”下有一“曰”字。據《吕氏

春秋》，稿本爲是。

［九］《文帝紀》："此時人所謂洿澤也。"稿本同。據《三國志・魏書・文帝紀》，"時人"當作"詩人"。《補注》引《政和本草》"容三升物展縮"爲證，今按《重修政和經史證類備用本草》卷一九"鵜鶘嘴"條，"三"當作"二"。

［一〇］《文帝紀》："立太皇帝廟。"《補注》曰："文帝之高祖處士、曾祖高皇、帝太皇帝共一廟。"按"帝太皇帝"，稿本作"祖太皇帝"，是也。

［一一］《文帝紀》注"感惟南風"條。按該條鈔本闕，據稿本補。

［一二］《文帝紀》注："感車之速征。"稿本作"感容車之速征"。按《三國志・魏書・文帝紀》，稿本是也。

［一三］《文帝紀》注："使淳于意去其故方，更授以秘術。"《補注》曰："《史記・倉公傳》：'……《五色》……'"按"《五色》"，稿本作"《五色診》"。據《史記・倉公列傳》，稿本爲是。

［一四］《明帝紀》注："識逆以去就。"按稿本"逆"字下有"順"字，據《三國志・魏書・明帝紀》，稿本是。

［一五］《明帝紀》："善爲國者，必先治其身。"《補注》引《吕氏春秋・執一篇》"詹子豈以國無可爲哉"。按"無可爲"，稿本作"可無爲"。據《吕氏春秋》，稿本是。

［一六］《明帝紀》："神農演之爲六十四。"《補注》引《周易正義》"王輔嗣等以爲伏羲畫卦"，稿本同。按《周易正義》，"畫卦"當作"重卦"。

［一七］《三少帝紀》："以司隸校尉王祥爲司空。"《補注》曰："《晋書》：'祥爲太常爲司空。'"按"爲太常"，稿本作"由太常"。據《晋書・王祥傳》，稿本是也。

［一八］《三少帝紀》："五年乙卯。"《補注》曰："按此五年即延熙元年也。"按"延熙"，稿本作"咸熙"，是也。

［一九］《三少帝紀》："武陵邑侯相嚴等。"《補注》曰："《續繁長張禪等題名》有'夷侯'……"稿本與之同，據《隸釋》所載《東漢繁長張禪等題名碑》，"續"當改作"漢"。

［二〇］《董卓傳》注："不究高宗眉壽之祚。"《補注》引《論衡・氣壽篇》"高宗享國百年，周穆王享國百年，並未享國之時，皆出百三十四歲矣。"稿本同。按《論衡・氣壽篇》，"三十四"當作"三十四十"。

［二一］《董卓傳》注："牛輔常把辟兵符。"《補注》引《抱樸子・雜應篇》有所謂"螢火丸"，稿本同。據《抱樸子・雜應篇》，"螢"當作"熒"。

［二三］《董卓傳》注："祠祭六丁。"《補注》曰："宋《崇文綱目》有《祭六丁神法》一卷。"稿本"綱"作"總"，是也。又引史容《黄山谷外集注》："《老君六丁圖符》：'……丁酉神成文公……'"稿本同。據黄庭堅《山谷外集》，"《老君六丁圖符》"當改作"《老君六甲圖符》"，"成文公"當改作"臧文公"。

［二四］《董卓傳》注："以錐畫示有文字。"據稿本及《三國志・魏書・董卓傳》，當改作"乃以錐畫"。又此條後附按語："按今以錐畫印，言其草率也。"

［二五］《董卓傳》注："袁爲黄胤。"《補注》曰："《魏書・張淵傳》：'……示揖讓而舜……'"稿本同。據《三國志・魏書・張淵傳》，"舜"當改作"受"。

［二六］《吕布傳》："給并州，刺史丁原爲騎都尉，屯河内。"《補注》曰："按文'都尉'二字衍，布給原爲騎吏耳。"按《三國志・魏書・吕布傳》："以驍武給并州。刺史丁原爲騎都尉，屯河内，以布爲主簿，大見親待。"蓋《補注》以"并州刺史丁原"連讀，故生此誤解。"騎都尉"謂丁原，"都尉"二字不衍。

［二七］《公孫瓚傳》注："皂囊施檢。"鈔本引《漢官儀》："凡表章皆啓封，其言密事，得皂囊也。"按稿本無引文，作"尚書所下制書，及臣吏上封密事，皆皂囊盛之"。

［二八］《公孫度傳》注"芝艾俱焚""改案爲槽"二條，鈔本俱脱，據稿本補。

［二九］《公孫度傳》注："仕於家者，二世則主之，三世則君之。"《補注》引《説苑・復恩篇》有所謂"其家臣有敢從者死"，按稿本"其家臣"上有"命"字。據《説苑》，稿本是也。

［三〇］《張魯傳》注："張修、駱曜教民緬匿法。"《補注》引《隋書・經籍志》有所謂"告白神祇一二七日而止"。按《隋書・經籍志》原作"告白神祇，晝夜不息，或一二七日而止"。

［三一］《夏侯惇傳》："人有辱其師者，惇殺之。"《補注》引《周禮・調人》注："謂父母、兄弟、師長當辱焉而殺之者。""當"，稿本作"嘗"。按《周禮》鄭玄注，稿本爲是。

［三二］《曹爽傳》注："柏人、彭亡之文。"《補注》引《元和郡縣志》："彭亡城，亦名平無城。彭祖家於此而死，故曰。"稿本"故曰"下有"彭亡"二字，是也。

［三三］《夏侯玄傳》："秦時無刺史。"《補注》引《漢官舊儀》有所謂"丞相初置史員十五人"，稿本同。據《漢官儀》，"史"當改作"吏"。

［三四］《夏侯玄傳》："漢文雖身衣弋綈。"《補注》曰："黓，皂也。"稿本此句上有"廣韵"二字，應據補。

［三五］《夏侯玄傳》注："護軍總統諸將。"《補注》曰："《宋書志》：'魏武爲相，以韓浩爲護軍，史渙爲領軍，……魏初，因置護軍……'"稿本同。按"史渙"，《宋書・百官志》作"史奂"；"護軍"，《晋書・職官志》作"護軍將軍"。

［三六］《夏侯玄傳》注："李豐兄弟如游光。"《補注》曰："《續漢禮儀志》：'壄仲、游光，兄弟八人，恒在人間作怪害也。'"按稿本作"《續漢禮儀志注》云云"，是也。

［三七］《夏侯玄傳》："有詐作尺一詔書。"《補注》曰："《六典》注：'《漢舊儀》曰：以武都紫泥封，青布囊，白素裏，兩端縫……'"按王國維《簡牘檢署考》曰："《續漢志》《通典》諸書所引'縫'上皆有'無'字，殆《六典》誤也。"

［三八］《邴原傳》："太祖欲求合葬。"《補注》引《周禮・媒氏》注："嫁殤者，謂死人也。"稿本"死人"上有"嫁"字，按《周禮》鄭玄注，稿本爲是。又引"康譽之《乍夢録》"，稿本同。據《四庫全書總目》卷一四三，"《乍夢録》"當改作"《昨夢録》"。

［三九］《蔣濟傳》："弊攰之民。"《補注》引《玉篇》："攰，枯勒也。"稿本作"枯勒切"。按《玉篇》，稿本是也。

［四〇］《劉放傳》注："還至馬邑故城。"《補注》曰："按田豫、牽招、鮮卑諸傳俱云'馬城'，馬城屬代郡，非雁門郡置馬邑也。"按《資治通鑑》卷五〇胡三省注已云："余按《續漢志》《搜神記》所云乃雁門郡之馬邑，此乃代郡之馬城。"

二、《訓詁二之二》

［一］《司馬朗傳》："遭陽九之會。"《補注》引張世南《游宦紀聞》："王猩跋《肘後備檢論》云：'桓、靈卑弱，得陽九之數十。'"稿本同。按《游宦紀聞》卷七，"得陽九之數十"當作"得陽九之數九"。鈔本此句下有小注云"十字疑衍"，説誤。

［二］《梁習傳》注："（劉類）善修人事。"《補注》引《唐會要》卷七十九：

“大中三年，敕如句朝臣出使外藩……”按《唐會要》，“句”當作“聞”。

［三］《賈逵傳》注：“爲作長檄。”《補注》注曰：“此乃檄移書傳告郡縣。”稿本無“檄”字，是也。

［四］《蘇則傳》：“槎桎拔，矢鹿。”《補注》曰：“蓋竹本木格圈鹿者。”按稿本“竹”字下無“本”字，是也。

［五］《杜畿傳》：“爲司空司直。”《補注》曰：“《漢書·百官表》：‘武帝元狩五年初，置司直，秩比二千秩石。’”“二千秩石”，稿本作“二千石”。按《漢書·百官公卿表》，稿本爲是。

［六］《杜畿傳》注：“嘗從畿求大棗。”《補注》引《政和本草》：“大棗，陶隱居云，河東猗氏縣棗特異。”稿本“陶隱居云”下有“舊云”二字。按《政和本草》，稿本是也，據補。

［七］《李典傳》：“卿欲慕耿純邪。”《補注》引《後漢書·耿純傳》“奉迎於育”句下曰：“‘育’，是‘貫’之訛。”按此爲《補注》自注，鈔本誤入正文，稿本不誤。

［八］《陳思王植傳》注：“《吕氏》、《淮南》，字直千金。”《補注》引《西京雜記》：“一出一入，字直千金。”按《西京雜記》，“千金”實作“百金”。

［九］《王粲傳》注引《嵇康别傳》：“《廣陵散》於今絶矣。”《補注》曰：“《御覽》五百七十七《文士傳》曰：‘嵇康……爲《太引平》。”“《太引平》”，稿本作“《太平引》”，按《太平御覽》卷五七七，當據稿本乙正。次引《太平御覽》卷五七九《靈異志》而脱去“靈”字。又曰：“《世説》：‘……嵇中散謂賀云卿手下極快，但放古法未備。”按《世説新語·雅量篇》，“放”當作“於”，形近致訛耳。

［一〇］《陳泰傳》：“修櫓轒輼。”《補注》引《通典》所録《李衛公兵法》：“奔火木石，所不能敗。”稿本同。按《通典》卷一六〇，“奔”當作“金”。

［一一］《衛臻傳》：“干木偃息，義壓强秦。”《補注》曰：“《吕氏·期賢篇》：……司馬唐諫曰秦君……”“諫曰秦君”，稿本作“諫秦君曰”。按《吕氏春秋》，稿本是也。

［一二］《常林傳》：“林叔父撾客。”《補注》引《南史·顔師伯傳》：“師伯子舉周旋寒人張奇爲公車公。”“公車公”，稿本作“公車令”。按《南史》卷三四《顔師伯傳》，稿本是也。

［一三］《杜襲傳》：“不爲鼷鼠發機。”按稿本於該條無説，疑注文不出欽韓之手。

［一四］《趙儼傳》："今羽已孤迸。"按"羽"字鈔本刊削，代之以"□"，兼附小注云："□，武聖諱號。"稿本不諱。

［一五］《裴潛傳》注："嘗以職事當受罰。"《補注》據《南史·蕭琛傳》曰："觀此則事郎杖罰相承已久。""觀此則事"不辭，當據稿本乙正作"觀此事則"。

［一六］《楊阜傳》："被縹綾半褎。"按梁章鉅《三國志旁證》引張照説："'褎'即古'袖'字。"

［一七］《高堂隆傳》："玉臺瓊室。"按該條鈔本闕，據稿本補。

［一八］《高堂隆傳》："掇録授能。"《補注》曰："謂天移符録，別授他姓之別能者。"按"他姓之別能者"，稿本無"別"字，是也。

［一九］《高堂隆傳》："宣帝承以十郎。"《補注》引《漢書·儒林傳》："上愍《穀梁》學絶，迺以蔡千秋爲郎中户將，選郎十人從授。""授"，稿本作"受"。按《漢書·儒林傳》，稿本是也。

［二〇］《滿寵傳》："此兵之窪地也。"《補注》據《六韜·戰騎篇》爲證，誤將"戰騎"倒作"騎戰"，當乙。

［二一］《王昶傳》："盤杅有銘，几杖有誡。"《補注》據《漢書·藝文志》"雜家"類爲證，鈔本誤作"藝文雜志家"，稿本不誤。

［二二］《鄧艾傳》："艾爲區種。"《補注》引《齊民要術》所載《氾勝之書》："秋收秋收，區別三升粟。""秋收"，鈔本、稿本均重出，據《齊民要術》卷一《種穀》，應删其一。

［二三］《鍾會傳》："蜀相牡見禽於秦。"《補注》引《華陽國志》："周赧王元年，……以陳壯爲蜀相。""陳壯"，鈔本、稿本俱作"陳牡"。據《華陽國志》卷三《蜀志》改。鈔本此段末原附按語："浩案：《華陽國志》作'陳壯'，今志作'牡'，而《補注》稿上或作'牡'，或作'壯'，疑有訛書。"宣按：《華陽國志》例作"陳壯"，與《魏志》異。蓋欽韓引録偶誤耳。

［二四］《華佗傳》："其人盛怒則差。"《補注》曰："與《吕覽》文摯事相類，詳《後漢書疏證》。"檢《後漢書疏證》卷九"佗以爲盛怒則差"條曰："此與《吕氏春秋·至忠篇》文摯治齊王同。《御覽》七百三十八《物理論》又以爲扁鵲。"

［二五］《管輅傳》："惟以梳爲枇耳。"《補注》引《釋名》："比，言細相比也。"鈔本、稿本同。按《釋名》，"比"當作"枇"。

［二六］《管輅傳》注："世有軍事，則感鵽雉先鳴。"《補注》引《淮南子·泰

族訓》“人主有伐國之制”，鈔本、稿本同。按“伐國之制”，《淮南子》作“伐國之志”。又按欽韓有云“精氣之動也”，實本《淮南子》高誘注：“鷄夜鳴而兵馬起，氣之感動也。”

［二七］《濊傳》：“作八條之教以教之。”《補注》引《漢書·地理志》有所謂“相殺以當時償”，稿本“償”字下有一“殺”字。按《漢書·地理志》，稿本爲是。

三、《訓詁二之三》

［一］《蜀漢志》：按稿本原作“蜀志”，鈔本既變亂《三國志》舊文，且非欽韓本意，應據稿本改還。又“《昭烈帝傳》”題下附有按語曰：“浩案：陳壽志稱‘《先主傳》’，因晋承魏統，斥蜀爲僞朝也，然志中實用本紀體。今竟從《綱鑑》，予以正統，改稱‘紀’。”是又落於争競正統之舊窠，其後“《後主傳》”，鈔本亦改作“《後主紀》”。今皆據稿本，予以改還。

［二］《甘皇后傳》：“常攝内事。”《補注》引《白虎通》：“後説曰：嫡死，不復更立嫡，明嫡無二，防篡煞也。”鈔本、稿本同。按《白虎通》卷一〇《嫁娶》，“後説曰”當改作“或曰”。

［三］《諸葛亮傳》：“躬耕隴畝。”《補注》引《抱樸子·外篇》有所謂“義不使高世之士辱於污君之傳”，鈔本、稿本同。按《抱樸子·外篇二·逸民》，“傳”當作“朝”。又按俞樾《曲園雜纂》卷五二《讀〈抱樸子〉》曰：“此孔明非諸葛武侯也，乃胡昭之字。”是欽韓誤矣。《胡昭傳》附《三國志·魏書·管寧傳》。

［四］《諸葛亮傳》注：“性好結毦。”《補注》：“《通俗》：‘毛飾曰毦，稍上垂毛亦曰毦。’”鈔本、稿本同。按《補注》引文實出《通俗文》。

［五］《秦宓傳》：“成湯大聖，睹野魚而有獵逐之失。”《補注》：“《淮南·泰族訓》：‘湯之初作囿也，以奉宗廟鮮犞之具。’野魚事未詳。”按稿本“鮮犞之具”下有“犞同犒觀”四字，爲鈔本所脱，其中“犞同犒”爲欽韓自注小字。據此，應補作“‘犞’同‘犒’，觀野魚事未詳”。

［六］《彭羕傳》：“體公劉之德行，勿翦之惠。”《補注》：“‘翦’與‘踐’通用。《玉藻》：‘凡有血氣之類，弗身踐也。’注：‘踐，當翦，聲之誤也。”“當翦”，稿本作“當爲翦”。按《禮記》鄭玄注，稿本是也。

［七］《孟光傳》：“如博士探策講試。”《補注》：“試博士者，有對策、射策

之分。……有欲射者，隨所其取，得而釋之，以知優劣。"“隨所其取”，稿本作“隨其所取”，是也，當據稿本乙。

［八］《郤正傳》：“躔叔肸之優游。”《補注》有謂：“之用叔向之辭。”按“之”字，稿本作“蓋”，是也。

［九］《李恢傳》：“高定恣睢於越巂。”《補注》引《華陽國志·南中志》有所謂“亮欲俟定元軍衆集合，兵討之”，鈔本、稿本同。按“兵討之”，《華陽國志》卷四《南中志》作“並討之”，應據改。

［一〇］《李恢傳》：“雍闓跋扈於建寧。”《補注》引《華陽國志·南中志》有所謂“官欲得烏狗三百頭、膺前黑”。“膺前黑”，稿本作“膺前盡黑”。按《華陽國志》卷四《南中志》，稿本爲是，應補“盡”字。

［一一］《費禕傳》：“君信可人。”《補注》：“《雜記》：‘可也。’”“可也”，稿本作“可人也”。按《禮記·雜記》，稿本是也。

［一二］《姜維傳》注：“但繫保官以延之。”按梁章鉅《三國志旁證》據《補注》謂：“‘官’當作‘宫’。”

四、《訓詁二之四》

［一］《吴主傳》注：“逆節萌生。”《補注》：“《管子·勢篇》：‘逆節萌生，天地未形，先爲之政，其事乃成。’《越語》范蠡對越王語同。”鈔本、稿本同。按“其事乃成”，《管子》《國語》俱作“其事乃不成”，鈔本、稿本皆誤。

［二］《吴主傳》：“改《四分》，用《乾象曆》。”《補注》引《晋書·曆志》有所謂“漢靈帝時，……作乾象曆，名爲《乾象曆》”。“作乾象曆”，稿本作“作乾象法”。按《晋書》，稿本爲是。

［三］《吴主傳》：“謚曰大皇帝。”《補注》：“謚法所無，蓋吴所創造。《蘇老泉集·謚法中》云：‘則天法堯曰大。’因而傳其義。”按此説誤。《逸周書·謚法解》已先蘇洵云：“則天法堯曰大。”

［四］《嗣主孫亮傳》：“建興二年，大鳥五見於春申。”鈔本、稿本同。按《三國志·吴書·孫亮傳》，“建興”當作“太元”。

［五］《嗣主孫亮傳》注：“但令我書可耶。”《補注》引《隋書·百官志》有“吏部尚書與參掌人共署奏，或可或不可”之語，鈔本、稿本同。按《隋書·百官

志》，“或可或不可”上應補一“敕”字。

［六］《嗣主孫皓傳》：“有鬼目菜。”《補注》引《釋草志注》云云。稿本“釋草志注”作“釋草注”。按其引文出自《爾雅·釋草》，稿本是也。

［七］《嗣主孫皓傳》注：“舉白接告降。”《古今注》：“魏武帝制帢，以軍中服之輕便。又作五色以方面。”稿本“五色”下有“帢”字。按《古今注》，稿本是也；且“方面”前應補“表”字。

［八］《嗣主孫皓傳》注：“乃熒惑星也。”《補注》引《隋書·天文志》有“太白降爲仕夫”之語，鈔本、稿本同。按《隋書·天文志》，“仕夫”應改作“壯夫”。

［九］《劉繇傳》：“每浴佛，多設酒飯。”《補注》引《賢愚經》有所謂“調適蘇油浣”。鈔本、稿本同。按《賢愚經》卷九《净居天請佛洗品》，應補作“調和適體，穌油浣草”。又有所謂“並厚飲食”，按《賢愚經》，“厚”作“享”。

［一〇］《士燮傳》：“蕉邪。”《補注》引《嶺表録異》有“椰子，……其斕斑文錦”之語。“文錦”，稿本作“錦文”。按《嶺表録異》卷中“椰子樹”條，當據稿本乙。

［一一］《孫奂傳》注：“香餌引泉魚，重幣賞勇士。”稿本“賞”作“購”。按《三國志·吴書·孫奂傳》，稿本爲是。

［一二］《諸葛瑾傳》：“顔氏之德，使人加親。”《補注》：“《家語·弟子解》作‘門人日益’。”鈔本、稿本同。按《孔子家語·弟子解》，“門人日益”當補作“門人日益親”。

［一三］《張紘傳》：“使師曠作《清角》。”《補注》引《韓非子·十過篇》有所謂“駕象車而下蛟龍”。稿本“下”作“六”。按《韓非子》，稿本是也。

［一四］《薛綜傳》：“千金之子，坐不垂堂。”《補注》：“《史記·袁盎傳》：‘臣聞千金之子不垂堂。’”鈔本、稿本同。按《史記》卷一〇一《袁盎列傳》，“不垂堂”前應補“坐”字。

［一五］《薛綜傳》：“鑿聖溪以通江淮。”補注：“‘聖溪’疑青谿之别名。《通志》云云。”鈔本、稿本同。按梁章鉅《三國志旁證》卷二八引此條作“《江南通志》”，其説是，應據以補正。

［一六］《魯肅傳》：“天下梟雄。”《補注》引《韓非子·外儲説》有“博者貴梟，殺者必殺梟”之語，鈔本、稿本同。按《韓非子》，“殺”當作“勝”。

［一七］《吕蒙傳》注：“爲在箕舌上耳。”《補注》：“箕，踵狹舌廣，言簸而不

得留也。”按《詩·小雅·巷伯》：“成是南箕。”《毛傳》：“南箕，箕星也。”《正義》：“箕，四星，二爲踵，二爲舌，踵在上，舌在下，踵狹而舌廣。”《補注》說本此。

［一八］《黄蓋傳》：“事入諸出。”《補注》引《唐會要》有“太子並畫諾”之語，鈔本、稿本同。按《唐會要》卷二六作“太子並畫令”。

［一九］《徐盛傳》：“作薄落。”《補注》引《廣雅·釋室》：“欏，落地籬也。”鈔本、稿本同。按《廣雅》，“地”字衍，當作“落籬”。

［二〇］《丁奉傳》：“可因臘會。”《補注》引《漢書·天文志》有所謂“壹會飲酒，故曰初歲”。稿本“酒”作“食”。按《漢書·天文志》，稿本爲是。

［二一］《虞翻傳》注：“不如周舍之諤諤。”《補注》引《新序》有所謂“未嘗聞君過也”，鈔本、稿本同。該條末附有按語曰：“‘未嘗聞君過’，謂未有使君聞過者。”按《新序·雜事一》，“未嘗聞君過”當作“未嘗聞吾過”。

［二二］《虞翻傳》注：“還治山陰。”《補注》引《水經注》：“永建中，……以浙江爲吴，以東爲會稽。”稿本“浙江”下有“西”字。按《水經注》卷四〇《漸江水》，稿本是也。

［二三］《虞翻傳》：“翻有十一子。”《補注》引《太平御覽》有所謂“此子似欲人爲求婦”，稿本“欲人”作“人欲”。按《太平御覽》卷四九〇，當據稿本乙作“此子似人，欲爲求婦”。

［二四］《張温傳》：“暨艶事起。”《補注》引《石林燕語》：“元豐二年，黄冕仲榜唱名云云。”鈔本、稿本同。按《石林燕語》卷八，“二年”當作“五年”。

［二五］《孫登傳》：“周晋……夭折。”《補注》引《周書·太子晋解》有“吾三年將上賓於帝所”之語。“吾三年”，稿本作“吾後三年”。按《逸周書》卷九《太子晋解》，稿本是也。

［二六］《孫登傳》：“律令與時推移。”《補注》引《管子·法法》語，鈔本脱一“法”字，應據稿本補。

［二七］《周魴傳》：“知無古人單複之術。”鈔本《補注》不見於稿本，疑注文不出欽韓之手。

［二八］《鍾離牧傳》注：“蒼梧澆娶妻而美，讓於其兄。”《補注》引《孔子家語·六本》篇爲證，鈔本脱其“六”字，應據稿本補。

［二九］《潘濬傳》注：“爲荆州太公平。”“太”，稿本作“大”。按《三國志·吴書·潘濬傳》，稿本爲是。

［三〇］《陸凱傳》："殷湯取士商賈。"《補注》引《鬻子》："湯之治天下也，得慶誧、伊尹、湟里且、東門虚、南門蠕、西門疵、北門側得七大夫，佐以治天下。"鈔本、稿本同。按鍾肇鵬《鬻子校理》，"得七大夫"之"得"字衍。

［三一］《陸胤傳》："歲有舊風障氣之害。"《補注》引《嶺表録異》有"或一年兩三風，亦繫連帥德政之否臧者"之語，鈔本、稿本同。按《嶺表録異》卷上，"德政"應乙作"政德"。

［三二］《胡綜傳》："取象太一五將三門。"《補注》引李筌《太白陰經》："黄帝征蚩尤，七十一戰不克。晝夢，云：'天帝使受符。得兵符，戰必克。'黄帝寤，門風后曰……凡千八百局。"稿本"受"作"授"，"門"作"問"，"百"作"十"。按《墨海金壺》本、《守山閣叢書》本《太白陰經》，應從稿本爲是。

［三三］《趙達傳》："自闞澤……秘而不告。"《補注》："《宋書·曆志》：'中書令闞澤受《乾象法》於東萊徐岳。字公河。'"鈔本、稿本皆將"字公河"三字納入正文。按《宋書·律曆志》實無此三字，應爲欽韓自注也。

［三四］《趙達傳》注："皇象。"《補注》："袁昂《書評》：'皇象書如歌聲繞梁，琴人捨揮。'"鈔本、稿本同。按袁昂《古今書評》，"揮"當作"徽"。

［三五］《趙達傳》注："蜀薑。"《補注》："《本草》：'陶隱居云："蜀漢薑舊美，荆州而並不能作乾者。"'"鈔本、稿本同。按馬繼興《神農本草經輯注》，《補注》"荆州"下脱"有好薑"三字，應補。

［三六］《諸葛恪傳》："藜蓧稂莠。"《補注》引《齊民要術》："《詩》云：'北山有萊。'《詩義疏》云：'萊，藜也。莖葉皆似菉，豆芻。'……沛人謂鷄蘇爲萊。""豆芻"，稿本作"王芻"。按《齊民要術》卷一〇，應以稿本爲是。又"沛"字上原有"譙"字，鈔本、稿本俱脱。

［三七］《諸葛恪傳》："三至之言。"《補注》："龐葱爲魏王三人言市有虎，而王信之。"按稿本"爲"作"謂"，是也。

［三八］《華覈傳》："錙介之妖。"《補注》："《淮南·詮言注》：'六兩曰錙。'按《説文注》：'六銖曰錙，八銖曰錘。'""説文"，稿本作"説山"，是也。"説山"即《淮南子·説山訓》。

（作者單位：南京師範大學文學院）

張朝桂與江湄交往考略
——以張朝桂致江湄尺牘爲中心

楊娜娜

内容摘要：晚清名士張朝桂早年宦游四方，交游廣闊，甲午北歸返里後鮮有遠游，以整理著述、課其子侄爲業，加之知交零落，殊有聊賴之感，弟子江湄成爲其雅集唱和的對象。晚年精力頑耗，生平著述多交江湄整理，其間二人翰墨往來。通過張朝桂致江湄尺牘的考察，不僅能還原張朝桂《養拙居詩稿》的整理過程，更可得知其二人日常交往的諸多雅事。

關鍵詞：張朝桂；江湄；交往；尺牘

晚清名士張朝桂（一七八八至一八六〇），原名攀桂。字問秋，號芳伯。寶山縣（今屬上海市）人。少聰穎，弱冠後從三吴名宿游，得邑令范仕義、章謙存賞識。入副總兵湯攀龍幕府，得其器重。雅好詩文，“與同邑李成鳳、黄河瑞、陸賜熊爲莫逆交。宜興周濟稱張朝桂詩格清妙，翛然塵外，爲文刻苦沈摯”[①]。喜收藏，築精舍收儲書畫碑帖圖器，藏硯尤多。書學涪翁，間作墨梅、蘭菊，綽有逸致。晚年選常州府訓導，因戰火至未赴。享年七十三。與業師張朝桂早年宦游四方不同，江湄常年隱居於嘉定南翔鶴槎山麓，身爲寒士，幾無宦迹，鮮得關注。江湄（一八〇八至一八七九）[②]，字伊人，號添山，又號鶴槎山農，嘉定縣（今屬上海市）人。“工隸，能詩，尤善鐵筆。著有《秋水軒吟稿》《夢華廬印譜》，今唯《秋水軒印存》行世，卒年七十二”[③]。張、江二人的相交始於授館求學，其間多師生贈答之作，而張朝桂致江湄信札則更爲全面地展現了二人交往的細節。

① 光緒《寶山縣志》卷一〇，清光緒八年（一八八二）刻本。

② 按：關於江湄生卒年前人已述及，詳見楊抱朴：《劉熙載年譜》（四），《遼東學院學報》二〇〇八年第三期。

③ 民國《嘉定縣續志》卷一一《人物志》，民國十九年（一九三〇）鉛印本。

一

江湄拜師張朝桂的具體時間尚不明確。據江湄在《養拙居詩稿》跋文中講述《養拙居詩稿》命名之由時透露張朝桂北歸居家後的情況：

> 癸巳春，復應漁村鎮軍之招，赴黄岩鎮署，作《南行集》。甲午北歸，閉門却掃，修輯宗譜付梓，經營婚嫁，自課子侄，有白沙吟社之作。迨遭彝患，流難遷徙，存稿散佚，因掇拾爲《燹餘集》三卷。癸卯迄丁未四載有浙東西之游，作《堇茗集》。戊申後方得家居，時復扁舟往來於吴淞、歇浦之間，不復著遠游，冠而年已六十餘矣。庚戌春始裒集全稿，付諸手民，復輯其近作爲《黄虀集》一卷刊入集中，蓋取放翁詩，更須百瓮享黄虀意也。養拙居者，其讀書之室也。[①]

癸巳年爲一八三三年，甲午即一八三四年，癸卯、丁未分别爲一八四三年、一八四七年。故《南行集》諸詩約作於一八三三年至一八三四年，位於《養拙居詩稿》卷一七至一八。甲午北歸後約至一八四三年，張氏居家課其子侄，修輯宗譜。此期詩作遭兵燹，多有散佚，遂整理命名其集爲《燹餘集》，爲《養拙居詩稿》卷一九至二一。從卷帙的編排來看，《養拙居詩稿》按張朝桂行年旅迹編次。查閲張朝桂詩稿中最早出現的江湄詩作爲卷一九《婁江舟次七夕懷江生伊人（湄）》，末二句："想見一燈孤館裏，寂寥也似泊婁城。"[②]並注"時伊人授館養拙居"，其後另有《與江生自疁城泛舟至蘿溪同歸白沙次伊人韵》《題江生伊人〈緑天清客圖〉》等，題目均作"江生伊人"而未署其名。可見江湄授館，二人結識的時間在張朝桂北歸居家，即一八三四年之後，適逢張朝桂居家課其子侄，此時江湄授館養拙居也得以結識張氏子弟，如張朝桂子思綰、侄省軒等。[③]又張、江詩稿中載有庚子年（一八四〇）十月二人賞菊唱和之作，故二人相識的時間下限當在一八四〇年秋十月之前。

---

① 江湄：《養拙居詩稿》跋文，見張朝桂《養拙居詩稿》，載《清代詩文集彙編》第五六一册，上海古籍出版社，二〇一〇年，第七三二頁。

② 張朝桂：《養拙居詩稿》卷一九，見《清代詩文集彙編》第五六一册，第六九一頁。

③ 按：江湄《秋水軒詩稿》中多有述及張氏子弟之作，如卷一《辛丑七月二日過問秋師養拙居兼訪子延諸昆季，詩酒十日，頗盡朋歡，子延有詩見贈，賦此答之，即呈問秋師並貽子綬、子緒》、卷四《寄贈張省軒（汝鈖）》等。

張朝桂與江湄名爲師弟，然更似友朋。首先，張、江二人有着相似的科舉遭遇與豁達態度。張朝桂因應試不果而絶意仕進，歸故里後以吟咏圃藝爲樂。縣志載："十上棘闈不策，遂絶意進取。於後圃築精舍收儲書畫碑帖圖器。"[①]而江湄亦曾求取功名，未中，然不以爲意，寄詩張氏"澹爾功名忘得失"[②]以表心志。相似的科場經歷使二人感同身受，增加了彼此心靈的契合。

其次，張朝桂與江湄志趣相投。二人均好吟咏，品鑒書畫，喜作山谷書。張朝桂寄懷江湄："墨緣應共結涪皤。"[③]表明二人書法因緣。張氏有硯癖，自述："余夙有硯癖，凡端璞歙珍，□黄洮緑，殘磚斷瓦，無不拾襲，藏弆更有爲省軒、子緒兩侄及楊生嘯月所製者，輒爲之銘字題記，命兒思綰及江生伊人鎸之，冀以傳後。二孫尚幼，未知能傳此硯田否耳？"[④]張朝桂喜硯田，江湄擅鐵筆，張朝桂藏硯中多有出自江湄手筆者。興趣上的相似與互補爲二人日常交往創造了條件，故能相知相賞。[⑤]

張朝桂一生有吟詩爲文、硯田兩大愛好，從上述中知張朝桂意將硯田之學傳於子孫，而詩文之學則屬意於這位志趣相投的弟子。一八四〇年，張、江二人曾舉辦賞菊會，第七集中張朝桂言："銅瓶籬邊老我頭，座上何人眼最青。却喜江郎才華健，都將韵事入詩屏。"[⑥]流露出對江湄才華的青睞。賞菊會後，江湄暫離養拙居，以詩告别張師："擔將衣鉢歸鄉里，敢向中途暫息肩。"[⑦]明言傳其衣鉢之意。

二

張朝桂著有《養拙居稿》四十四卷，其中《詩稿》二十四卷、《文稿》八卷、《尺牘》十二卷，另修《沙溪張氏宗譜》。其中《尺牘》不僅記述了與弟子江湄交往的諸多細節，更是瞭解其晚年生活情狀與著述整理、刊刻情况的重要資料。

---

① 光緒《寶山縣志》卷一〇，清光緒八年（一八八二）刻本。

② 江湄：《秋水軒詩稿》卷一《喜問秋師見過即以志别》，稿本。

③ 張朝桂：《養拙居詩稿》卷二二《甬江寓館寄懷江生伊人》，載《清代詩文集彙編》第五六一册，第七一五頁。

④ 張朝桂：《養拙居詩稿》卷二三《六十自述并序》，載《清代詩文集彙編》第五六一册，第七二三頁。

⑤ 參見張朝桂：《養拙居詩稿》卷二一《二十二日賞菊第七集》，載《清代詩文集彙編》第五六一册，第七〇三頁。

⑥ 江湄：《秋水軒詩稿》卷一《奉别問秋師》，稿本。

⑦ 張朝桂：《養拙居尺牘》卷一一《與江生伊人》，清道光三十年（一八五〇）王錫庭刻本。

（一）尺牘中的雅集唱和

春初檥棹槎溪，匆匆一握手而別，轉瞬且五閱月矣。前接手翰，深荷記存，就稔痁瘧已痊，學業日進，慰甚。寄示近作，略改數首，餘刪之可也。鄙人比年來精力刓耗，情懷衰颯，閑有雅興，又往往爲俗事所敗，譬如老樹著花，纔發一二蓓蕾，輒遭翦掐，幾無生意。去秋賞菊之集，允屬罕覯，然邠老之詩未成而催租遽至，鄭公之花方盛而奔馬忽來。人世無常，變换不測，可駴可嘆。倘非吾弟在座，詩壇酒坫不幾變爲羅刹國，金英玉蕊不盡付之沙吒利乎？安得有此雅集耶？是吾弟當日真可謂彭澤之功臣，黄花之司命矣。今歲吾弟不在館中，閉門獨處，終日面壁，益復無聊。回憶養拙花時，新紅繞檻，尺蠖月夜，虚白入窗，談笑未終，爐烟猶碧，吟聲間作，燈影恒青，此情此景不可多得。臨風軫念，輒復悵然。[①]

此札是張朝桂致江湄信札中較早的一封，信中多次提及的雅集見之於張、江二人詩集，如江湄《秋水軒詩稿》卷一《庚子十月二日養拙居賞菊初集同問秋師作》：

幾枝寒菊放東籬，已過重陽風雨期。花比去年開較晚，谳從今日賞作遲。一盤菘得周顒味，幾尾鱸償張翰思。瀟灑陶盧風景好，肯教孤負此良時。

按"庚子"爲道光二十年（一八四〇）。"養拙居"爲張朝桂讀書處。賞菊初集中張朝桂有："題詩暫借江郎筆，莫負花前第一杯。"[②]對江湄"瀟灑陶盧風景好，肯教孤負此良時"進行回應。初集之後，又於十月初三日、十月十二日、十月十四日、十一月三日、十一月四日、十一月二十二日分别舉行了第二、三、四、五、六、七次賞菊會，每次集後，張、江二人必有詩篇唱和，這在二人詩集中有明確的記載。由此可知，此次賞菊雅集舉行於一八四〇年十月張朝桂養拙居書齋，前後歷時兩月。信中"春初檥棹槎溪，匆匆一握手而别，轉瞬且五閱月矣"又"去秋賞菊之集"，知此札約作於一八四〇一年六月。

從上述賞菊會舉辦的時間安排上來看，此次賞菊會頗具規模與組織，盛况罕覯，給張朝桂留下了深刻印象。賞菊二集中，張朝桂感慨："當時多少題襟友，今日樽前有幾

① 張朝桂：《養拙居詩稿》卷二一《十月二日養拙居賞菊初集同江生伊人作》，載《清代詩文集彙編》第五六一册，第七〇二頁。

② 張朝桂：《養拙居詩稿》卷二一《初三日賞菊第二集》，載《清代詩文集彙編》第五六一册，第七〇二頁。

人（養拙居賞菊，歲有故事，三十年來詩酒知交大半零落，爲之慨然）。”[①]在知交大半零落的情況下，得弟子、子侄等相伴賞菊，亦是窮愁寂寞中一快事。張朝桂信中追憶昔日賞菊之景可謂歷歷在目，“新紅繞檻，尺蠖月夜，虛白入窗，談笑未終，爐烟猶碧，吟聲間作，燈影恒青”，以至於賞菊會曲終人散之後，張氏終日面壁，倍感孤愁。江湄對此次雅集亦念念不忘，數年後仍以詩相紀，其在《和子延養拙居賞菊原韵》中載：

> 三徑黄花宛似陶，没人莫便認蓬蒿。昔年風景看如左，曩日詩篇記尚牢（庚子歲養拙居賞菊七集，予與問秋師皆有詩紀事）。酒酌舊醅人易醉，座添新雨興猶高。剡溪放棹儂嫌晚，不及分持吏部螯。

賞菊會後，江湄曾暫離養拙居，並參加科舉，張朝桂對此十分關心，於江湄應試前修書一封：

> 天下事之變换不測如此，然亦不足怪，祇是我輩熱腸所至耳。試事在即，且悉心爲之，勿以纖介撓我胸次，祇作浮雲過眼可也。[②]

張朝桂於信中教導江湄以試事爲重，勿以其他瑣事煩擾自身，而此次江湄應試未中，張朝桂過訪相慰，江湄作《喜問秋師見過即以志别》：“澹爾功名忘得失（時方應試不果而返），肫然氣誼篤師生。”[③]在詩中，江氏並不以應試未中爲意，而尤爲感動於業師的關慰之情。

此後，江湄常常過訪張朝桂進行雅集，二人多有唱和之作。《養拙居詩稿》卷二一有《延庚室小集》（是集爲詩課之始）、《曙霞樓野望》、《七夕養拙居小集携同社諸子作》等，江湄《秋水軒詩稿》中卷一亦有《秋夜延庚室小集》《曙霞樓野望》《七夕養拙居小集》等。

（二）尺牘中的書畫往來

張、江二人雅好書畫，其間多有往來題跋之作。

---

① 張朝桂：《養拙居尺牘》卷一一《與江生伊人》，清道光三十年（一八五〇）王鐲庭刻本。
② 江湄：《秋水軒詩稿》卷一《喜問秋師見過即以志别》，稿本。
③ 張朝桂：《養拙居尺牘》卷一二《與江生伊人》，清道光三十年（一八五〇）王鐲庭刻本。

盛夏酷暑異常，終日揮扇，手腕欲脱。久不通音耗，念念。入秋漸凉，諗動止咸宜爲慰。鄙人舊恙數發，近復瘧熱甚，遂致嘔血，幸即就痊，不致沈困，但未强健也。詩稿尚未舒齊，前吾弟所存《鶴查山館圖》，不知度閣何處，尚未檢出，遲繳勿怪。[①]

屬題《鶴查山館圖》已尋出，傾筐倒篋，大索十日而始得之。倘數日内無催租之擾，當可報命矣。[②]

江湄居於嘉定南翔鶴槎山麓，故以“鶴槎山農”爲號，以“鶴槎山館”爲書齋命名。《鶴槎山館圖》爲江氏爲其書齋所繪，向張朝桂求題。適值酷暑當日，張朝桂瘧疾復發，但仍“傾筐倒篋，大索十日”，修書答覆。張朝桂爲《鶴查山舘圖》所題内容現未知，查《養拙居詩稿》卷二〇有《題江生伊人〈緑天清客圖〉》一首，詩中以“江生喜臨池，頗能出流俗。晨書冥寫腕力健，濡染不顧兔毫秃”[③]贊美江湄書法工健，超脱流俗。

張朝桂爲晚清名士，交游廣闊，與嘉定名士程庭鷺、程祖慶父子，金石學家瞿中溶等多有往來，晚年長居於故里寶山縣。江湄爲嘉定縣人，地緣因素使二人在書畫往來之外，亦有爲他人代求書畫題跋之事，或出於友情，或用於謀取生活潤資。

前率復一函，想入清照。桂日來人事勞擾，胸次齷齪，毫無佳興。穉蘅兄委題二圖，率爾應命，恐不足當大方一笑也。希轉致，並謝稽延之罪。《槎水歸帆圖》拙作竟，僭寫首幅，蓋爲留吾弟一首地步，非敢妄自尊大也。[④]

此札中“穉蘅兄”，爲嘉定名士程庭鷺之子程祖慶（字稚蘅），與江湄爲莫逆交，同居於嘉定南翔，張朝桂故有是托。《養拙居詩稿》卷二〇有《題程又愚〈槎水歸帆圖〉》（又愚，序伯之叔），“序伯”即嘉定名士程庭鷺（字序伯），故信中所言“《槎水歸帆圖》”亦爲程家之物。張朝桂爲此畫題詩一首，又“爲留吾弟一首地步”，可見此爲

① 張朝桂：《養拙居尺牘》卷一二《與江生伊人》，清道光三十年（一八五〇）王鏘庭刻本。
② 張朝桂：《養拙居尺牘》卷一二《與江生伊人》，清道光三十年（一八五〇）王鏘庭刻本。
③ 張朝桂：《養拙居詩稿》，載《清代詩文集彙編》第五六一册，第六九六頁。
④ 張朝桂：《養拙居尺牘》卷一二《與江生伊人》，清道光三十年（一八五〇）王鏘庭刻本。

程祖慶向張、江二人求題，張朝桂所題則是通過江湄代求。

張朝桂性喜收藏，常托江湄代購佳本。

> 承代購得《涪翁詩集》一部，紙刻俱佳，以此價得之，未爲昂貴，但又減却數天鶴料耳。其錢即交來使，希轉付書賈可也。[①]

江湄爲張朝桂代購《涪翁詩集》一部，張氏稱“紙刻俱佳，以此價得之，未爲昂貴”，肯定江湄慧眼識珠。江湄生活清貧，但遇到佳本亦主動購得，慷慨相贈，張朝桂爲此頗爲愧疚，覆信答謝：“頃接手翰並《文待詔字》卷一握，致爲佳本，但舉以見惠，更覺領之有愧耳。”[②]是故，張朝桂常利用江湄精於篆刻之便爲其謀取潤資。張朝桂修書江湄：

> 子蓮有摺扇兩枋，欲求吾弟鐵筆得暇，希即爲刻就附便寄來，此事非可以尋常筆墨酬應論，或可博菲潤。鄙人已向子蓮言之矣，不爾恐不堪其煩瀆也。[③]

江湄接到手翰，作“群雅”二字相答，張朝桂對此似不滿意，另修書一函：

> “群雅”二字祇就人而言，尚未切當。跋溪雲羽士書畫二稿，比日俗務猬集，寸晷鮮暇，俟斟酌另復。匆匆率泐，不盡。[④]

所謂“愛之深，責之切”，張朝桂對江湄的催促與叮囑，看似苛責，實爲其能得豐厚報酬。此信還透露江湄代溪雲羽士求取張朝桂題跋一事，溪雲羽士爲江湄總角之交，俗名王涵，精通書畫，張朝桂曾爲其《石床獨坐圖》[⑤]題長歌一首，盛贊其人風度翩然，其畫清妙脱俗，應是應江湄所求之作。

書畫往來本屬尋常之事，但以此窺探張、江交往，可知二人相知相賞，儼然超越師

① 張朝桂：《養拙居尺牘》卷一二《與江生伊人》，清道光三十年（一八五〇）王鐲庭刻本。
② 張朝桂：《養拙居尺牘》卷一二《與江生伊人》，清道光三十年（一八五〇）王鐲庭刻本。
③ 張朝桂：《養拙居尺牘》卷一一《與江生伊人》，清道光三十年（一八五〇）王鐲庭刻本。
④ 張朝桂：《養拙居尺牘》卷一一《與江生伊人》，清道光三十年（一八五〇）王鐲庭刻本。
⑤ 張朝桂：《養拙居詩稿》卷一一《題道士王溪雲涵〈石床獨坐圖〉》，載《清代詩文集彙編》第五六一册，第七〇〇頁。

生之情而結友朋之誼，以至於張朝桂晚年對江湄深爲倚重，不僅在信札中屢屢傾訴自己不得志之狀，更將宗譜、詩文尺牘等平生著述托付整理。

（三）張朝桂的四明之游與《沙溪張氏宗譜》的校對

張朝桂早期宦游於外，甲午北歸後，除了寧波短暫的幕府經歷，較少遠游，在寓居四明期間，張朝桂與江湄翰墨往來不斷，並托其完成了張氏宗譜的校對工作。

①别後匆匆趣裝，於初四日赴滬瀆，初九日由滬啓程，十五日渡錢塘，十六日渡曹娥，十八日抵甬江，雨雪載途，風塵蹭蹬，正當視險如夷，以苦爲甘耳。猶幸布凡無恙，行人安穩，足慰遠注。寓齋起居尚適，惟所言者未必所欲言，所聞者未必所欲聞，如登場傀儡，强赴機關，臨水桔槔，隨人俛仰而已。南中所事煩劇，非時日可了，歸期擬俟來歲。譜刻望隨時校對，不必寄出，有信交曼兒處轉上洋托帶，年内可到。迢隔千里，圖晤爲難。臨楮神池，書不盡意。[①]

②自到四明，倏已半載，公事拘絆，不能遽賦《歸來》，不勝悵惘。前函已悉，兹接手翰，知吾弟文祺清暢，惟宫墻萬仞，竟難若登天，聞之殊爲扼腕。譜事了而不了，深爲懸繫，其刻資已函致省軒侄設法付去矣。[②]

③不晤已一載矣，饑渴之懷，不可言喻，頃以有事回滬，順道一返里門，二十邊仍須赴甬。塵冗紛如，無緣謀面，吾弟能分身一過白沙否？或舟或驕皆可，失此一叙，又須作經年别也。[③]

由前述可知，張朝桂自一八三四年北歸，約至一八四三年居家課其子侄，修輯宗譜，謀付梓民。一八四三年至一八四七年有浙東西之游。上述札①中張朝桂自述由滬啓程，渡錢塘、曹娥，最後抵達甬江，即寧波，此即江湄跋文中所言“浙東西之游”。札②中“四明”，亦代指寧波，因境内有四明山而稱之。故上述前二札均作於甬江寓齋。札③則爲張朝桂因事返滬，暫歸里門所作。查《養拙居詩稿》卷二二《堇茗集》中有《將赴四明留别諸同人》《甲辰九月重赴四明留别故鄉諸友》二首。《將赴四明留别諸同人》（其一）載：“風霜冰雪路悠悠，豈爲名山更遠游。”[④]表明張朝桂赴四明之時

① 張朝桂：《養拙居尺牘》卷一二《與江生伊人》，清道光三十年（一八五〇）王鐲庭刻本。
② 張朝桂：《養拙居尺牘》卷一二《與江生伊人》，清道光三十年（一八五〇）王鐲庭刻本。
③ 張朝桂：《養拙居尺牘》卷一二《與江生伊人》，清道光三十年（一八五〇）王鐲庭刻本。
④ 張朝桂：《養拙居詩稿》卷二二，載《清代詩文集彙編》第五六一册，第七一三頁。

爲冬季。甲辰爲一八四四年，張朝桂重返四明在一八四四年九月。札③中張朝桂因事暫返滬二十日，希望在重返四明之前與江湄相見，則當作於張朝桂返滬之後，重返四明之前，即一八四三年八九月間。

札①中張朝桂囑托江湄對宗譜"隨時校對"，至札②中宗譜已校對完畢，尚未付梓，所謂"譜事了而不了"，故張朝桂向江湄交代刻資一事，此即説明宗譜在張朝桂前往四明之前已經修完，而校對與刊刻事宜則由江湄代勞，而校對費時至少半年之久。現上海圖書館所藏《沙溪張氏宗譜》[1]目録載"十二世孫朝桂增修""門人槎溪江湄編次"，同參與校訂繕寫者尚有"十三世孫汝鈖""十三世孫思綰"等張氏家族子弟。江湄名字的赫然在列，表明張朝桂對江湄以家人視之。

四明之游是張朝桂晚年較遠的一次出行，從信中所言"公事拘絆，不能遽賦"來看，此次出行並非游山玩水，且不適所願，以至向江湄感嘆"所言者未必所欲言，所聞者未必所欲聞，如登場傀儡，强赴機關，臨水桔槔，隨人俛仰而已"，透露出在甬江的種種不得志。張朝桂在《甬江寓館寄懷江生伊人》中載：

> 寂寞江生卧澗邊，窮居心事近如何。不隨世俗移情性，却爲功名受折磨。詩瘦從教嘲杜甫，墨緣應共結涪皤。一年一别一千里，猶喜空梁落月多。[2]

張、江二人分隔兩地，詩中所言"寂寞"亦表達自我的寂寞。江湄早年應試不果後不意仕進，次二句在贊揚江氏超脱流俗的同時，亦對其功業不就表達惋惜，又以"空梁落月"之典表達了對江湄的思念之情，而札中"知吾弟文祺清暢"，表明此期江湄亦多有詩文寄給張朝桂。

張朝桂短暫返歸，即來信圖與江湄一晤，並透露出時間緊迫，"失此一叙，又須作經年别也"。二人於槎溪晤面，張朝桂旋即赴甬，江湄作《問秋師自甬江歸里，以書見召，盤桓信宿，同經楂溪，旋又赴甬，别後寄呈》，詩中以"洗硯再求新翰墨，挑燈重論舊文章。何時得遂重游願，遍覽山川使激昂"[3]表明自己企盼多與業師論文談藝、重逢話舊、共游山川美景之願。張朝桂很快給予覆信：

① 參見張朝桂增修：《沙溪張氏宗譜》四卷，一九四四年常州劉士良抄本。
② 張朝桂：《養拙居詩稿》卷二二，載《清代詩文集彙編》第五六一册，第七一五頁。
③ 江湄：《秋水軒詩稿》卷一，稿本。

新春凝祉，遥維侍奉曼福爲賀。客冬接得手翰並詩稿一紙，承眷注之深，感感，惟詞句尚須斟酌。歲底諸事，旁午容再覓寄。鄙人體子尚粗，適得素園在寓，朝夕談心，旅懷藉以稍遣，但塵冗自覺齷齪叵耐耳。①

由此可知，江湄寄詩張朝桂詢問身體狀況，傾訴思念，同時又向其請教，張朝桂對此頗爲感念。

（四）張朝桂詩稿尺牘的整理情況

張朝桂《沙溪張氏宗譜》得以順利付梓，江湄俱有功焉。張朝桂另有大量詩稿文集、尺牘有待整理，然晚年生活困窘，精力頑耗，單憑一己之力難以完成，最終詩文尺牘得以整理成册，付諸手民，江湄出力尤多。江湄在《養拙居詩稿》跋文中載："是稿共二十四卷，凡爲集者十，爲詩千一百四十餘首，皆湄所手録，故得悉其命名之意。"從中更可看出張朝桂對江湄所望"甚深且重矣"。

送上《率性賦》一本，祈先爲録出，因無别稿，恐有遺失也。日後之事不知作何了局，所望於吾弟者甚深且重，統俟面悉，匆匆不盡。②

此爲張朝桂致江湄信札中較早出現囑托江湄抄録詩稿一事，當在《養拙居詩稿》整理之初。張朝桂深諳自己難以完成著述的整理工作，故於信中表達對江氏的殷切所托。其後詩文尺牘的整理工作在張朝桂的指導下漸上日程。繕寫工作繁重，天氣又酷熱難耐，張朝桂對此深爲不安：

暢叙月餘，快慰無量，惟當此酷熱如爐，煩吾弟揮汗繕寫，深抱不安耳。别後知體履平善，慰甚。③

酷暑難耐，依舊揮汗繕寫，每整理一畢，江湄便寄於張朝桂審視，以便隨時作出調整。

---

① 張朝桂：《養拙居尺牘》卷一二《與江生伊人》，清道光三十年（一八五〇）王鐲庭刻本。
② 張朝桂：《養拙居尺牘》卷一一《與江生伊人》，清道光三十年（一八五〇）王鐲庭刻本。
③ 張朝桂：《養拙居尺牘》卷一二《與江生伊人》，清道光三十年（一八五〇）王鐲庭刻本。

所存雜文、銘贊等稿，已屬鄞城鄭生録出，合吾弟前録詩集、尺牘共有四十餘卷，雖不免來傖父之誚，而鄙人數十年精神心力實寓於此，稍有餘資當謀付剞劂，惟吾弟有尸饔之慮，不能著遠游，冠客窗，驤首得互相商榷爲憾也。適有海伯之便，附此略布一二。[①]

信中表明，江湄所做整理有詩稿、尺牘兩種，文稿則由“鄞城鄭生”抄録，由現所存《養拙居稿》四十四卷（《詩稿》二十四卷、《文稿》八卷、《尺牘》十二卷）來看，此封信寫作之時，詩文尺牘的整理工作基本完成，其中江湄負責《詩稿》《尺牘》凡三十六卷，所占比例最大，出力尤多。但一稿過後，張朝桂閲畢似不滿意，去信道：

拙稿第二卷誠然太少，憶丙寅年曾有游吴山諸題，構思未就，今擬補此數篇，以充卷帙，但應入首卷，須重加編録，不免又費吾弟筆墨耳。[②]

張朝桂認爲初稿第二卷内容過少，於是將丙寅（一八〇六）年游吴山之作補入。但張朝桂詩稿基本根據行年旅迹編次，時間上頗有講究，故以時間論，吴山諸作當入首卷，原首卷的内容改入第二卷，此舉必須將原稿卷一、二重新加以編次繕寫。

查現《養拙居詩稿》前二卷的收録情況，卷一有詩五十六首，卷二有四十五首，卷三、四分别爲四十二首、五十七首，此後内容大體相當。卷一《負笈集》第二首即《吴山紀游詩》並序，序曰：“家霽颿兄居蘇州府西之塘灣里，在衆山之中。嘉慶丙寅秋八月致書見招，作吴山之游。”[③]其後有《塘灣曉發》《登元暮絶頂》《穹窿山》《四柏行并序》《天平山謁范文正公祠堂》《游虞山三峰寺》《晚歸》諸詩，當是張朝桂信中所言“游吴山諸題”。這表明江湄遵從了張朝桂的意見，在第一卷中加入了新的内容，並將詩稿前兩卷重新編次繕寫。如此不厭其煩地校録整理，固然出於師恩深重，但其中更有一份知己般的篤厚情誼。

張朝桂一八六〇年東歸道山，弟子江湄尚不負所望，將詩稿、尺牘整理繕寫一過，於道光三十年（一八五〇）順利刊行，張朝桂得以了却生平之願，江湄在其中發揮重要作用。

① 張朝桂：《養拙居尺牘》卷一二《與江生伊人》，清道光三十年（一八五〇）王錫庭刻本。
② 張朝桂：《養拙居尺牘》卷一二《與江生伊人》，清道光三十年（一八五〇）王錫庭刻本。
③ 張朝桂：《養拙居詩稿》卷一，載《清代詩文集彙編》第五六一册，第五六八頁。

三

中國古代士大夫歷來講究師生之誼，老師的著述由弟子整理刊刻大有例可尋，但發生在名士張朝桂與下層寒士江湄的身上並不尋常。

張朝桂早年宦游四方，交游廣闊，不乏向其求學問道之人。歸故里後，知交大半零落，處於窮愁寂寞之中，江湄拜館求學，二人雅集唱和無虚日，張朝桂深以爲慰。二人志趣相投，對金石書畫的共同愛好使二人相知相賞，於談詩論道之外翰墨往來不斷，由師生發展爲友朋，更以衣鉢傳之。張朝桂對江湄深以爲重，故常對其傾訴種種不得志之事，身體日落西山之狀以及生活中的庚癸之呼，“急景凋年，奮鹽告罄，而又欲爲先室營窀穸，心緒紛如，不知所措”[①]，又“鄙人舊恙數發，近復患瘧熱甚，遂致嘔血，幸即就痊，不致沈困，但未强健也”[②]，如此吐露心扉，儼然視江湄爲心腹之交。江湄出身貧寒，但才識兼備，深感張朝桂的知遇之恩，爲其整理著述，付諸手民，助其達成生平所願，出於崇敬，更有感恩。

《養拙居詩稿》中張朝桂作予江湄的詩篇不多，且與一般酬唱之作無異，以此來看，張、江二人似乎交往不深，但張朝桂致江湄信札展示出二人超乎於一般師徒的頻繁往來，詩文尺牘的相互勾連又更爲細緻地還原出二人相交的諸多細節，這些細節更體現出師生之間的相知相惜相賞之情。尺牘作爲私人信札，在展現人物的生活與情感狀態方面更具有真實性，將其與詩文結合，以對人物的生活交游等方面進行還原性研究，如此纔能更爲真實立體地反映人物的風貌、生活以及他所處的時代。本文即以張朝桂與江湄師徒間往來的信件爲個案，以期展現信札在人物，尤其師徒交往研究中的重要作用與價值。

（作者單位：華東師範大學古籍研究所）

① 張朝桂：《養拙居尺牘》卷一二《與江生伊人》，清道光三十年（一八五〇）王鐲庭刻本。
② 張朝桂：《養拙居尺牘》卷一一《與江生伊人》，清道光三十年（一八五〇）王鐲庭刻本。

學問與書籍：近代學術轉型視域下的王國維
——《王國維友朋尺牘》整理前言

尹偉傑

内容摘要：王國維生前儲諸篋衍的友朋尺牘，由王仲聞捐贈，現藏中國國家圖書館。這批尺牘經重新整理，不僅糾正了前人成果中的許多訛誤，更添加了不少未被收録的佚札，可以較爲完整地呈現王國維的交游網絡和研究過程。例如，唐蘭通過《刊謬補缺切韻》的發現和研究，在致王國維尺牘中，質疑其《五聲説》的觀點，最終推動了王國維對六朝韵部的進一步研究。又如，神田喜一郎提供那珂通世《成吉思汗實録》，幫助王國維校注《聖武親征録》，促進中日兩國的蒙元史研究，是中日書籍交往的重要見證。

關鍵詞：王國維；尺牘；唐蘭；神田喜一郎

王國維（一八七七至一九二七），字静安，號觀堂、人間先生等，浙江海寧人，是中國近代學術史上公認且享有國際聲譽的大師，在文學批評、殷墟甲骨、敦煌寫卷、西陲漢牘、敦煌寫本、蒙元史等各方面均成果斐然，是一位百科全書式的學術全才。觀堂提出的境界説、古史新證、二重證據法等研究範式，開一代之風氣，至今仍爲學界所廣泛應用。王國維著作身後多次結集，近年出版之《王國維全集》可謂集大成者。由《王國維全集·書信》修訂成的《王國維書信日記》，更是搜羅了海内外現存可見的幾乎所有王國維尺牘，極大地推動了對觀堂的研究。但若衹有往札而無來札，不唯有憾，亦於學術研究失之片面，因此對於觀堂研究而言，王國維友朋諸家的來札，具有同等重要的價值。王國維友朋諸家來札，現多藏於國家圖書館，筆者藉由丁師小明主編“《尺海》叢刊”之機，得以重爲董理這批寶貴尺牘。下文先介紹這批尺牘的大致情形，然後以來札中的唐蘭、神田喜一郎部分爲例，舉隅其藴藏的學術價值。

一、《王國維友朋尺牘》概述

王國維生前對友朋書信頗爲重視，曾在一九一六年夏至致羅振玉信中說：

一别五月，公致書在篋中已盈半寸有餘，維卷紙二束亦已用罄，其中十分之八九乃致公書。兩人書中雖有他事，而言學問者約居其半，中國恐無第三人。①

羅振玉亦在一九一六年六月二十六日的回信中說：

公歷次來書，已盛一小匣中，將盈矣。初欲將來書所述摘入日記中，乃多不勝記，乃專匣儲之。不意弟之惡札，公亦儲之篋衍也。②

羅、王二人之所以要以專匣儲藏來信，甚至將來信摘入日記中，是因爲二人當時就意識到往來信札中"言學問者約居其半"，具有重要的學術價值。實際上，不光是羅振玉來信，王國維對於友朋來信都有儲之篋衍的習慣。一九二七年，王國維以知天命之年自投於昆明湖，中外學人無不爲之扼腕。王國維去世後，這批信札就一直作爲王國維遺藏的一部分，由觀堂後人妥善保管。趙萬里（一九〇五至一九八〇）自一九二五年入清華學校國學研究院，擔任觀堂助教，一九二八年就職於北海圖書館，後任北京圖書館善本特藏部主任。經過趙萬里先生的努力，觀堂之書籍文稿分三次入藏國家圖書館：一九二八年，觀堂家人轉讓批校本一百九十餘種七百餘册入北海圖書館，後轉入國家圖書館；全民族抗戰勝利後，趙萬里先生又自遺孀潘夫人及次子王仲聞處取走若干遺稿入北平圖書館；一九五〇年，在趙萬里的促成之下，王仲聞又將觀堂之遺稿、信札、碑拓等悉數捐送北京圖書館。③王國維所藏全部信札正是一九五〇年由王仲聞捐出的。王慶山《追憶父親王仲聞》對此過程有大致記載：

---

① 王國維：《致羅振玉》（一九一六年夏至），載房鑫亮編校《王國維書信日記》，浙江教育出版社，二〇一五年，第一二八頁。

② 羅振玉：《致王國維》（一九一六年六月二十六日），載王慶祥、蕭立文校注，羅繼祖審訂，長春市政協文史和學習委員會編《羅振玉王國維往來書信集》，東方出版社，二〇〇〇年，第一〇六頁。

③ 參見王亮：《王國維先生的藏書和遺文》，載中華書局編輯部編《學林漫録》十八集，中華書局，二〇一一年。

50年代初，北京圖書館善本部主任趙萬里先生（祖父在清華研究院時的助教，也是祖父的表外甥）找到父親，希望能把祖父王國維的珍貴遺書、遺物贈給北京圖書館。父親和在大陸的五叔、六叔商議後（在臺灣的繼母、弟妹通訊已斷絶），將家中的祖父手稿（包括著名的遺囑）和信札等全部無償送交北圖，總共有兩木箱之多。現在想來，應該感謝趙萬里先生的熱心操持，這批珍貴文獻當時一直留存我家的話，"文革"劫難中必然會散佚盡净。①

新中國成立初期，政務院公布了保護文物和禁止珍貴文物圖書出口辦法，製定了收購和獎勵捐獻的政策。在這一大背景下，經趙萬里主動提議、王仲聞慷慨捐贈，這批觀堂遺稿最終全部入藏國家圖書館。不過，其中仍有一些細節需要釐清。趙萬里後人藏有諸多友朋來札，即有王仲聞當時寄給趙萬里的信札，原文如下：

斐雲我兄：最近公私忙碌，多時未造府爲歉。圖書館捐贈事，手續至今未了，乞便中一催。又木箱三隻及内中物件，本應早日前來領回，無暇辦理，可否由我兄派人一送，送力俟送到時即交來人。弟現寓鄭王府夾道十號郵電部宿舍東院第一號［在西單新皮庫胡同（教育部在此胡同）西頭二龍路口孔達中學西、郵電部招待所東］。賤内等已來京，順以奉聞。即請道安。弟王仲聞拜上，七月廿五日。②

依照信封上郵戳同爲"一九五〇　七月　廿五"，可知該信作於此日，因當時北京圖書館的捐贈手續未了，故王仲聞有此函，並請趙萬里派人來取裝有觀堂遺稿的木箱，遺稿入藏的時間當在之後不久。據王氏後人回憶，王仲聞"抵京後不久就下定捐獻的决心，手定書單，囑在滬的長子王慶新整理裝爲數箱寄往北京"③，木箱的具體數量，應是王信中三箱，而非王慶山後來回憶的兩箱。一九五三年，趙萬里在善本特藏部内專設善本組，王國維遺稿與諸多名貴宋刻如《金石録》《春秋左傳注疏》等一同被列爲"孤本秘笈"④。這批遺稿被趙萬里珍若拱璧，除少數在"文化大革命"中遺失，大多保存完好。

① 王慶山：《追憶父親王仲聞》，《博覽群書》二〇一一年第五期。

② 王亮：《有關王國維先生遺文捐歸公藏的一封通信》，《嘉興學院學報》二〇一六年第一期。

③ 王亮：《有關王國維先生遺文捐歸公藏的一封通信》，《嘉興學院學報》二〇一六年第一期。

④ 趙萬里：《〈永樂大典〉展覽的意義》，載冀淑英、張志清、劉波主編《趙萬里文集》第一卷，國家圖書館出版社，二〇一一年，第一九七頁。

其中的王國維往還信札，除題名《王静安先生家書》二册、《胡適致王國維的信》一册、《羅振玉書札》十二册，多爲散葉。二〇一七年，這批信札以《國家圖書館藏王國維往還書信集》爲名影印出版，得以呈現其完整面目。經前人整理，已基本按照收信人編目分類，少量闕疑待考之札也在近年逐一得到考證。[①]對於這批信札的整理工作，除了《羅振玉王國維往來書信》《王國維書信日記》，還有二〇一〇年馬奔騰出版的《王國維未刊來往書信集》（後簡稱《未刊》）一書，整理了王國維致王潛明家書及諸家來札的部分内容。不過這一成果仍存在有待完善之處，王亮先生在《王國維先生的藏書和遺文》中曾説：

> 静安先生生前書信不留底稿，但收到友朋書札均精心歸類度藏，今藏北京國家圖書館善本特藏部的書信數量極爲可觀，……這批書札不僅於瞭解觀堂先生的交游和思想有特出價值，就其本身内容豐富的程度而言，也堪稱近代重要史料。目前，僅與羅振玉的書信已由蕭文立等標點注釋爲《羅振玉王國維往來書信集》（又影印收入《羅雪堂合集》）。馬奔騰先生據國圖膠卷作了初步的整理，限於條件，闕漏不少，既失倫次，且多訛誤。[②]

鄭偉曾舉隅了一些《未刊》中容庚、唐蘭、沈兼士等致王國維尺牘的訛誤，包括釋讀、標點、繫年等方面。[③]整理這批諸家來札確非易事，概而言之，大約有三點：（一）王國維交往廣泛，與往札之出於一人手筆不同，各家來札筆迹差異較大，在識讀上難以取熟能生巧之功；（二）王國維涉獵豐富，信中討論的話題往往横跨甲骨、金石、古寫本、石經、蒙元史、音韵、詞曲等各個領域，若非在相關方面具有一定的知識儲備，往往會不知所云；（三）諸家來札多行草，又多小字批注。凡此都爲整理和研究者帶來了不小的困難。

更爲遺憾的是，許多諸家來札並未整理在《未刊》中，使學界難以一窺諸家來札的全部面貌。經筆者統計，記有繆荃孫、王豫熙、王秉恩、柯劭忞、況周頤、章梫、周慶雲、吴昌綬、朱汝珍、寶熙、馮黄中、王季烈、闞鐸、趙叔孺、袁勵準、譚祖任、陳叔

① 參見王亮：《王國維往還書信中的范兆經札》，《文匯學人》二〇一七年十二月二十九日；秦臻：《王國維往還書信中兩封“闕疑待考”的信》，《文匯報》二〇一八年一月二日。

② 王亮：《王國維先生的藏書和遺文》，載中華書局編輯部編《學林漫録》十八集。

③ 參見鄭偉：《許我忘年爲氣類，風義平生師友間：幾種王國維書信集讀後》，《上海書評》二〇二一年十一月十八日。

通、樊炳清、蔣汝藻、金頌清、高時顯、金梁、沈紘、易培基、徐森玉、沈兼士、朱尚、羅福萇、溥儒、唐蘭、王文燾、應奎、内藤湖南、林泰輔等人的來札，全部或部分未整理面世，學界亟待一份更爲完整、更少訛誤的王國維友朋信札來考察觀堂的交游網絡。

這批材料中的羅振玉來札部分，早在二十世紀八十年代就經羅繼祖整理爲《羅振玉王國維往來書信集》；王國維往札部分，也已整理在《王國維書信日記》中，尤其是其中《致羅振玉》一百五十一通與《致沈曾植》十三通，蘊含王國維治學過程中的豐富細節。羅振玉是王國維一生中最重要的學術引路人和知音，二人在殷墟甲骨、西陲漢簡、敦煌寫卷等方面合作密切；沈曾植在王國維任教於哈園時期亦交往頻繁，對觀堂在音韵、蒙古史及西北地理的研究頗多啓迪。本次整理工作雖然未將王國維往札、羅振玉來札囊括在内，但讀者在研究時，如果能够將二者拼合對讀，必然能够得到更加立體的歷史過程。

二、王國維與唐蘭學術交往之細節

王國維樂於提携後勁，友朋尺牘中多有觀堂的後學，例如唐蘭、容庚、商承祚、陳邦懷、王蘧常等。他們會向王國維請益，並受到王國維的悉心指導；也會與王國維往來研討，商榷、修訂王國維的著作。在諸弟子的尺牘中，唐蘭與王國維之間討論是最密集的，且在某些方面確實改變了王國維的觀點，可稱爲這一類型的代表。

唐蘭在一九二二年經羅振玉介紹與王國維相識。從一九二〇年底進入無錫國學館專修以來，已一年有餘，從當時作業的評語來看，座師頗爲賞識這位青年，稱其“識解既高，行文古雅絶倫，亦復秩然有序，此才固未易得也”[①]。和吴其昌、王蘧常並稱無錫國專“三傑”的唐蘭，看似風光無限，但當我們披讀他與王國維的尺牘後，看到的却是不爲學界所知的另一面，即唐蘭與同儕觀念齟齬産生的抑憤之情：

> 蘭窮處里閈，比年稍事經學，已爲群衆所弃；及治鄦學，同志更稀；近治金文，則即向之同志亦視爲支离，無與語者矣，鬱之者甚。故一遇羅先生、先生，輒傾吐所一得而無怍，正欲求益之也。惟弗吝，深幸深幸。[②]

① 唐蘭：《裁兵議》附批語，載唐蘭《唐蘭論文集》，上海古籍出版社，二〇一八年，第二〇頁。

② 唐蘭：《致王國維》，《王國維友朋尺牘》。

唐蘭之治學興趣在於小學，而《無錫國學專修館學規》儼然以宋學爲家法："要知吾館所講經學，不尚考據瑣碎之末，惟在攬其宏綱，抉其大義，以爲修己治人之務。"[①]《説文解字》衹是當時諸多"選修"内容之一種[②]，古籀金文更是被同儕視爲支離瑣碎的駢枝，難怪唐蘭慨嘆"及治許學，同志更稀"。幸而，唐蘭不僅得以在浩瀚書海中與古爲鄰，更在現實世界結識了領導甲骨之學的羅、王二先生，引爲知己，一吐平生志業爲快，在一九二二年八月八日前[③]，第一次致信王國維：

> 静安徵君先生大人閣下：古學蔑弃久矣，先生上索甲龜先文，下及詞曲。或鈎深索隱，扶絶存殘；或協龢宫羽，從容風雅。盛業不朽，服膺久矣。蘭少年愚妄，以爲孔子之學始於《詩》《書》，究於《易》，所謂十五志學，五十知天命也。學《詩》《書》，則當多識詁訓前言也，故頗留意小學，於《爾疋》《蒼頡》《方言》《説文》《釋名》《字林》《玉篇》皆有校本。又爲《説文注》（擬卅卷，成二卷），於甲龜金文亦頗有箸論，已略舉之，自羞於羅先生尗藴矣。先生以爲可教，則教之也。謹先具書左右。謹候夏安。生唐蘭白。如蒙賜復，請寄浙江嘉興項家漾。七月八日以後寄無錫國學專脩館。
>
> 尊刊《切韵》（或是《唐均》，已忘之矣，惟非蔣氏之《唐均》）於何處發行耶？可不見示，蘭甚欲得之也。[④]

此前，唐蘭已開始"輯諸緯及古小學書"，先後校勘了《爾雅》《蒼頡篇》《方言》《説文》《釋名》《字林》《玉篇》這些重要的字書，《唐蘭全集》中存有《唐氏説文解字注》殘稿二卷，每字先列"校勘"，利用《説文》各本及《玉篇》《廣韵》等校勘異文，如卷二"荏"字注中就提及另著有《〈字林〉校本》[⑤]，可見唐蘭於小學用力之勤。

---

① 唐文治：《無錫國學專修館學規》，載王桐蓀等選注《唐文治文選》，上海交通大學出版社，二〇一五年，第一八一頁。

② 唐文治：《無錫國學專修館學規》："以及先秦諸子等'、'四書'、宋明理學、桐城派古文、舊題詩詞，旁及《説文》《通鑒》以及先秦諸子等。"

③ 王國維：《致羅振玉》（一九二二年八月八日）："唐君書中但有寄書地址，而無來滬之説，又不自著其字，則寄書亦難，不知公知其字否。"（載王慶祥、蕭立文校注，羅繼祖審訂，長春市政協文史和學習委員會編《羅振玉王國維往來書信集》，第五四三頁）則唐蘭致信必在此前不久。

④ 唐蘭：《致王國維》（一九二二年八月八日前），《王國維友朋尺牘》。

⑤ 《説文注》"荏"字"校勘"云："《字林》：'荏，亦草（今作"艸亦"，非。見彼校本）盛也。'"（《唐氏説文解字注》，載唐蘭著《唐蘭〈説文〉遺稿》，上海古籍出版社，二〇一八年，第一〇四頁）。

信末唐蘭乞求的《切韵》，指一九二一年末中華書局石印出版的《唐寫本切韵殘卷（三種）》，由法國伯希和提供照片，經羅振玉轉手、王國維寫録，當時北平學者無不跂予望之。[①]羅振玉在一九二二年七月初已囑咐過王國維"《切韵》並乞與一册，唐君當甚感也"，説明唐蘭先前已向羅振玉提過《切韵》之求。王國維收到唐蘭信後，在八月十五日回復道："唐寫本《切韵》係弟録本。乃京師友人集資印之，以代傳寫，敝處尚有之，亦俟尊駕過滬時奉呈。"[②]唐蘭不久拜訪王國維並回憶道："一日以羅振玉氏之介，走謁先生於滬上，挾所業爲贄，於其自以爲有所發明者，輒舉以告，與先生説每不期暗合，相對竟日，忻然忘倦。歸而記之，自謂此樂生平不易得也。"[③]唐蘭與王國維"不期暗合"，也令王國維印象深刻，在一九二三年《〈殷虚文字類編〉序》中評價道："立庵孤學，於書無所不窺，嘗據古書古器以校《説文解字》。"[④]

乞求《切韵》殘卷之事，體現了唐蘭敏鋭的學術嗅覺，以及對於近代新發現材料的研究興趣。一九二四年，唐蘭藉任職天津周學淵公館之便，開始受羅振玉之托摹寫内府藏王仁煦《刊謬補缺切韵》，即今所謂"王二本"。該書由羅振玉、王國維整理清室内府遺書時發現，爲王仁煦增補陸法言《切韵》而成，不僅十分接近《切韵》的原貌，更"隨韵注訓"，在韵目下注明魏晋南北朝以來各家韵書的異同，包括西晋吕静《韵集》、前梁夏侯咏《韵略》、北齊陽休之《韵略》、劉宋李季節《音譜》和北齊杜臺卿《韵略》，對分析六朝韵部具有重要價值。一九二四年四月七日，唐蘭致信王國維時，主動分享摹寫《刊謬補缺切韵》過程中的發現：

> 頃承羅先生命，臨王仁煦《切韵》有裴務齋加字，大内本景照付石印。顧考王、裴生平，迄不可知。因思左右精熟各史，未知能有見詔否？此本於韵學至有關係。十五均，又上平聲目下具存吕静、夏候該等五書異同。平聲二卷，而卷目相連。"陽""唐"升在"江"下，又祇一百九。未知左右曾見之否？……尊著《五聲説》推本戴、段、江、孔諸説，陰陽之分，確實有據。惟謂《聲類》《韵集》當爲陽一陰四，則竊有二疑焉：一、吕静韵目見於王仁煦《切均》所載上平聲異同（此法言原本所有），則《切均》正承李、吕之舊，略有損益，必無古（指三代

① 參見王亮：《王國維寫録唐寫本〈切韵〉殘卷事迹鈎沉》，載上海交通大學經學文獻研究中心編《經學文獻研究集刊》第一二輯，上海書店出版社，二〇一四年。

② 王國維：《致唐蘭》（一九二二年八月十五日），載房鑫亮編校《王國維書信日記》，第六七九頁。

③ 唐蘭：《〈古史新證〉序》，載唐蘭著《唐蘭論文集》，第四一二頁。

④ 王國維：《〈殷虚文字類編〉序》，《觀堂别集》卷四。

音）今韵之大異。二、宫、商、角、徵、羽必與四聲無涉（此謂非即四聲，非謂了無關係也），亦與古韵無關也。[①]

王國維《五聲説》最早收録於《韵學餘説》，自詡能够會通戴、段、孔、王、江氏諸家之説，主張陽聲自爲一類，陰聲有平、上、去、入四類，至隋陸法言《切韵》始從沈約合爲四聲。[②]《五聲説》最直接的論據有兩條：一是封演《聞見記》："魏時有李登者，撰《聲韵》十卷，凡一萬一千五百二十字。以五聲命字。"二是《魏書·江式傳》："晋吕忱弟静，别放魏左校令李登之法，作《韵集》五卷，宫、商、角、徵、羽各爲一篇。"[③]王國維認爲《聲類》之"以五聲命字"、《韵集》之"宫、商、角、徵、羽各爲一篇"，都是古音有陽一陰四五聲的證據。不過據今人研究，他實際上混同了兩個不同的標準，即古韵的陰陽入是根據韵目的音位結構，平、上、去是根據整個韵母的高低升降，故後世多不從五聲之説。[④]

唐蘭雖然承認《五聲説》"確實有據"，但在摹寫過程中，發現《刊謬補缺切韵》平聲所附吕静《韵集》、夏侯咏《韵略》等六朝韵書的韵目，是極爲重要的佚文材料。通過與《切韵》音系對比，可知"《切均》正承李、吕之舊，略有損益，必無古、今韵之大異"，也就是説並不存在上古五聲與《切韵》四聲這樣的差别。並且，宫、商、角、徵、羽之五聲早已爲人所知，而梁武帝、鍾嶸等人尚且不識四聲爲何，[⑤]唐蘭因此質疑道："豈有梁武時人而猶不識宫商？則是梁武所問四聲决非宫商可知。"[⑥]

唐蘭又在這通長信中，對《聲類》《韵集》二書的"五聲命字"之法提出了一種假説。唐蘭上溯《漢書·藝文志》"歌詩家"之《河南周歌詩》《河南周歌聲曲折》《周

① 唐蘭：《致王國維》（一九二四年四月七日），《王國維友朋尺牘》。

② 参見王國維：《五聲説》，載王國維主編《學術叢編》第六册，上海書店出版社，二〇一五年，第一六一頁。

③ 王國維：《五聲説》，載王國維主編《學術叢編》第六册，第一六一——一六二頁。

④ 参見吴文祺：《王國維學術思想評價》，載吴澤主編《王國維學術研究論文集（一）》，華東師範大學出版社，一九八三年，第四二九頁。

⑤ 唐蘭在信中舉了幾個例子：《陸厥傳》："汝南周顒善識聲韵，爲文皆用宫商，以平、上、去、入爲四聲，以此製韵。"《周顒傳》："顒始著《四聲切均》，行於時。"《沈約傳》："梁武帝問周捨何謂四聲，捨曰：'天子聖哲是也。'"（捨即顺子）《談藪》（引見《廣記》二百四十一）："梁高祖問重公曰：'天子聞在外有四聲，何者爲是？'重公曰：'天保寺刹。'……劉孝倬曰：'何如道天子萬福。'"梁鍾嶸《詩品》曰："至平、上、去、入，則余病未能。"蘭按：據此諸文，可推知四聲實起於齊，時人猶未能識，故梁武帝《清暑殿聯句》猶以去入通押（見顧寧人《音論》）也。《四聲切均》者，即謂以四聲製韵。又葛洪有《字範》，而《和名類聚抄》引《四聲字範》，然未必一書也。

⑥ 唐蘭：《致王國維》（一九二四年四月七日），《王國維友朋尺牘》。

謡歌詩》《周謡歌詩聲曲折》，乃“以聲合歌詩，則某字屬某聲（謂宫商）”[①]；“五行家”之《五音定名》，乃“以五音配定一切之名”[②]。《聲類》《韵集》的“五聲命字”也類似於此。唐蘭更取譬於中西音樂理論：“蓋五聲與四聲之别，較之西樂，至爲明晰。五音者音階也，如1、2、3之類，比較之高低聲也（横行）；四聲者音名也，如c、d、e、f等，截然之高低聲也（直行）。於中樂似十二律，此不析爲十二者，與樂上異矣。一析呼等，則較十二律更細。”[③]這就以音階的概念解釋了《聲類》《韵集》的“五聲命字”，而以音調解釋齊梁諸人創製的四聲。

唐蘭的質疑既有新材料作爲反證，又有自成一説的解釋，王國維當時就對《五聲説》産生了一定的動摇，在四月十一日的回信中稱：

> 前拙撰《五聲論》疑《聲類》、《韵集》之“五聲”即陽聲一、陰聲四，亦不過擬議之詞，尊意在反證此事，亦未得確據。因陸韵次序不必同於吕韵，猶王仁煦韵次序不同於陸韵也。且存而不論可也。……王氏《切韵》景本縮小太甚，夾注幾不可辨，不知臨寫時略放大否？[④]

事實上，王國維先前也關注過内府藏《刊謬補缺切韵》。國家圖書館今藏有王國維《廣韵》批校本，平聲上卷一有王國維題識：“王仁昫《切韵》惟上平聲目有注。其所謂吕者謂吕静《均集》，陽者謂陽休之《韵略》，夏侯者謂夏侯該，李者謂李季節，杜謂杜臺卿，皆見陸法言《切韵》序。王氏增補陸韵，則此殆陸氏原注也。惜下平聲之目不存，而上、去、入三聲目皆删去其注，否則，六朝諸家分部可藉此注知之矣。癸亥五月見内府所藏唐寫本王氏韵，因校存其目於此。”同時，王國維在一九二三年六月七日致蔣汝藻信中，亦提及“内府初唐人所寫韵書業已照相，既非《切韵》，又非《唐韵》，真奇書也”[⑤]，却未提及小注所附韵目的價值。這可能是因爲影本“縮小太甚”，導致“夾注幾不可辨”。因此，王國維希望唐蘭摹寫時能够略微放大。一九二五年八月一日，王國維再次詢問唐蘭：

---

① 唐蘭：《致王國維》（一九二四年四月七日），《王國維友朋尺牘》。
② 唐蘭：《致王國維》（一九二四年四月七日），《王國維友朋尺牘》。
③ 唐蘭：《致王國維》（一九二四年四月七日），《王國維友朋尺牘》。
④ 王國維：《致唐蘭》（一九二四年四月十一日），載房鑫亮編校《王國維書信日記》，第六八三—六八四頁。
⑤ 王國維：《致蔣汝藻》（一九二三年六月七日），載房鑫亮編校《王國維書信日記》，第五七三頁。

> 王仁煦《切韵》聞已寫就大半，尚有少許未就，弟亟盼此書之出，幾於望眼欲穿，祈早蕆此事，實爲功德。[①]

此時王國維望眼欲穿之情已躍然紙上。唐蘭摹本最終於乙丑年（一九二五）九月由延光室刊行，王國維次年秋就在《國學論叢》發表《書影印内府所藏王仁煦〈切韵〉後》[②]一文，明確“六朝韵書部目於此可見一斑”[③]，並附《六朝人韵書分部説》。王國維曾在一九一七年作《〈聲類〉〈韵集〉之分部説》，利用《爾雅音義》《顔氏家訓・音辭篇》等零星記載，推測“《聲類》《韵集》庚與陽、唐别出，自爲一韵”“《韵集》耕、清不分，蒸、登不分，又支韵、麥韵各分爲二”，佐證蕭該、顔之推二人對《切韵》的形成“多所决定”[④]。但由於文獻不足徵，對《切韵》在音韵學史上的地位鮮有論述。唐蘭摹本所附韵目的出現，幫助王國維在《〈聲類〉〈韵集〉分部説》的基礎上進一步釐清六朝韵書的分部情形，形成了《六朝人韵書分部説》：

> 惟内府藏唐寫本王仁煦《刊謬補缺切韵》平聲一目録“冬”下注云：無上聲，陽與鍾、江同，吕、夏侯别，今依吕、夏侯；“脂”下注云：吕、夏與微大亂雜，陽、李、杜别，今依陽、李；“真”下注云：吕與文同，夏侯、陽、杜别，今依夏、陽、杜；“臻”下注云：無上聲，吕、陽、杜與真同，夏别，今依夏。……《陸韵》以前韵書，規模蓋已大具，不過陸氏集諸家之大成，尤爲完善耳。[⑤]

依靠“王二本”平聲“冬”“脂”“真”“臻”四韵存有的五家異同，王國維確認了《切韵》承前啓後的歷史地位[⑥]，其實也就改變了《五聲説》中將《聲類》《韵集》與《切韵》判然二分的觀點。據朱芳圃回憶：“先師燕居時，與同門談及‘五聲’之説，自言尚有須修改處，則是説已非其晚年定論。”[⑦]可見王國維在清華任教時，已不

---

① 王國維：《致唐蘭》（一九二五年八月一日），載房鑫亮編校《王國維書信日記》，第六八四頁。

② 袁英光、劉寅生：《王國維年譜長編》，天津人民出版社，一九九六年，第四九二頁。

③ 王國維：《書影印内府所藏王仁煦〈切韵〉後》，《國學論叢》第一卷第二期，第七二頁。

④ 王國維：《聲類韵集之分部説》，載王國維主編《學術叢編》第六册，第一七一頁。

⑤ 王國維：《書影印内府所藏王仁煦〈切韵〉後》附《六朝人韵書分部説》，《國學論叢》第一卷第二期，第七三—七四頁。

⑥ 參見王國維：《書影印内府所藏王仁煦〈切韵〉後》附《六朝人韵書分部説》，《國學論叢》第一卷第二期，第七四頁。

⑦ 朱芳圃：《王静安的貢獻》，商務印書館，一九三二年版，第三四頁。

復堅持“五聲説”。後來《海甯王忠慤公遺書》收録《觀堂集林》時，也用《六朝人韵書分部説》替换《〈聲類〉〈韵集〉分部説》。

通過對讀王國維與唐蘭的往来尺牘，能够還原王國維在唐蘭摹本《刊謬補缺切韵》的提示下，確認《切韵》與六朝韵部遞承關係以及反思《五聲説》的過程。事實上，二人往來討論的内容遠不止上述所言，至少包括甲骨、金石、暦法、詩詞等諸多方面。特别要説明的是，在《未刊》一書中，僅收録了五通唐蘭致王國維信[①]，《唐蘭全集》從之[②]，使得其餘三通唐蘭致王國維信札未能廣爲學界所知。這次的整理工作，也讓王國維與唐蘭的學術交往完整地呈現在學界面前。

三、神田喜一郎與中日書籍交流之見證

《王國維友朋尺牘》中還有很大一部分日本學人的來札，包括八木幸太郎、岡井慎吾、鈴木虎雄、木邨得善、内藤湖南、橋川時雄、神田喜一郎、狩野直喜、松浦嘉三郎、藤田豐八等人。一九二七年王國維溘然離世後，日本學者狩野直喜、内藤湖南等在是年六月二十一日專門在法隆寺組織了追悼會：“顧十餘年前，公嘗寓此地，而東山則其所行吟游息。……與會者凡五十一人，……以見忠臣義士乃天下公同至寶，人人得而貴重之，未可限以國内外也。”[③]日本學者之所以用如此高規格的儀式來悼念王國維，除了王國維巨大的學術成就，更是因爲王國維與日本學者深厚的學誼。至今，王國維的諸多藏書、手稿尚保存在日本的各大圖書館文庫中。

自晚清以來，蒙元史研究逐漸成爲學界關注的焦點，包括日、俄、法等海外漢學家們紛紛將目光投射於此。王國維對於蒙古史的研究可謂厚積薄發，晚年逐漸將學術興趣轉移於此。蒙元史研究的國際性，使得王國維晚年就相關問題與日本學者的討論日趨緊密，神田喜一郎恰好成爲中日學界交流的一個窗口。

王國維在滬上時，常問學於沈曾植，且在蒙元史研究方面受其影響頗深。一九一八年十一月，王國維拜訪沈曾植時，沈曾植“言其所校注《蠻書》《黑韃事略》《聖武親征録》等共約十種，均有標識，而未詳引書籍，欲寫定之，須一歲之力，擬努力爲之，

① 参見馬奔騰輯注：《王國維未刊往來書信集》，清華大學出版社，二〇一〇年，第二〇八——二一三頁。
② 《唐蘭全集》直接輯自馬奔騰輯注《王國維未刊往來書信集》（《唐蘭全集》第十二册，第七—十二頁）。
③ 狩野直喜：《書王静安追吊會人名簿後》，《君山文》卷四，載石立善、林振岳、劉斯倫主編《日本漢詩文集叢刊》第一輯，上海社會科學院出版社，二〇一九年版，第三一九—三二〇頁。

然恐無此事耳”[①]。王國維還曾親見沈曾植以傅增湘藏《説郛》本《聖武親征録》校小漚巢刊本[②]，且已經初步完成了校注工作，可惜最終因精力日衰而無緣出版。王國維一直想繼承這一未竟之業。一九二五年十月，王國維用《元朝秘史》補校何校本《親征録》並題識，而在一九二六年傅增湘致王國維信中，就提到王國維乞求傅藏《説郛》本《聖武親征録》的内容：

歲暮緣事赴津，已將《説郛》中《皇元聖武親征録》檢取携京，日内即派人來取可也。[③]

王國維致羅振玉信中也提到："所假傅沅叔《親征録》，渠約於歲首携至京師。聞其書甚佳，與通行本異同至六七百字，新年即擬以此消遣也。"[④]王國維發現《説郛》本"與通行本異同至六七百字"，故計劃致力於此書。是年二月二十五日，王國維借天津陶湘藏萬曆《説郛》本校勘。隨後又前往江南圖書館影抄、校勘汪憲舊藏抄本。國家圖書館藏有王國維影鈔汪本《聖武親征録》一卷，其後有跋云：

此本出汪魚亭家鈔本，舊藏丁氏善本書室，今在江南圖書館。丙寅春日，移書景寫得之，因以江安傅氏所藏明弘治鈔説郛本比勘一過。清明後二日，觀翁記於京師西郊之近春園。[⑤]

王國維於一九二六年四月七日完成汪本的校勘工作並寫下此跋，並在一九二六年四月十六日致羅振玉信中提到："近一月中將《元聖武親征録校注》寫定，共一百十葉，因原書不分卷，故仍爲一卷。此卷經此一校，庶幾可讀矣。"[⑥]至此，王國維利用當時可以見到的善本，基本完成了《聖武親征録》的校勘工作。

在注解工作上，王國維注意到日本學者那珂通世曾研究《聖武親征録》與《元朝秘史》二書，在一九〇七年出版的《元朝秘史》日文譯本《成吉思汗實録》注釋中，曾徵引《聖武親征録》一書。王國維在一九二六年三月下旬致信神田氏，請求《成吉思汗實

① 王國維：《致羅振玉》，載房鑫亮編校《王國維書信日記》，第三七一頁。
② 參見王國維：《致羅振玉》，載房鑫亮編校《王國維書信日記》，第三七一頁。
③ 傅增湘：《致王國維》，《王國維友朋尺牘》。
④ 王國維：《致羅振玉》（一九二六年一月下旬），載房鑫亮編校《王國維書信日記》，第四五七頁。
⑤ 《聖武親征録》卷尾，國家圖書館藏王國維鈔本。
⑥ 王國維：《致羅振玉》（一九二六年四月十六日），載房鑫亮編校《王國維書信日記》，第四五八頁。

録》一書："那珂博士《成吉思汗實録》一書不知何處出板，現在書肆想尚有新印本出售，擬請代購二部。"[①]神田氏在一九二六年四月二日的信中回復道：

所蒙下問那珂博士《成吉斯汗實録》，係貳拾年前之出版，現時版既毁，是以頗爲罕觀。敝地書林無見一本，則鄙人既托人搜索東京書坊，想近日必得一本，郵致座右可期也，幸俟數日爲荷。[②]

又在同年六月二十日信中購到一册，隨信奉上：

曩所承下問那珂博士《成吉斯汗實録》，自移居東京，百方搜索，遂獲一本，則别函送上，伏祈台收爲荷。[③]

在神田氏的幫助下，王國維得以利用《成吉思汗實録》，刊刻成《蒙古史料四種》，在一九二六年八月二十四日一並贈予神田氏。[④]神田氏在同年九月六日的信中，大力稱贊王國維的著作，認爲在《聖武親征録》的校注上已經遠遠超越了那珂氏：

大作《蒙古史料校注》四種，考據精碻，創獲叠見，洵爲不朽之盛事。此書並蒙惠貺，感荷之忱，莫可言宣。《聖武親征録》敝邦那珂通世博士曩有校注之作，視何願船、李仲約之書頗加增益。今拜讀大作，如未見那珂氏之書，不知然否？[⑤]

王國維《蒙古札記》中提到那珂通世《成吉思汗實録》内容二則，爲神田氏贈書後所記。從王國維的注語來看，以糾正那珂之書爲主：

《南宋人所傳蒙古史料考》：日本那珂博士通世於《成吉思汗實録》注中引宇文氏書，但以宇文氏書中之"熬羅孛極烈"爲蒙古之"合不勒罕"而非"忽都剌罕"，然其信宇文氏書，與諸家無異。（一九二七年一月十四日）

---

① 王國維：《致神田喜一郎》，載房鑫亮編校《王國維書信日記》，第六九七頁。

② 神田喜一郎：《致王國維》（一九二六年四月二日），《王國維友朋尺牘》。

③ 神田喜一郎：《致王國維》（一九二六年六月二十日），《王國維友朋尺牘》。

④ 參見王國維：《致神田喜一郎》（一九二六年八月二十四日），載房鑫亮編校《王國維書信日記》，第七〇〇頁。

⑤ 神田喜一郎：《致王國維》，《王國維友朋尺牘》。

《蒙古札記·掃花》：《秘史》蒙文卷三有“掃花”一語，旁譯與文譯並云“人事”。……日本那珂博士譯《元秘史》，改爲“給事”，則誤矣。

《蒙古札記·兀孫額不干》：明譯《秘史》於種名、人名之句讀頗有差誤，那珂博士日文譯本是正殊多，然亦有未及改正者。如卷三“豁兒赤兀孫額不干潤潤撕思”，明譯誤作豁兒赤兀孫、句。額不干、句。潤潤撕思，那珂譯本以“豁兒赤兀孫額不干”爲句，“潤潤撕思”爲句。……那珂氏誤從明譯句讀，以豁兒赤兀孫爲一人，……於是豁兒赤事迹亦抵牾不可解矣。（以上一九二七年五月）[①]

王國維在得到那珂通世《成吉思汗實録》後，必曾細緻地閱讀，因此肯定了那珂譯本在種名、人名的句讀上糾正明譯本頗多，又在此基礎之上指出那珂的誤譯。可見神田氏來信中所謂“如未見那珂氏之書”，並非衹是對王國維恭維的虛言。從這些考證也可以看出，王國維特別擅長蒙古語詞的釋讀和斷句。如他在這一時期，與日本蒙元史學家箭内亘、羽田亨等討論“乣軍”的解釋，於一九二七年發表的《元朝秘史之主因亦兒堅考》一文，考證《元朝秘史》所謂“主因亦兒堅”就是金朝後期的“乣軍”。又如他全力於蒙元史籍的校勘和注釋，先後著有《蒙韃備録箋證》《黑韃事略箋證》《長春真人西游記校注》及《蒙古史料四種校注》等，其中亦不乏糾正日本學者的著作。憑藉神田氏的往來尺牘可以發現，這一時期神田氏提供了許多相關的書籍和著作給王國維參考，可見王國維在蒙元史研究的成就，大大受惠於中日學界的書籍往來和學術交流。

需要説明的是，就王國維的友朋來札而言，國家圖書館所藏的這批材料並非全貌，尚有不少遺珠可待搜集。如狩野直喜《君山文》卷九，收録有狩野氏致王國維二札，其中第一札[②]亦未見於《國家圖書館藏王國維往還書信集》中，或許是在“文化大革命”中遺失了。又如《陳垣來往書信集》[③]中收録的陳垣致王國維札，亦不在國圖所藏之内。筆者在附録中已補充了一些，相信仍有遺札尚存天壤間，有待學界持之以恒地進行探索和積累。整理者學識有限，訛誤之處在所難免，懇請讀者批評指正。

（作者單位：華東師範大學古籍研究所）

① 謝維揚、房鑫亮主編，胡逢祥分卷主編：《王國維全集》第十四卷，浙江教育出版社，二〇一〇年，第三二三、三八〇、三八一頁。

② 狩野直喜：《與王静安》，《君山文》卷九，載石立善、林振岳、劉斯倫主編《日本漢詩文集叢刊》第一輯，第三一九—三二〇頁。

③ 陳智超編注：《陳垣來往書信集》，生活·讀書·新知三聯書店，二〇一〇年，第二六一頁。